中國典籍日本注釋叢書

五經卷

6

毛詩考／下

［日］林羅山　等撰
張培華　編

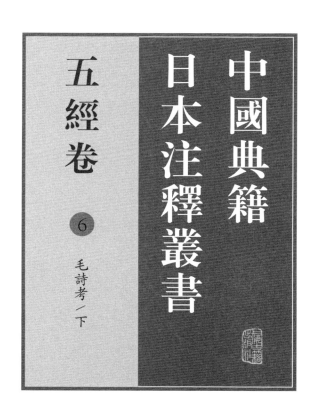

目録

毛詩考（下）

［日］龜井昭陽 撰

毛詩考（下）

［日］龜井昭陽　撰

毛詩考卷十七

鴻雁之什第三

鴻雁美宣王也是什兩兩相比、鴻雁庭燎並美而箴之之詩萬民離散不安其居釈鴻雁肅肅而能勞來因謂我勑勞還定因其究安宅安集之因集于中澤至于矜寡無不得其所焉宣王之詩十首爲一什而其詩截然不與前什同況斯干無羊置之什未大有條貫非夫子刪定何以如是

鴻雁于飛肅肅其羽比也鴻與雁並成行而飛風霜酸苦羽声肅肅以比離散之民焉○鴻雁三出而三變其意亦是異格之子于征劬勞于野之子于征在車攻言大司馬則是亦卿士大夫也言為勞來還定勤於中野焉○舊考之子為流民鴻雁為興如是

則篇中劬勞字皆屬流民沈近人情然左傳之十三年子家賦鴻鴈義取君子哀鰥寡有征行之勞則毛公似存古義故斟酌改定

爰及矜人哀此鰥寡

矜瘰通矜人言窮民也遠惠於矜人最哀恤鰥寡也左傳遠鰥救乏○旧考摅序矜人即鰥民也鰥寡當作鮮寡鮮民之鮮蓋分鰥寡字成辞也然漢書蕭望之傳引是二句亦與此同三家与毛詩不差一字則從舊文可矣

鴻鴈于飛集于中澤

比也比流民之安堵焉○左傳穆叔賦鴻鴈之卒章宣子曰匄在此敢使魯無鳩乎鳩乃集也可見此集是萬民安集一篇眼同故序亦以安集終之古言相符

之子于垣百堵皆作

垣高丈長丈為一堵此取於大雅而言里室特以著土功一時大興也作築作也大雅作興

雖則劬勞其究安宅

究猶竟成也民喜曰之子雖劬勞其竟成萬民之安宅矣德施普哉○舊考民喜曰我昔日雖劬勞于野今則竟成是安

宅矣○六韜云闢其田野究其處所注不使雜居
案究似有定義

鴻雁于飛哀鳴嗸嗸比也比悲歌浩歎有所告愬焉此言昔日未集之苦橯叔賦卒章而宜子曰無鴻可見卒章又說未集之前毛公得之○豳詩我維音嘵嘵亦言作詩愬告也維此哲人謂我劬勞哲人可愛此我所以免哀鳴集于中澤也維彼愚人謂我宣驕愚人可惡此我所以肅肅于飛益哀鳴也今既為哲人之民回首昔月悵然彼一時也卒章有風規不可不繹夫至此再憶昔日曰哀鳴又明称哲人愚人豈徒哉所謂之子者亦有仁人有汙吏風上以察其賢否而平民之治也○宣宣淫之宣驕言嘯歌傲世也園有桃同

鴻雁三章

庭燎美宣王也因以箴之未央而未艾而鄉晨是進銳退疾也所以箴之

不然君子至遂章遲緩何邪美宣王之屬精為治
而欲其無急於後日古義明哉

夜如何其宣王視朝早故朝者夜半起問早晚也非
宜王問之是詩三夕之事設而如是詠之
非一夕而三問**夜未央**說文央中央也
言未及夜半**庭燎之光**先夜半
而夜燎
既設也天子庭燎百列百炬於庭宣王勤政故設
庭燎以朝群臣不必說邦之大事諸侯之朝齊人
顛倒衣裳亦必有庭燎**君子至止鸞聲將將**卿士大夫至
而鸞鑣已聞

夜如何其夜未艾庭燎晣晣左傳大勞未艾止也國
未艾也絶也夜未艾言
未及寅時也寅為且是夜盡也
晣晣同明星晢晢言光方盛也**君子至止鸞聲噦噦**
噦徐邈讀如嘒鳴蜩嘒嘒一意声繁盛良庭燎
之光言其既設也將將一二君子至也晣晣言
其既赫爚也噦噦衆君子陸續至也此兩章之叙
然夜半固非朝時群如千旅良馬六之夜未艾亦

如良馬五之不可以辞害意焉詩人之意特詠視朝之始夙而漸遅耳人心易怠美今而箴後

夜如何其夜鄉晨庭燎有煇朱注煇火氣也天欲明而見其烟光相雜也案史記呂后紀去眼煇目言熏灼也

君子至止言觀其旂或云君子斥宣王案言卿士大夫早至則天子視朝早可知不直斥天子為穩且天子既而茫茫問夜者此何人哉

庭燎三章

沔水規宣王也宣王廓復之後小懦讒人弄口外有不寧疾人心危懼故作是詩以規與過也○沔水去讒也鶴鳴進賢也曰規曰誨唯此一出而已○自沔水至小宛十四首序無廣辞自小弁至北山九首皆有廣辞而無將大車小明鼓鐘及青蠅又無它二十五篇皆有

沔彼流水朝宗于海比也比寧侯之屬于王所焉

鴥彼飛隼載飛

載止比也比不寧侯之偃蹇自恣焉宣王信讒諸侯不服**嗟我兄弟邦人諸友**兄弟親族也邦人凡人也呼三等人而戒之以諸侯之將後乱也**莫肯念乱誰無父母**無思乱而為之備乎禍將及父母也王室新復人皆安愉而忘乱唯君子見幾而戒之也不直指王者詩之微婉也

沔彼流水其流湯湯比也湯湯東流竟必歸于海矣王有礼於諸侯則諸侯如流水誰敢逆行**鴥彼飛隼載飛載揚**比也揚甚於止王無礼於諸侯則諸侯為飛隼厲疾而不可制〇雙出寧侯不寧侯流水曰流飛隼曰飛其辞巧**念彼不蹟載起載行**蹟迹也内有讒人騷動諸侯外有不寧侯傲很王命皆不蹟之徒也**心之憂矣不可弭忘**王不去讒人益使諸侯怨怨則天下之事未可測故君子憂之深如是

鴥彼飛隼率彼中陵比也雖則飛揚終集中陵以比不寧侯之不可不寧亦可已寧焉○飛隼之率中陵猶流水之帰海故此看流水句**民之訛言**即讒人譸張爲幻之謂也訛言讒言一篇眼目乱本在茲**寧莫之懲**不懲訛言則諸侯不安故曰視飛隼之率中陵則民之訛言不懲而可乎天子必有鷹鸇之挙矣**我友敬矣**總三等人而挙其一嗚呼改革之際不可不自戒**讒言其興**天子必將懲訛言以懷不寧侯我友須自戒慎可以免於讒矣過之而往讒人除而諸侯革面自安而父母無事首章戒以外乱此戒以内讒並不蹟可憂者也○或云何不懲訛言而使民左右弄口乎我友敬哉讒言其將興而反身焉案是説浅率於規諫不碓寧莫之懲言其將懲之也讒言其興反語也訛言妄誕也讒言傷賊人也

沔水三章

鶴鳴誨宣王也衡門誘僖公序法相似二篇句句皆比毛傳擧賢治國是存古義者衡門亡論也匏有苦葉大東之比皆一意疊出可例如朱注宋人議論豈周代公卿語氣哉〇是篇獨格取於鳥魚木石爲比而有皐有野有淵有渚有園有山

鶴鳴于九皐聲聞于野通篇皆比也皐澤也九言其深也九天九淵之九九皐之鶴隱者也求之則必有知之者故曰汝所不知人其舍諸

魚潛在淵或在于渚魚或深伏或出而戲於水岐賢者隱見有時要在求之而已

樂彼之園爰有樹檀其下維蘀蘀落葉也園之嘉樹可樂然其落葉足厭也人有一能必有一失不可求備要在器使之而已〇踰園折檀亦是庭實以伐檀考之豈取諸有用之材歟

他山之石可以爲錯他山比他族他邦也錯厲石也賢才之出何必旧臣世家乎要在廣求之而已

石碑則卑者疏者也卑踰尊疏踰戚人君進賢之道也○蓋周無善礪取之畿外欤

鶴鳴于九皋聲聞于天不唯野人知之雖朝紳亦或有知之者欲用之則不必旁求於遠

魚在于渚或潛在淵在渚者潛于淵所謂時違彭澤挂冠來也潛淵者在于渚所謂天定謂陽擲竿起也赤唯時

樂彼之園爰有樹檀其下維穀穀即穀也恐後人加木耳或古穀木謂之穀欤列子木葉幹穀幹音乾言木葉庳瘠莊子其在大穀史記燕地境埆並音穀左傳松柏之下其草不殖此言檀占地瘦使它卉樹憔悴也○穀恐木不得說也此必後人移黃鳥傳而躋於此者

佗山之石可以攻玉錯不唯玉也攻玉最其美功也疏遠仄陋之人可以黼黻王猷焉○鶴取其隱而聞也魚取其或隱或見也上半比動物檀比器使之道石比器使之道無棄材下半比頑物動物其動在彼頑物其用之在

我口于野于天為錯攻玉詩之敘也自淵在渚明時也自渚在淵闇世也故先明蘀檀葉也穀兼瘣別木不唯其落葉可厭故先蘀亦是敘也古之詩盡美盡善如是

鶴鳴二章

祈父刺宣王也 祈父舉不肖也白駒棄賢也毛公至是詩乃曰宣王之末是古傳也宣王在位四十九年不能令終○白駒大夫作也是篇亦曰爪牙爪士則非賤者作也

祈父 大司馬也掌封圻之兵書曰圻父薄違夫責圻父所以責王也若能愷而旋雖取於虎臣爪士不必怨也今祈父非其人不能用師敗而無惠政所以責之也予王之爪牙 爪牙言武衛之士也從軍非本職也胡轉予于恤 非其職而使之以取敗績故曰轉于恤也傳云羌戎為敗或云遠戍或云久役二或並聽說毛公則或有所傳靡所止居 師敗而無惠政

家訖權殘故也。周語以姜戎之敗為宣王三十九年，其年紀於詩訖合。

祈父予王之爪士。爪牙之士也。

胡轉予于恤靡所底止。既無所居，又無所至也。恤言師敗身困也，非言以宿衛從征役也。上二章先言王職責之，而後卒章及其私，曰祈父乎，予是王之爪士也，胡以轉予于恤哉，今我則無所至止耳。

祈父亶不聰。責其不聞知己有老母也。呂氏云：親老而無兄弟，當免征役，汝獨不聞此法乎。

胡轉予于恤有母之尸饔。猶曰家有老母。案只當說不聞有母之尸饔也，主饋婦人之事也，故以尸饔成辭耳，非言己從軍故使母尸饔也。

祈父三章

白駒大夫刺宣王也。祈父白駒匹也。祈父爪牙在經，白駒大夫在序，真是大夫

去而大夫留之詩也

皎皎白駒食我場苗白駒賢者所乘也場圃也散文則通苗菜之嫩者也賢者將去呼白駒而留之唯是詩人立意縶之維之以永今朝白駒請來食我場苗我將縶之而子賢者斯須也朱注投轄留客之意誤也○疏云縶絆其足維繫其靷所謂伊人於焉逍遥所謂伊人稱令名君子之辭於焉猶曰於此也義同於我逍遥遊息也

皎皎白駒食我場藿藿豆葉也縶之維之以永今夕朝不相見故望之夕也而章只以朝夕字為叙所謂伊人於焉嘉客願為一夕嘉賓以遊息於我家矣○永朝永夕只是文辭其實深傷賢大夫之去而欲挽而留之也

皎皎白駒賁然來思來猶姑且來也無復永朝夕之望特要贈一言耳爾公

爾侯天子之六卿公侯也大夫所事猶甚弘事劉文公故曰爾之公爾之侯不敢曰爾君爾王婉而成章也逸豫無期有期者尚可待也既已無期則不遁何俟慎爾優游慎自愛也慎爾所遊息強飲強食也毋疾毋被俗眼白勉爾遁思呂覧子勉而帰矣高誘云勉猶趣也勉爾遁者言遄其遯急急趣裝也遁思聯讀非也〇朝不可永夕亦不得永故遂言曰姑且來我願一言公侯逸豫爾之不斯須宜矣我不復留予也因贈別之辭風朝庭之懦於政也

皎皎白駒在彼空谷留而不留從而懲遁之白駒遂去生芻一束其人如玉苗亦不食藿亦不食唯是一束之芻臨別藉手獨因慕其人之如玉耳閔而不棄永曰為好〇束帛加玉礼也君子非玉其德如玉生芻非帛其束如帛束以從玉勿沒區區辭之巧也毋金玉爾音而有遐心爾德音如金玉然毋自十襲以有遐心於我也即貽

我佩玖之意、五結信、全見情、造語極巧、○卒章大夫猶有望之辭、王猶可以為善、苟一旦改勵、則空谷之人可致、大夫纘繼斯人、亦有期於他日、同寅協共、不得其人、何以贊成王事乎、此風刺本志

白駒四章

黃鳥刺宣王也

黃鳥我行、匹也、刺夫婦失道、而傷王民離散之意存焉、毛公得之、唯天下字可削、○京師天下之大湊也、況鴻雁之時、萬民安集、諸邦必多來嫁于都下、若至此王政陵夷、棄舊求新、乃始有不樂王都而懷下國者、戶口歲減、故作詩以風焉、○祈父在上、白駒入谷、故衰

黃鳥黃鳥、無集于穀、無啄我粟、比也、去婦呼黃鳥告曰、毋復集我穀、逐我粟焉、禁黃鳥以自比、自禁也、集穀比居是室、啄粟比食此食、**此邦之人、不我肯穀、**此邦、言王都也、穀、養也、猶穀我士女、邶詩不我能慉、亦言暴出其妻也、**言旋言歸**

復我邦族我邦族言下國也邦族即下諸兄諸父也是詩首章奇而後二章偶

黃鳥黃鳥無集于桑無啄我粱或曰黃鳥比新特然新特是詩所無耳〇古之粱今之粟也古者米之有甲曰粟漢代始大曰粱小曰粟遂通呼粟猶古通呼粱出本草注

此邦之人不可與明明者相與語而互白情意也既無養我之心故不可與明不可與處也此奇偶章法所存

言旋言歸復我諸兄旋回也歸至也復反也

黃鳥黃鳥無集于栩無啄我黍黃鳥喈喈先王有遺音君子或感于斯歌三李皆淮木

此邦之人不可與處處言相與偕居室也

言旋言歸復我諸父不曰歸子父母而曰諸兄諸父有所取而無所歸之意自見詩人之巧也依諸父比依諸兄益見其孤苦是叙也輔廣云首言邦族中諸兄末諸父困苦而益思其親者是不遍

黄鳥三章

我行其野刺宣王也
黄鳥其言詡是篇則曰求新
持礼義消亡之狀可見
我行其野蔽芾其樗
亦去婦怨也越境遠來故曰行
其野蔽芾小白言屨足以庇廕
人也樗惡木也庇惡木記時且寓怨一句
先提其為惡緣此即摅于蒺藜之前兆也
昏姻之
故言就爾居
昏姻言昏礼也猶乃如之人也懷昏
姻也為昏姻故我以時遠來即女偕
居言有礼也○儀礼義疏婿曰婚
妻曰姻婿以昏時來女因之而去
爾不我畜復我
邦家
爾至今乃棄我我其復下國矣其棄之無道
見卒章矣○復我邦家著王民之離散也
我行其野言采其遂
遂惡菜也記時且寓怨
庇惡猶可食惡甚焉
昏姻之
故言就爾宿
宿眠於居邶詩
伊我來墍相類
爾不我畜言歸斯復

我行其野言采其葍

前篇言旋言歸復我邦族先歸後復其例同用斯字可味言歸至家而斯復下國之人也

葍惡菜也采蓫采葍並是三歲食貧之前兆也○蓫本草作蓄同爾雅葍藑茅蓄下曰不我畜葍下曰不以富似有照應可以具博依

不思舊姻求爾新特

至此道破其暴也舊姻去婦自稱也新特谷風所謂新昏也實維我特傳特匹也

成不以富亦祇以異

論語成作誠擬箋作成是末失欲足利本作誠○夫無賴而不能起財業是不富也不唯不富棄旧求新其行奇衺不與人類是以異也不富應惡蔭思食有以我傑窮之怨以異去婦怨罵之辭君子以著礼法之壞也

我行其野三章

斯干宣王考室也

考成也與落一義宮寢成燕飲以落之也雜記路寢成則考之

而不嚳春秋考仲子之宮左傳楚子成章華之臺願与諸侯落之○宣王不可終剝故受之以斯干無羊所呂終宣王小雅也而幽王別起什是豈毛公所改乎○以新宮為斯干非也正変乱矣

秩秩斯干幽幽南山比也秩秩流行無已也干與澗同考槃在澗韓詩作干集韻澗音間古通作可知山夾水曰澗皇澗過澗之類皆流川自山来者蓋咏室上之観以祝之二句比天子之福禄無疆焉○一章首倡多福繁盛以禱天子之和兄弟處斯

如竹苞矣如松茂矣賦也只是祝辞竹亦青青相承川莫不増南山之壽不騫

兄及弟矣式相好矣無相猶矣朱注猶謀也相好而無相謀頌禱之詞猶裒国族於斯

似續妣祖二章言築室始終以禱天子之續祖妣於斯○宮寢有内有外其外順祖規其内順妣規是似續也妣祖協韻説善源后稷非也○兄弟在章末妣祖在起句相変也

築室

堵西南其户疏云天子之宫其室非一在北者南户在東者西户耳此有東户北户故孫毓云猶南東其畝

爰居爰處爰笑爰語張萱善頌豈本此欲爰猶於斯

約之閣閣椓之橐橐三章言垣墉之壯固以禱天子之保威靈於斯○約以繩束板也閣閣屬斷而次第舉之釈訓格格舉也歷歷同義椓築也橐橐用力也猶築之登登釈文本或作柝蓋閣閣所以崇也橐橐所以固也

風雨攸除鳥鼠攸去風雨不能破鳥鼠不能穿

君子攸芋芋大也言其尊嚴天子居九重之中崇墉環而其門深此其所以尊嚴也四章言堂宇之美盛以禱天子之明政於斯○屹然而高如人之跂足直立而翼然也

如跂斯翼

如矢斯棘韓詩作朸朸隅也毛韓符合可從蓋峻然而稜如矢鏃之有廉隅也疏云蓋古指矢鏃之角為棘

如鳥斯革翼然而張如鳥之舒翅也韓詩革作勒曰翅也又符

合故從之**如翬斯飛**爛然而騫如雉之飛有先也四如並遠而望之之形容也與下章相変取對〇朱注如跂大勢嚴止如矢廉隅整論如鳥棟宇峻起如翬簷阿華采**君子攸躋**朱注君子之所升以聽事也案此主路寢言之美盛若是君子之躋不無盛事焉是禱辭

殖殖其庭有覺其楹五章言庭室之正大以禱天子之安身於斯〇四其並近而歷觀之也自庭而楹而正而冥以序言之三章先言垣墉而遠望大寢而近觀小寢亦以序為章者

噲噲其正噲蓋與澮通澮澮深廣貌正言堂也**噦噦其冥**噦音嘒義同冥言室也室有戶牖其明嘒嘒然也〇朱注正向明之處冥奥窔之間**君子攸寧**主燕寢言之〇君子攸芋君子攸躋君子攸寧三章聯珠並是禱辭也旧說似草草

下莞上簟乃安斯寝六章言牀笫之安天子有吉夢於斯室〇莞筵而簟席也蒲之

細者曰莞簟竹席也寢寐也言寧而沉息二句伉儷妃嬪和樂之禱也其造語沉巧乃寢乃

興乃占我夢安寢而得吉夢故占吉夢維何維熊維羆維虺

維蛇羆大於熊蛇大於虺取同類以為稱也吳語為虺弗摧為蛇將若何

大人占之七章言室家湊湊之有兆兆○靈異其人而貴之故曰大人維熊維羆男

子之祥取其猛獸山居維虺維蛇女子之祥取其隂柔穴處但以毒物

況之頌禱之中自有風意君子脩辭也○毛物在山鱗物在水斯干南山之景入夢欲善禱協矣

乃生男子八章禱其有賢男子以風天子宜貴男德○上三假以章末取對此二生以起句取

對載寢之牀載衣之裳載弄之璋裳言衣裳也璋言五物也曰璋

會韻不必半圭其泣喤喤言其声高朗也周頌鐘鼓喤喤朱芾斯皇天子純朱

諸侯黃朱朱周家正色**室家君王**室家之所尊㠯為君為王也室家即周室周家也

乃生女子九章禱其有賢女子以風天子宜靜女德**載寢之地**不設其牀**載衣之裼**疏云縛兒被也朱注即其用而無加也**載弄之瓦**瓦紡塼也特取其所有事而已**無非無儀唯酒食是議**猶曰無咎無譽也非曰女子不可有宜在周家大姜大任大姒皆姜女而邑姜為武王乱臣鄭朱未味詩人立意之旨耳**無父母詒罹**

犯七出而大歸是詒憂也○是二章㠯頌祝之辭風天子之貴男德而遠妃色內宮靜嘉無哲婦長舌也宜王既恢復大業君子所憂在其懷安懷安之來妃色為最故男子極其崇尊女子極其賤卑而已而室家盛衰之原周不外於此則賓頌禱之善者可謂君子立言矣○斯干積陰也南山積陽也㠯是起之㠯男子女子結之○是篇宜王小雅之最美巧者章法亦可玩

上半首章七句二章五句五句五句五句對

下半六章七章七句七句對

斯干九章

無羊宣王考牧也蓋宣王復牧官始牧六牲於牧因而落之也是詩一意貫通首章言牧官復古牛羊新殖

誰謂爾無羊三百維群○爾汎称王家也一羣三百羊而其羣多矣詩主羊蓋牧人所牧羊多牛少牛則別有牛人其徒二百人羊人徒八人牧人徒六十人可以是推焉

誰謂爾無牛九十其犉爾雅牛七尺為犉郭注引是句得之此言大牛非言黑脣周頌犉牡亦言大而騂者也

爾羊來思其角濈濈濈濈聚皃李又作戢

爾牛來思其耳濕濕呞而動其耳濕濕然毛蓋以濕濕為動皃陸佃云潤澤皃似依字揣義○角也耳也固是形容之巧然曰騂且角曰毛牛尚耳則祭牲所重其

辭不苟

或降于阿或飲于池或寢或訛二章言牧人克勤祭牲大備〇受上羊來牛來言之三百九十者有絡繹降于丘曲者有就池羣飲者〇訛猶尚寐無吪**爾牧來思**

何蓑何笠或負其餱牧人之來其徒有荷蓑笠者有背乾餱者言克勤其職也牧人下士六人**三十維物爾牲則具**物色也每色三十如湯祀之辭隱祀之黜及四方色牲之牷是也爾牲主祭牲鄭公得之賓餐不辨物也羊人職賓客共其法羊牧人職言祭牲而不及賓餐舉其重也與是詩正同〇牧人於是心喜而安矣下章蔽蒸雌雄受之成辭

爾牧來思以薪以蒸以雌以雄二章言牛羊蕃阜牧人閒暇〇甸師職帥其徒以薪蒸語法同拾樵弋鳥來時途中之事**爾羊來思矜矜兢兢不騫**

不崩依旧言其角也用天保壽辭亦善禱如舊說是詩人之辭擬矣○王安石云言羊不言牛者羊善耗敗也羊不耗則牛可知案是詩先羊後牛羊曰三百牛曰九十主羊詠之事与周礼合舊說未確麾之以肱畢來既升既者言升之速也牧人閑暇拾樵弋鳥而來見群羊之肥息且角喜之燒柴煎鳥而無臧穀之過及日之夕舉臂麾之則盡來入牢於是牧人與其徒委蛇而帰休臥則夢亦美矣下章獻吉夢於王受是章閑暇

牧人乃夢衆維魚矣旐維旟矣卒章言博碩肥腯天子受祭之福以頌詩之○衆維魚言稠人聚捕魚也旐維旟言旟旐繽紛而群立也大人占之衆維魚矣實維豐年占夢毛傳盡之朱注怪僻夫人為魚般集者魚衆多故也魚衆多陰陽和也詩以三百九十金声之以豐年溱溱玉振之殆乎魚麗所謂萬物盛多可以告於神明之類宜王

中興其時可觀以是終宣王

小雅亦似魚麗終鹿鳴之什

旐維旟矣室家溱溱

州里建旟縣鄙建旐牧人之夢甚殷繁其感忝牛羊茁殖之盛乎左傳有德之君上下無怨是以鬼神用饗祝史與焉其所蓄祉老壽者爲信君使也故是吉夢雖王家之祥亦牧人之福也考牧故祝及牧人良史脩辭黜水不涅〇首章四句四句二三並三句三句二句卒章三句五句是立格也且每章首尾其意相受處最宜細細繹之

無羊四章

鴻雁	美箴
沔水	規
祈父	刺用不肖
黃鳥	去婦
斯干	美考
庭燎	美箴
鶴鳴	誨
白駒	刺棄賢
我行其野	去婦
無羊	美考

毛詩考卷十七

並十二枚

毛詩考卷十八

節南山之什第四

幽王在位十一年而小雅四十四篇蓋鎬京將滅故君子憂之者衆矣且是時巧於詩者輩出可傳者多故也在士冠禮冠辭醴辭醮辭語或重複雷同而詩三百篇篇如新者非聖人刪定而傳之何以至此辭不美不足以傳故知是時多詩人

節南山家父刺幽王也

委政於小人暴虐不平民殘而君子不得陳其力故作是詩也○刺幽王而專責尹氏是大雅之格也故序繫辭亦與大雅同不然何必曰家父

節彼南山維石巖巖首章責尹氏之暴虐○興也載然南山石巖巖可畏以興民瞻卬師尹而惴衆焉

赫赫師尹民具爾瞻赫赫虐威如火也左傳引赫赫宗周曰彊不義也以巖石興之則赫赫不唯顯盛良師尹大師尹氏也委政私族而不躬以致喪亂其一

暴虐其一不平通篇大端**憂心如惔不敢戲談**惔韓詩作炎同大雅如惔如焚民望其赫赫而心如火攻乃不敢談笑憂懼屏息而已此厲王弭謗道路以目之勢菀柳序暴虐無親而刑罰不中幽之虐猶厲**國既卒斬何用不監**國王國也斬言威虐殘割而分崩離折也四方蹙蹙故曰盡斬

節彼南山有實其猗二章責尹氏之不平○興也草木實之猗猗美盛也以山之生物平均興師尹之不可不平焉○頌云有實其積此似倣而轉之莊子其埌有楸栢之實左傳山林川澤之實言鳥獸魚鱉也草木爲山之實況可相發**赫赫師尹不平謂何**此以山木美盛興之赫赫只是顯盛皃謂何無可復言之意猶父死之謂何尹氏私姻亞小人其政不平故責之**天方薦瘥喪乱弘多**薦荐同頻疾斯民也言天而厭周德大降

喪乱也

民言無嘉憯莫懲嗟無嘉猶曰不淑唯是怨恨悲怨憂感之言耳然尹氏曾莫懲嗟以憂天災人患也末句與首章一例責尹氏也○釋言憯曾也說文朁曾也引詩朁不畏明正字通從說文以憯為俗誤然左傳引詩作憯不畏明參古文朁顧有不可武斷

尹氏大師維周之氐三章更端言尹氏之職大責之○氐根柢也王國卒斬焉邦不喬何以為天下氐

秉國之均言執天下大政也今專責尹氏之不平故曰國均下曰國成亦同姻亞膴仕何以為均

四方是維天子是毗職當綱紀四方輔弼天子也四方蹙蹙喪乱弘多何用為維我王不寧却生王訟何以為毗

俾民不迷政令明則民志定而不惑也民心不關怨怒不違何以不迷○以上尹氏所職而今皆失之故歷舉㠯責之

不弔昊天不宜空我師天方厭周危急之時不宜使我萬民無父母也是誰

之責哉何不退小人而進君子以起一章○天下赤子不得其父母悍悍無依是謂空我師

弗躬弗親庶民弗信 四章數尹氏之惡以責其不平○不身為政委之姻亜姻亜瑣瑣民不服其令也

弗問弗仕勿罔君子 弗問言不前席君子而咨謀政事也弗仕言不委任君子以國職務也賦納以言明試以功而後君子之材顯矣今未嘗問之又不使君子仕而猥誣之以不才不能故責之

式夷式已無小人殆 去私平心以退小人乃無為小人所危

瑣瑣姻亜則無膴仕 壻之父曰姻兩壻相謂為亜膴厚也左傳有大功而無貴仕○尹氏驕泰不聽政罔君子用小人使姻亜膴仕故畫一責之

昊天不傭降此鞠訩 五章言民之苦於虐政以示大位之易為力○四句託天而言王政之無道也不傭即不平不惠即暴虐○鞠窮也訩凶也與恟炎也訛化也同鞠訩猶曰窮惡極

禍今小人婣亞方熾而民罹百凶故曰不備**昊天不惠降此大戾**惠仁愛也大戾猶大咎戾乖也罪也天降罪罟無辜呼天暴虐極矣大雅天不我惠降此大厲傳厲悪也大厲大戾皆自不惠來**君子如届俾民心闋**届不惠之反罪罟收而民心息也釋言届極也頌云致天之届此届猶王國來極之極弭暴虐而行真道也左傳以生邪心為生心即心闋之反今民不勝大戾將生殺心故云**君子如夷**夷不備之反凶患除而悪怒去也尹氏在大位故於如届如夷稱以君子也不與上君子同此四句即訛爾心畜萬邦之言再稱君子亦勸其必躬必親而不垂諸婣亞也**悪怒是違**民不勝鞫訩而暴悪之怨將發故云○是章語氣最烈若民心不闋悪怒不違一朝之変宗社將摧矣驪山之禍家父既知之欲唯大位易為为故於是援回天反世之一策也

不弔昊天乱靡有定六章責尹氏委政小人不平以致大乱〇再提不弔昊天哀時命也式月斯生俾民不寧禍乱不定逐月滋生靡所可安處憂心如酲誰秉國成篇中二憂心並受民字如惔如酲皆言民之憂也嗚呼今誰秉國成邪何故立其位而不親其政乎句意下屬〇國成所謂先王成憲也有典有則旧章一成故曰國成大宰職官成法官府之成事品式也不自為政卒勞百姓委國成於姻亞而不顧是以乱月生民如酲也前章既捘一策故此極言不親之害而勸其改勵吕張國成也〇左傳齊慶封好田而嗜酒與慶舍政則以其内實遷于盧蒲嫳氏尹氏之委姻亞亦是類歟

駕彼四牡四牡項領七章更端自傷尹氏昏暴而不能行其義〇項領猶牂羊墳首新序引是曰久駕而長不得行項領不亦宜乎是義可從我瞻四方蹙蹙靡所

說宜爲本

騁家父王庭大夫也欲展力於四方而不能至此始言及已身王粲賦冀王道之一平兮假高衢而騁力

方茂爾惡相爾矛矣四句言尹氏無恒已所㠯不能展力也○旧說誤章節是八章章八句也不可中斷

旣夷旣懌如相醻矣尹氏喜怒不類盛其暴惡也門有戈矛然及其解怒也如杯酒相酬酢其好人惡人都無特操昨日所進今不知其亡其初任我如委佩而奪之如仇何㠯騁力乎正月亦曰如不我得執我仇仇詩人所㠯窮全同

昊天不平我王不寧卒章言所㠯作詩以終焉○託天而言王政之不平使我王不寧也不唯俾民不寧

不懲其心覆怨其正正言正人正言也家父之直言亦不行

家父作誦吉甫作誦亦在章間與此一例家父自著其名以批逆鱗其忠烈矣○家父猶趙孟季孫之例其家号世襲也朱注家氏父字暗於春秋時事

以究王訩極言王家

之凶禍也

式訛爾心以畜萬邦 爾斥尹氏也朱注說王心語脉不貫夫通篇斥尹氏責之其辭一貫然主意所在在風迷王猶大雅之例子曰於節南山見忠臣之憂國也正月之大夫祇自憂而無望於君上者其立言之道不與是篇同

節南山八章 章法一二雙峙三四五六語直下七八及己身以終

正月大夫刺幽王也 褒姒傾國寵臣成黨讒勝國殘大命將墊君子仕而不得志憂而閔之也○東韋序褒姒嫉妬無道並進讒巧敗國是詩所憂正在茲

正月繁霜我心憂傷 感于繁霜而傷已獨於讒邪之朝○正月周六月出左傳繁霜之災至八章說出之褒姒癋之○上四章憂身憂民下四章乃舉在位刺之後五章更端遂終之

民之訛言亦孔之將 訛言譸張為幼也是一篇眼目

念我獨兮憂

心京京念獨言念身孤立無據也後皆同念字四出皆與憂心對○自首章以始憂心七出曰傷曰癙曰痒曰瘉曰哀曰京京曰愈愈曰惸惸曰慘慘曰慇慇似讀離騷是詩之立格也節南山無自憂傷之辞反而為對**哀我小心癙憂以痒**哀哉我小量不能敖下百憂故長戚戚如癙畏伏如羊羸瘦○淮南子貍頭愈癙山海經可以已癙正字通癙鬱病也案言病而癙伏欲紓詰癙痒病也

父母生我胡俾我瘉二章傷生而丁讒邪之世○拘舟牆辟在受侮下是最切害處心處此亦見侮怫鬱究呼父母**不自我先不自我後**不先不後正當我身胡生我之不辰乎**好言自口莠言自口**上句只是帶言以自口二句承向我二句語氣優柔不迫即是小心者悅辞也夫口禍之口好亦自口莠亦自口今禍乱之起乃以此口也詩

以訛言起全言齒牙為僭之意故重言徐徐而敷行之蕩言巧言也其乱信如蕩之乱苗憂心愈愈爾雅瘐瘐病也疏引是句得之朱註益甚之意臆揣沉驚人是以有侮朝夕憂危不與羣小尾合故逮其悔也旨酒洽比之徒何曾知背後之憂乎孔子讀正月而曰時不與善己獨由之則曰非妖則妄也孔云方穀之際己獨憂痒如鼠如羊妖妄之悔豈不熏心乎

憂心惸惸念我無祿三章傷身不遇而憂後禍不圖民之無辜并其臣僕讒言行而當時之人皆有是禍恐己及之哀我人斯于何從祿我人自斥其身也祿天福也無祿之祿我將於何處而得我直乎瞻烏爰止于誰之屋比也未知後日之所歸也譬彼毋流不知所屆一意

瞻彼中林侯薪侯蒸四章傷讒邪殘民而侯天命於後日〇比也林不見蒼翠之色

摧殘爲薪蒸秋風肅殺之景也以比民之無辜臣僕天夭是椓焉○韓外傳引是曰言朝廷皆小人也與箋一意雖通不切

民今方殆視天夢夢方殆受上句也夢夢惛也讒邪橫行呑噬善人而無福若無天然

既克有定靡人弗勝天之夢夢是人多勝天耳然天既定則何人之不勝乎雖強梁跋扈之徒亦將惴惴伏天誅矣

有皇上帝伊誰云憎皇大皃所謂皇皇后帝也民方殆而不顧如有所憎然故曰誰憎夫皇天無私覆於人有何所憎乎殘民已久非所問也福善禍淫必將不曰矣嗚呼上帝哀矜下民天位殷適一朝以亡大夫所憂不唯一身其以皇上帝爲言寓意較著言天命之可畏以結上半四章

謂山蓋卑爲岡爲陵五章言朝廷之惑於訛言○此也雖山之卑猶爲岡陵以比王室雖卑仍存名號焉言其猶可以有爲也

民之訛言寧莫之懲何不懲訛言已

振王政乎今讒諂面諛之徒方剝乱國家退之為急務民労所謂無縱詭随式遏寇虐者其示先務一也○下半四章亦以民之訛言起宜精思之說

召彼故老訊之占夢

大臣皆為侫諛所魅揚揚自聖互語其夢曰闘其徵祥無頼甚矣○或云首章訛言通受繁霜則或有如三月賀雪欲是占夢亦以自瑞霜來

具曰予聖誰知烏之雌雄

書曰僕臣諛厥后自聖大臣惑於訛言大乱在前而不知猶且說夢人人自以為聖然純黒如烏雌雄化不可辨

謂天蓋高不敢不局

六章傷訛言行而無所容身○局曲身也如有所厭然故曲脊而行釈文本文作跼

謂地蓋厚不敢不蹐

蹐累足也如有將陥然故小步而行孔子引是曰此言上下畏罪無所自容也上下猶君臣

維號斯言有倫有脊

號民高吪之也坊記民猶偕死而號無告脊理也孔子至是章愓然曰彼不達君子豈不殆乎然則

大夫采民間語而省語其躬也**哀今之人胡為虺蜴**哀猶哀哉為猶今之人言在位也猶哀今之人胡憯莫懲虺蜴毒蟲也二蟲當路人惡得不局行蹐行乎取譬巧矣

瞻彼阪田有菀其特七章言己所以困於闇朝之由○比也又體特猶獨也特生之苗周頌有厭其傑阪田墝埆猶有特生之苗以比闇朝崎嶇亦不無所安一身焉君子欲為阪田之特而將不能故又而寓感**天之扤我如不我克**天指朝廷也是託命言之據潛伏句大夫其既仕而欲陸沈金馬門者歟故曰此身雖顧阪田特苗天極其力以震蕩我心算沆窮矣○六句每句用我字自傷之甚**彼求我則如不我得**始發是意彼即與彼有旨酒字脉相貫蓋卿士尹氏歟則矜式也欲有所矜式而薦達之**執我仇仇亦不我力**執縛也進退維谷故甚言其過已苛刻也釋訓仇仇傲也今也以豪氣加我不使我展力

耳仲尼出處亦如是而躓蹬不遂皆讒佞之為也故顯見有恒者矣

心之憂矣如或結之八章言繁霜之自呂終下半四章〇八句章止於是故以心之憂發之鮮正月繁霜結之詘然而止是本志所在乃絕筆於獲麟之意

今茲之正胡然厲矣厲惡也大雅降此大厲今年正月之霜此何凶災邪

燎之方揚寧有滅之興也反體白圭之玷一例燎放火也書曰若火之燎于原爾雅宵田為獠火田為狩鄭有據乎否

赫赫宗周褒姒威之興周京既滅同詩與十月雨無正連作於遷向之後也褒姒與皇父比去鎬遷向亦不能定王國驗然大亂猶為讒邪之淵藪呂惑天子據十月之四章權門七子皆阿附褒姒以肆私惡者也七章以上所憂傷讒邪橫行褒姒為之主至此道破

終其永懷又窘陰雨九章更端獻替於天子先替否次章獻可〇比也永懷言遠慮

天子將來也不唯繁霜又將有霪雨之害也霪雨自鵃鶠來歟繁霜霪雨並女壯之災

其車既載乃棄爾輔四句替否也疏云輔蓋如今人縛杖於輻以防輔車也案王無恒一難既弭乃怠其防功勞者不復用故曰車既載則慢心生而棄其輔故勢不能全終也易云大軍以載

載輸爾載將伯助予也伯猶叔兮伯兮呼人汎稱至霪雨泥濘其車覆俄悔而曰請伯來助亦無及也大賚將至上天先王儆以繁霜王何不及其圖之也自戒懼乎書曰臭爾載○將上添曰字有朱注號伯以助予誤也予字亦不穩

無棄爾輔員于爾輻十章鸞可也○員數也益其輻數故訓益比功勞者必省錄之以副股肱卿士焉

屢顧爾僕不輸爾載車既堅又使其僕不怠則必無敗績

終踰絕險曾是不意備豫如上則雖踰絕險乎亦可以不介意耳以比可捍大

災濟大患焉。此二章言爾輔為比而敷衍之意，專在選輔御寀。華序小人在位，則讒諂並進，棄賢者之類、絕功臣之世，前八章所憂傷即在位如烏讒諂殘國之事也。至此言爾輔警發天子。

魚在于沼，亦匪克樂。十一章傷己之進退維谷。○比也。下句同。魚在池，不如相忘於江湖。以比己在闕朝而心無所樂焉。前二章獻替言願選輔御，然權臣方熾，讒諛得志，而天子不明，何曾有望焉。一用我言乎，唯是如是說，言遣我悶耳。雖說之於心，有何所樂。故以匪克樂受之。此意脉所貫。

潛雖伏矣，亦孔之炤。水淺而數罟將及，夫游而不樂，潛亦炤矣。以比

憂心慘慘，念國之為虐。己困，進而陳言亦無望，退而默亦讒人驟顚諸朝焉。于進退無如國之虐何，徒懆懆憂念而已。若無章臣僕中林薪蒸局蹐戒惕，是虐也。○慘慘當作懆懆。

彼有旨酒，又有嘉殽。十二章憂權門勢家樂禍而傷己孤特。○十月所謂權門七子

之徒也是亦讙邪之淵藪**洽比其隣昏姻孔云**洽協合也左傳再引省作協比新附也隣言兄弟宗族也云旋也如葛藟縈之七子之徒占天下桃李其門至於昏姻無不顧縈故曰旨酒嘉殽會九族施及外族大歡笑為樂〇左傳引是曰晉不隣矣其誰云之言斉同姓即異姓也又引曰吾兄弟之不協焉能怨諸侯之不睦是隣為兄弟昏姻為諸侯古義可見**念我獨兮憂心慇慇**孔子讀正月而曰賢者既不遇天恐不終其命焉案賢者不附權羣小獨立無伴若偶中口語誰有周旋以白其寃者且衆人醉而獨醒若苗有莠其勢不久故重念其獨也**佌佌彼有屋蔌蔌方有穀**卒章憂小人荐進傷也傷身以終之〇據釈訓佌佌猶瑣瑣蔌蔌猶迫迫並言齷齪小人也有屋言夏屋渠渠也方有穀言食禄方盛也書曰既富方穀蓋所本也**民今之無禄天夭是椓**而齷齪之人昌貴方富而黎民則皆為天災

所極破有亡宅而暴露者有失食而飢餓者何民主之不恵下而斯民之無禄於天乎憂傷極矣○天夭是妖孽之妖然曰天妖娆辭也其實言虐政

哿矣富人哀此惸獨

有酒

有穀之人方是歡樂世界也不亦哿乎哀哀者我身惸獨何以免於今之世乎○雨無正亦哿矣與哀哉對故或說富人須憐是惸獨非也○哀我人斯之哀憂心惸惸之惸念我獨兮之獨是句非指細民之孤獨者也既傷民之無禄依旧傷己之孤特己終之○是詩憂身憂國憂傷哀念如讀離騷

正月十三章

十月之交大夫刺幽王也

皇父擅命進讒退賢還王都於向而不能定民人離散君子傷周室將亡感于災妖而作是詩也○是篇與雨無正一時之作或出一手歟並纏綣從王不敢避難者也忠厚義烈汔周室之比干也自憂之辭二篇並見於卒章已

十月之交朔日辛卯首章子傷時深畏日食先提之以哀民○純陰而食陰大壯也且日食蓋忌辛春秋在莊公六年三食辛未庚午鼓而癸亥不鼓郊大雩用辛○李樗云唐書志十月之交以曆推之在幽王六年則是爲幽王之詩無疑案是可驚昧序者日有食之亦孔之醜是篇上半四章汎言災妖以結下半四章本旨所存彼月而微此日而微言日月屢食也彼此者内外之辭今此下民亦孔之哀首章二章上四句下四句三章以下八句直下以至卒章一例也

日月告凶不用其行二章廣上章之意說及國政之取譎日月○行躔度也書曰日月之行則有冬有夏以食爲失常度是古意也四國無政不用其良受日月故以天下言之其實四國無政即王政所致而不用其良人即三章所以取譎也彼月而食

則維其常此以陰陽君臣立言者非主理言之此日而食于何不臧月有盈缺日則常全在天之神為至尊故日食謂之非常畏天存至戒也左傳引是曰不善政之謂也國無政不用善則自取謫于日月之災古君子唯如是說耳朱注當食不食當食必食非古意耳

爗爗震電不寧不令三章舉災變荐臻呂哀朝廷之不知畏口不寧言時勢人情騷動也左傳謂亂平為寧不令猶不祥也竹書二年涇渭洛竭岐山崩三年大震電六年日食寀不中不遠詩概今年日食併數往災也朱注十月而雷電山崩水溢非也

百川沸騰山冢崒崩崒巉巖也言山裂而頂如劉削也口周語述王三年三川皆震是歲三川竭岐山崩三年寫誤史記竹書不誤

高岸為谷深谷為陵添是二句甚有闕系皇父祖向不守主故寫君臣易位之意也左傳社稷無常奉君臣無常位自古以然因引是二句是言詩本義者

哀今之人胡憯莫懲
今之人言在位也下章受之
以歷舉七子懲猶省懼也
皇父卿士
四章言災変之所自以結上半○據竹書
皇父即尹氏大師也云幽王元年王錫大
師尹氏皇父命然宣王二年亦有大師皇父必非
一人○或皇父是師尹世襲之号與卿士出洪範其
名古矣據左傳左卿士則天下
執政也此對司徒則冡宰也
番維司徒
姓譜潘
姓焉周
畢公之後食采於潘是欤○鄭語幽王八年而桓
公為司徒是詩作於其前鄭箋甚無屬王無小雅
幽王無大雅
大有說也
家伯維宰
小宰宰夫是冡宰之戴攷
也在詩並可單称宰疏拘
仲允膳夫
膳夫在周礼也上士也冡宰屬
考左傳東遷時似列大夫
聚子內史
內史春官與冡宰通職皇父結黨宰矣○聚子
似蔥子劉子單子聚與鄒鄹同音擬大雅蹶之里
蹶父亦似因地名楀与鄅同
音番聚蹶楀蓋畿內采地名
蹶維趣馬
趣馬夏官
屬在周礼

為下士皁一人徒四人甚微後世或進其爵位或称掖人曰趣馬也掖人中大夫大雅疚哉冢宰趣馬師氏膳夫左右可並考趣馬膳夫近王故夲猶立政之綴衣虎賁

楀維師氏中大夫司徒屬七子當時之權門所謂今之人莫懲者

豔妻煽方處襃姒得佞臣七人以為羽翼肆其罔極意色揚揚氣焰甚熾故曰煽方処○首曰孔哀次曰何不臧次曰胡無懲此曰熾方処每章結語之線絡可味哀語三歎而寫繁華喜躍之狀以收繳之甚巧孔字何字胡字方字如繡

抑此皇父五章更端言皇父遷都以震蕩萬民○抑音噫懿厥哲婦之懿懿戒抑也

豈曰不時時築作之時也豈問使民之不時乎其奪民時在皇父非所責也以起下句大雅豈曰不極伊胡為慝

胡為我作不卽我謀不時是君之常態不必咎也然何故役作我而未始一言謀及我乎暴亦甚矣即我謀如盤庚三篇是也皇父今其悉黨決策忙急以衆遷故

衆怨**徹我牆屋田卒汙萊**不謀之故事起意外卒
責之惶急不遑他棄田宅而
奔命故牆屋穿缺田亦下者
為汙高者為萊失我生業矣**曰予不戕禮則然矣**
皇父荅辭也君子謀之廊廟
以徹發處民國家之禮則然

皇父孔聖作都于向六章言皇父浚民封己而不顧
王室○皇父以礼自矜故曰孔
聖以嘲之也禮宗伯之職聖宗伯之材作都亦與
聖相受文之豊武之鎬周公之洛皆聖作也皇父
遷都猶我平相國嘗福原未幾而復耳若作
私邑則不遺一老徂向及下篇王都皆不通**擇三**

有事亶侯多藏三有事三卿也多藏言因遷多綱
財利也皇父擇聚斂之臣奪民以
實府庫也此亦黠智之**不憖遺一老俾守我王**憖
憖與孔聖應擇字可味且
願之辭左國多例皇父率大臣百官先王而遷也
凡人主昏惑而權臣傾朝者積威之勢有如是者

是詩以日食起之筮言山川陵谷之變爲是故也

擇有車馬以居徂向 擇富強之族舉其居室呂徂向也言專嘗其私而不顧天子左傳分魯公以殷民六族康叔殷民七族唐叔懷姓九宗職官五正遷都猶建國皇父因以殷其邑也

黽勉從事不敢告勞 七章言侮人面從皇父讒毀君子呂致大亂○詩人君子盡力呂從遷都之事懼而不敢違也

無罪無辜讒口囂囂 我畏罪而唯命是從然讒言謷謷以投究於我躬也始舉讒勝君子窮之事也

下民之孽匪降自天 說破前章之天災

噂沓背憎 讒諛常態也面前則雷同退則相毀也噂噂猶翕翕沓沓猶疊疊皇父遷都人心不服雖背憎乎

職競由人 噂沓背憎百司諸尹或諛或懼不敢一言朝無直言故下民之孽主由人生耳○左傳妖由人興也人棄常則妖興無罪見罪棄常亦甚

悠悠我里亦孔之痗

八章言王室將覆已黽勉於險中呂終○釋文本或作瘽宋郭璞引作悝爾雅瘽病也悝憂也大雅云如何里李或作瘽病與憂一意左傳寡人離病於外久矣言罹憂也然下句曰痗則里訓憂為穩悠悠憂之長也里居之說亦好我里出將仲子但傳訓病則乇本从疒从心亦不可知

四方有羨我獨居憂

民莫不穀我獨何害一意同首四望皇父七子之黨殷富而有餘衍我則獨居貧匱之憂也此四方只是身外四面也此憂亦言貧苦也與有羨對孔痗出上句

民莫不逸我獨不敢休

亦主皇父七子之黨言之逸勞之反我黽勉從事不敢離君側不為痗憂故辟易向退也二句承上起下曰我獨字與上句對不敢字與下句對

天命不徹

爾雅不徹不道也徹轍蹴通用言不循故轍也○篇終矣故返照首三章日食陵谷之變言天命將反以傷天所祐之子孫將見滅于天

我不敢

儆我友自逸周其淪喪文武將絶祀人臣之義唯力所及敢不黽勉乎我友雨無正所謂朋友避乱而不立閣朝者也自逸言其潔身畏難而不黽勉王事也

十月之交八章

雨無正大夫刺幽王也皇父恣虐去鎬徂向大臣內遑諸侯外叛讒言繁興王猶惑而不悛大夫諫不聽憂王者之將無所依故作是詩也○篇名難曉韓詩亦如朱子所駁洪範月之從星則以風雨言上從下則亂也迷王從褒姒皇父國乱不能為政而無正豈世乱而無政之謂歟存疑

雨自上下者也衆多如雨而非所以為政也釈篇名者凡六皆後人注釈竄入都不足議耳周語夫政自上下者也似摘取為説

浩浩昊天不駿其德首章託天以傷王政之暴○浩也昊也皆大也而今不大其德

也**降喪饑饉斬伐四國**上天降禍周室曰喪乱饑饉斷擊四方之國也託辭于天以復王政諸侯之不朝夕全在此**旻天疾威弗慮弗圖**是愍也而疾威不可得而思盡也恣虐出人意外如下所言**舍彼有罪既伏其辜**迷王信讒刑罰不中出後辜雖有伏辜者讒佞弄口則事乃反覆**若此無罪淪胥以鋪**淪胥猶混同也有罪赦之以無罪與有罪混同而教及之也瞻卬曰此宜無罪女反收之彼宜有罪女覆說之所刺正同是疾威之不可慮不可圖者所謂民無所措手足在此三事大夫何肯夙夜

周宗既滅靡所止戾二章言國乱大臣諸侯離而王無悛心○周宗周之宗室言鎬京也左傳晉不恤周宗之闕而夏肆是屏亦言京師也引是詩作宗周○皇父作王都于向鎬京生草故曰既滅皇父不能定遷民離散相失故曰民靡所止定**正大夫離居莫知**

我勩正長也上大夫也遷都之事六卿不知同各自散處而莫知民之労苦而撫定之也此四句喪乱殘民即不騐其德也**三事大夫莫肯夙夜**書曰三事暨大夫言三公諸大夫也正大夫亦在其中上言不顧民労此言不顧天子也不憖遺一老言皇父之暴此主大臣畏罪不近王所言之所指各異**邦君諸侯莫肯朝夕**王者之不可朝事如莞柙斬伐四國故或背叛不朝或雖來朝在京師者亦畏罪而不敢近王躬況孤矣曰首章言大亂之源而是章受以大乱四事一靡三莫應上昊天昊天**庶曰式臧覆出爲惡**庶曰者庶幾而言之也晋語庶曰可以鑑而鳩趙宗乎又庶幾曰諸侯義而撫之式臧乎式穀〻〻例夫大乱既極矣我庶曰王自此懲改而用善道然不唯不懲却發出暴悪之事不已也

如何昊天辟言不信三章更端提讒言之禍以戒王所之人其詩每更端章減二句

口蓋大夫庶幾王悔悟或進而有所関説然王卻
激大亂益發暴怒不無謂己有天命若紂於祖伊
故洪歎而号於天問法言不見信
之故也其實聽言譖言方行故也
如彼行邁則靡所臻
棄辟言而妄行如夸父之逐日如汎舟之流
而不知所至夫無所至則無有定不亡終不
已也故以大命近戒百君子○大臣諸侯皆離妄
行亦可少躊躇然王猶不悛故邑行邁靡臻取譬
可味
凡百君子各敬爾身
凡百君子言從而在王所
者也前章大夫是内違而
不守王所者也朋友是大夫避亂者也詩人乃守
王所者也同在王所故忠告之曰危急之時不可
不自戒愼毋望
讒口毋怠職守
胡不相畏不畏于天
前篇卒章末
句之意也天
命將覆此吾儕見危致命之日也何以不相畏乎
不畏于天命乎
戎成不退飢成不遂
四章提師旅飢饉之禍而傷王
之不信辟言○兵亂構成而不

肯退飢饉荐臻而民不遂其生也退遂猶進退文字映帶或云不遂所謂萬物不遂也案前說優矣〇飢成之成因戎成而為辞荐飢是飢成也戎成則飢亦成故曰如之以師旅因之以飢饉

曾我暬御憯憯日瘁

曰我親之也詩人勸人遷王都其愛守王躬者亦忠誠也暬御在王左右憔悴殊甚故言其忠勤而傷君側少人

凡百君子莫肯用訊

莫肯以救戎飢之謀告於天子者也其說在下二句故我非歌呂訊之王將不知其危急

聽言則答譖言則退

聽言猶邇言道聽之言也大雅聽言則對誦言如醉今天子聽言則前席應對其誦言如醉固矣內一譖言則怒退其人其不信辟言亦固矣故非聽言不可以語苟辟言則王乃厭之讒人從而構之遂陷不測之淵故凡百君子之莫訊亦宜矣時勢至此憶如之何

哀哉不能言

五章更端自傷己辟言速禍而窮於譖言者〇三章四章凡百君子並在下半

首句成對五章不能言與能
言對六章不可使與可使對匪舌是出維躬是瘁
舌未出而躬既瘁言禍之速及也管子酒入而
舌出○此詩人自道也與無言不疾相應哿
矣能言是諧言
者也巧言如流俾躬處休休言顯榮之
地也正月所
謂有旨酒有嘉殽
有屋有穀是也
維曰于仕孔棘且殆六章自傷進退維谷○曰者詩
人其心曰也云者天子言之也
詩人大夫固既仕者也然尸位而無能為耳故其
心曰于仕者言展力行義也而有不可者卒章或
助以是也于猶往欽哉
之往孔棘旻天疾威也云不可使得罪于天子辟
言
者天子所厭必云不
可使是有一喝耳亦云可使怨及朋友聽言諧
言者天
子所眤故天子若云可使則朋友必咎我同流合
汚矣是帶言也詩人固非与勢俱往者

謂爾遷于王都曰予未有室家

卒章言旧臣世家不憂王室吕自傷其言竟無用者○爾受上朋友去王所者偏呼離居者也王都言新邑向也己進退窮雖在王所不能行其義故就離散大夫勸其遷王都蓋一憂王所無人一欲相謀而致力也

鼠思泣血無言不疾

告爾吕護天子爾却鳴幽詩愚弄我吕幽恭之說時勢已至此乎乃癘憂泣血而自傷我之言而無不疾痛耳不唯進言於天子雖諸大夫亦嚇我而已○疾字照上痒字

昔爾出居誰從作爾室

純忠義烈發憤而離居者以終之曰昔日爾與皇父出居向之時誰是作爾室者爾自經營之耳苟欲遷王所其何憂於室家有無乎而吕是嚇我何哉○既遷而不安棄而去之可見遷都騷擾人心不服有去者有留者蕩析離居以致大亂

雨無正七章

皇父遷都正月十月雨無正三篇相聯而見此後不復一出

小旻大夫刺幽王也在位無君子小人風議國命噂沓回邪將以覆王室故作是詩也○小旻小宛小弁小明即以其為小雅命之大明固當不関小明也宛弁何必因大宛大弁

旻天疾威敷于下土首章言王庭議論之不止○言天而王言王而天詩之辭也先提君子箝口之意于卒章照兼帶天命可畏

謀猶回遹何日斯沮藹然言羣小之聽邪說而不止

謀臧不從不臧覆用謀臧言君子所獻替也

我視謀猶亦孔之邛邛病也言可攢眉

潝潝訿訿亦孔之哀二章敷衍上章哀群小之噂沓○潝潝雷同也訿訿風議也言族談噂語苟且而聽邇言大雅毛傳訿訿窳不供事也訿訾皆同史記呰窳偷生注呰弱也呰窳苟且惰嬾也釋訓翕翕訿訿莫供職也朱子因今言決義不取也

謀之其臧則具是

違謀之不臧則具是依
反覆長言而添具字雅淡可玩或分附王与小人非也
我視謀猶伊于胡底
于往也於也並通底至也止也即不集不得不潰之謂也議論憒憒都不一定口首章何日斯沮在始亦孔之邛在未與是章相錯此淡中取趣處
我龜既厭不我告猶
三章直言謀夫之多責其碌碌無賴口議論不決屢卜筮而瀆蓍龜亦小人常態也龜天子之守也故曰我龜所卜王室之事也故曰不我告
謀夫孔多是用不集
姻亞膴仕滿目孤鼠而無一頭角嶄然
發言盈庭誰敢執其咎
徒鼓其舌滿庭嘖嘖如鶻鵃都是風議何嘗有一人能任其成敗之責而建議決策者乎左傳引是曰騑也受其咎
如匪行邁謀是用不得于道
如坐而謀秦楚之道若未嘗行邁其險易遠近何所得乎道以喻經國之道遂起下章先民大猶也小人多是不學

無衍未嘗行邁于道者也取譬切當○自此每章以譬喻取結至卒章都是取譬譬諭

哀哉爲猶四章更端提先民大猶以責之

匪先民是程匪大猶是經先民如周召畢榮者也大猶如文武之政布在方策者也程言以是為法式也經言以是為準繩也

維邇言是聽維邇言是爭邇言道聽塗說俗間之言也失鄙嘲俞咈之體代天工者而邇言鄙哉爭言難詰也

如彼築室于道謀是用不潰于成邇言紛紜是如作室于道與行之人謀事苟無先民大猷之取決何以遂于成乎前章不得于道此為道之人所惑亂也凡邇言賤人小吏所慫德居多○是章喻以先民旧法次章喻吕今日之國有人聯二章如訓誥如大雅通篇之精神也

國雖靡止或聖或否五章提聖哲肅艾以責之○靡止言小毛公得之邦畿千里維

民所止

民雖靡膴或哲或謀

膴美厚也言其性卓越于衆也視遠惟明所以

為哲人也聽德惟聰所以定良謀

或肅或艾

貌恭而具德嚴肅者發言從而能治事者

雖無聖如黃帝哲如大舜者可名以五德者則今日亦有其人也

如彼泉流無淪胥

以敗

泉流雖清遇濁水則淪胥僭汙者也譬雖有善者不用則相僭顛沛焉如彼泉流也豈無淪胥以敗乎殷之末世有微子微仲王子比干箕子膠鬲而帝辛以亡大命近矣以起下章

不敢暴虎不敢馮河

卒章言小人不知大難以哀時命○馮馮陵之馮左傳小人伐技以馮其君子

人知其一莫知其他

既曰淪胥以敗則其他言喪亡也

戰戰兢兢如臨深淵如履薄冰

君子知其他是以大懼所㠯歌以訊之

小旻六章

小宛大夫刺幽王也

幽王荒怠忘宣王之業飲酒無度上下化之君子舉困於非罪憂身哀時而作此詩也○小旻責滿朝謀夫小宛為兄弟戒懼之辭二篇並無一言及時王而風規之意隱然懇到詩謂之善言之最吕是也若說兄弟相戒之詩不關時王將焉用天子之雅

宛彼鳴鳩翰飛戾天

首章懼禍之及感念父母戒不自急也○宛小貌翰鼓其翰也有奮勵之義大雅如飛如翰許慎云鳴鳩奮迅其羽直刺上飛數千丈入雲中以小鳥能奮而高舉比己雖小才力行不已欲以全大節焉

我心憂傷念昔先人

過世之亂而恐不能保遺體所以自戒懼也

明發不寐有懷二人

明發將且也二人父母也孔子引是徵文王祭慕父母之事父母全而生之子全而反之人之大節也今身窮而舉困纍絏難哉免於今之世矣是以思念憂思至於通昔不寐也幽王忘宣王之業荒廢迷豫故以是風之

人之齊聖飲酒溫克二章傷時之沈湎相戒自攝也○突然發飲酒之事非有風規而何邪昧序者或疑詩人嘗有酒敗窮矣彼昏不知壹醉日富壹醉唯酒是耽不知節也富朱注猶甚也案富於醉之意或云洽比孔云之徒荒醉怠惰而日以富貴也亦通○先舉端人思齊也後舉昏人內自省也各敬爾儀天命不又幽王君臣上下沈湎滛液動無禮文紂之覆轍也故兄弟相戒曰各自敬威儀天命一去不復來何畏加焉天命字蓁重在小雅王家之事也風意憂然爾儀爾子爾所生兄弟相爾而其實剌時王之心

中原有菽庶民采之三章受上訓子弟不染惡習也○比也中原之菽非其菽也然庶民采以充食以比求之可以得焉蓋菽衆豆總名是時難食者采雜豆以禦飢故云○二章言敬其身三章言教其子並末句發之上四句比賦雖異對舉兩事則一也故二三成對而一與四義相

矩

倡和結了是篇法也**螟蛉有子蜾蠃負之**比也螟蛉之子非其子也然蜾蠃負以肖己以比教之可以化焉家語政猶蒲盧待化以成○昔人辨是說失物理然古老所傳道存而因是先哲常規**教誨爾子式穀似之**穀即齊聖温克之規規也教以善道使其象似之也頌云君子有穀詒孫子兮似因是詩庶民廣求他物蜾蠃能化異類我小才非所及慭教爾子必以似穀矣言世俗不可如何以風時焉且送王愛伯服父不父故宜臼亦子不子教子之言於時事為切若放大子於中原人將收為奇貨負螟蛉之子以為惡異日申侯果奉大子入周

題彼脊令載飛載鳴四章言急先人力行不已以終首章之義也○興也脊令亦小鳥以飛鳴不止興力行不安焉鳴鳩取其決起高至脊令取其不須臾休○脊令因常棣固是兄弟急難之時五章以下專言急難**我日斯邁而月斯征**征邁不敦自暇自逸之謂

看

也彼昏不知皆遊惰荒廢耳十月大夫黽勉從事民逸而獨不休亦要全臣節於乱世故也是詩主于遁故明哲保身其所願也然苟生苟免忝所生也非征邁之義○脊令有急難相救之義我云爾云即相切勵相保恤之意也

夙興夜寐無忝爾所生

大戴礼引是曰言不自舍也案是詩之本義也既曰日月又曰夙夜即脊令不片時自舍之義○凡伯刺幽王曰無忝皇祖式救爾後曰念先人曰懷二人曰無忝所生欲使幽王一顧宜王中興之盛也

交交桑扈率場啄粟

五章更端始說苦困身境也○興也桑扈亦小鳥肉食不食粟九月築場于圃而納粟焉以桑扈之失性興已之失所焉

哀我填寡宜岸宜獄

填瘨同韓詩作疹亦病也填寡言困瘁孤单也不同流俗故畢陷於獄犴也岸韓詩作犴同家語獄犴不治不可刑也

握粟出卜自何能穀

粟呂為精也握粟卜窮態也猶曰桑

履

扈之啄餘窮之窮也出卜問後來禍福也釈言穀譽祿也福祿之義或與式穀率合之非也往日多難身危乃卜前途窮通渾無吉象也已焉哉未如之何也今生民失所無辜呼天詠一身以形衰亡夫首章已下念先人而力行敬儀誨子夙夜匪解非賢大夫邪而不遇流落至此則時事可知

溫溫恭人如集于木卒章言天命將覆已唯知懼以終之也口思以身儆恭人也溫恭照溫克敬儀惴惴小心如臨于谷恭人有是小心也戰戰兢兢如履薄氷仍是恭人恐戒也或以溫恭為一人小心為一人戰兢為自道誤也三如為國危故然也末二句與小旻同或出一手或有相因其非言尋常敬慎可知則風規時王亦明明哉

小宛六章

小弁刺幽王也自此四篇皆憂讒之詩大子之傳作焉不曰大子

之傳刺幽王猶不曰巷伯寺人刺幽王是亦古序條格嚴矣邪說者云大子自作非傳作也噫宜臼馮母家以犬戎入周殺其父幽王其不孝可知安得是至誠之發乎

弁彼鸒斯歸飛提提首章哀身饑而獨遠於父母口比也弁樂也亦與拚通拊翼飛也鸒斯與鵒斯一例爾雅流言可徵小而多群不反哺者歸飛狀其相愛也提提安也言群而樂焉淮南子的的者獲提提者射以雅烏之樂群也凡民父子團聚而歡焉特取於不反哺者蓋著萬民團聚不必慈孝之子也

民莫不穀我獨于罹穀祿也善也父子團聚人之吉祿也此句亦出蓼莪四月皆哀不能事父母之辭舜之怨慕日號泣于旻天于父母

何辜于天我罪伊何傳云

心之憂矣云如之何恍忽不能為懷也重

皆三何字沈痛哀切朱注安之之辭大誤大子之傳其不為浪語固也且與父母之不我愛於我何

哉語意大異不可為毋說病此句耳傷如之何云如何里辟之痛切儻同宜與其旧如之何反覩

踧踧周道鞫為茂草二章反覆傷讒人敗國殘父子○比也踧踧平易也諸侯不朝通道生草以比讒慝在朝王道樴塞焉

我心憂傷惄焉如擣重皆三憂字句句愁慘極其苦毒之甚

假寐永歎維憂用老永歎假寐以憂故顏衰形槁也人子恒言不稱老是章不獨憂其身所謂小弁之怨親之過大者曰擣曰老曰疾切切入骨

心之憂矣疢如疾首首重如山坐亦假寐而已

維桑與梓必恭敬止三章廣首章之意重號于天也○興也此細民之事恭敬如耳棠勿剪內則父母所愛亦愛之父母之所敬亦敬之至於犬馬尽然而況於人乎桑梓遺愛所存故人情不侮摧殘之

靡瞻匪父靡依匪母以恭敬桑與梓與瞻依父乎母焉遺

物尚且恭敬況父母俱存誰不瞻依之乎是章爲賦亦通然細繹上六章詩人命意呂興詠之者也興於庶賤廣著人情〇朱注尊而仰之曰瞻親而倚之曰依

不屬于毛不離于裏

蓋毛言皮膚也裏中衣也指父母懷抱言之唯我獨始生有異哇声忤旨而未嘗屬離於父母懷抱欲下問我辰以是

天之生我我辰安在

我六物之吉凶何所在乎以想于天也〇六章唯是章不言心之憂矣因前章三憂字疊出相變收歇前半甚精巧須知六章之內前三章後三章語意中分以成對前半鸞斯茂草取比桑梓取興以收後半柳蜩淵鹿雉兔取比投兔興死人取興以收忽見全似兩段然心之憂矣句在第七句一貫之故上六章下二章是篇法也

菀彼柳斯鳴蜩嘒嘒

四章言君恩不及無所終身〇比也反體芘蔭之大小蟲以樂以比王澤所被微物亦遂其生焉以傷己不如鳴蜩〇釈訓郭注蜚蟬鳴自得傷己失所可謂得古

意矣有漼者淵萑葦淠淠比也滋潤之廣微草以肥息比意如上鳴蜩有情也萑葦無情也並取其微微之不如所以自悴也譬彼舟流不知所屆受上譬其居處不定也不集於菀不浴於澤曾不如小蟲微草之有所託焉○比之下又置譬喻殆似斯干之例心之憂矣不遑假樂居處不定奔走營求之不暇何曰又假寐乎

鹿斯之奔維足伎伎五章言慕父懷家形容凋傷○比也正體伎伎舒貌釈文本亦作跂案其足有時跂跂留其羣也以比身雖奔亡心不能忘其親焉尚憶終南山田頭渭水濱此伎伎之意雉之朝雊尚求其雌比也比妃匹思愛亦不能忘焉父子之辭故及此與遑恤我後照應○奔也雊也並舟流中之苦況鹿獸也雉鳥也前取蟲草後取人事遂章比意愈切至譬彼壞木疾用無枝受上譬其支體憔悴也焦心斷腸故耗血氣

心之憂矣寧莫之知怨慕之辭也苦毒至此王何不降一點恩露乎以起下章

相彼投兎尚或先之六章怨君父之不我顧鳴咽以結之○興也及體投兎見迫逐

行有死人尚或墐之不忍而投人也先之為開走路也此不忍之心及禽獸之心及路人

君子秉心維其忍之以人情之不忍於踈遠及興君子之殘忍於骨肉焉其忍出人情外

心之憂矣涕既隕之一念及之則哽咽不能復言悲号極矣之字四聯是結法○生而為天子正適離讒者之口棄逐中野曾鳴蜩萑葦之不如也鹿之奔非不忘其類乎雉之雊軀憂之情其可割乎流落不定如舟形顔枯槁如瘣木是境是苦何莫之知乎君王照臨天下其視我不及小民之於投兎餓莩欲何其忍矣乃欲陳區區以告愬則憂自中来涕既滂沱下咽而不能言是三章之義也○蜩萑葦鹿雉投兎死人舟流壞木衆多物品盡綢繆

君子信讒如或醻之七章更端始舉天子信讒罰無辜之事○受醻爵即飲之所謂好聽讒也至此憂憤怨慕圭角露出者為讒人覆邦故也大子之傳作固有與大子自作不同古傳確矣

君子不惠不舒究之君子不如惠於我聞斯信之不徐徐傳訊審究也左傳大子縊而死公徐聞其無罪也乃烹伊戾

伐木掎矣析薪杝矣比也掎縛木末而不傾踣也杝蓋木理也隨其理而不妄挫也以比斷刑罰宜審其倫理而不暴戾焉剖決曲直故取比伐析○考工記析幹心倫注順其理也相似

舍彼有罪予之佗矣不罰有罪而畀諸佗無罪者也予畀也商頌勿予禍適我字丸出而別無予字宜訓畀疏得之

莫高匪山莫浚匪泉卒章惡讒人食王心而悲憤決絕○比也比君子衆心宜如高山深淵焉言高必称山言浚必称泉故造語若是

君子無易由言耳屬于

垣匪由勿語凡言必有所由而發故曰由言大雅亦出人主不可輕易出言讒邪側耳遂食其心夫他人有心予忖度之況有所微觀爭蓋迷王輕忽脫口讒者遂構成大子故言之以切諫迷王希其有悟發也○二句意韓非子詳說之呂氏引李沙最明了

無逝我梁無發我笱讒人汝勿逝我梁發我笱而竊我利矣何人斯胡逝我梁句三出亦憎讒人也凡讒人殪人必有以自利

我躬不閱遑恤我後既拒讒人乃又曰嗚呼我則躬且不閱又何遑恤子孫乎欲逝則逝欲發則發我何觀念吾居乎此所謂決絕之辭也心不能了斷而外奮於言耳徐儆弦引離騷又何懷乎故都甚合邶詩刺是四句為去婦絕夫之語既絕而更說起數章可見決絕之出於不決而是四句之有餘情矣○左傳引是曰寧子可謂不恤其後矣言子孫也表記亦同說去後來優○宋儒謂小弁不與舜同案宜的庸人其傳代口何呂大聖之言虛飾之乎

小弁八章

巧言刺幽王也小弁子号泣于父巧言臣号泣于君哀想切切二篇如一故比曰何辜于天我罪伊何曰予慎無罪予慎無辜茲出首章大夫傷於讒故作此詩也是什大夫刺幽王止於小宛是詩與小弁比且題曰巧言故下曰大夫傷於讒於詩亦有發明

悠悠昊天曰父母且首章呼天而想已無辜離禍○悠悠遠大貌天子為天下父母曰昊天曰君子其實一也無罪無辜亂如此憮乱言讒人之禍也爾雅憮大也

昊天已威予慎無罪天王疾威予則戒慎而無罪也是章頻呼昊天猶下章頻呼君子

昊天泰憮予慎無辜爾雅憮傲也頻曰無罪欲王之察有罪也

亂之初生僭始既涵二章言乱之生在信讒以投一策○僭始當作僭乱始古作亂

故訛呂刑上下比罪無僭乱辞盖言讒人僭乱之言既浸潤是乱本也大雅譖始竟背亦當作僭乱○涵說文水澤多也盖浸潤之意言漸而瀸漬○通篇用乱字凡九猶小旻多用謀猶字皆其所主也

亂之又生君子信讒王不速退僭乱者其言浸而醖釀則王亦惑於是集機敢爲讒王遂信而用之亂乃成矣○乱字七君子五究如貫魚

君子如怒乱庶遄沮發怒于讒人則乱可立止

君子如祉乱庶遄已讒人見誅則無罪而窮如詩人者得再沐天澤此詩人所庶幾也非言別登庸賢者○怒誅有罪也祉復無辜也

君子屢盟乱是用長三章言乱之甚在信盜惡以結之○屢盟與下信字照君子不信唯盜是信故屢盟者相胥相醻祉怒不定之故也

君子信盜乱是用暴信讒用其言也信盜用其人也疏云盜言讒者

盜言孔甘乱是用餤凡盜之所進言

於王阿諛面從孔甲故王專用之是非及覆國遂乱也此言非主讒言讒者譖人自進及其見信用媚上謀私邪慝百端是乱所以畀也然逢君悪以甘言故王啖之如享美味也此二句演釈上句口餤與啖同史記以齊餤天下爾雅訓進亦甘食之意

匪其止共維王之卭

止止於仁止於敬之止共言供其職也大雅昏椓靡共盗不止止於供已職所為都為王之病也口家語引是曰此傷蒋臣蔽主以為乱者也啖王以甘言悪弄以肆其私是蔽主聽明也此謂不止共口是詩上三章下三章分段前章昊天三出無罪無辜各再出二章初生又生對加怒如祉對三章是用字三聯

奕奕寢廟君子作之

四章更端言讒人鑽王以敗國家口言之以傷今之為羣盗窟穴也寢廟王者聽政之居也大猷王者取法之典也亦小旻匪先民是程匪大猶是經其感同唯是

[illegible]

不說破耳○通篇七君子唯是言先聖王也

秩秩大猷，聖人莫之，言之以傷今之為群盜所殘破也。奕奕，大也。秩秩，序也。君子以位言，聖人以德言。爾雅：漠，謀也。又嘆，定也，並通。於此，此四句閔王之卬惡盜之無，瞻望古今，何限感慨。

他人有心，予忖度之，四句寢廟大猷所以壞也。他人，天子也。予，讒者也。對他人曰予，讒者之耳常屬于垣，微覦以食王心也。

躍躍毚兎，遇犬獲之，比也。毚兎比至敏捷之人，犬比讒者。既探王心，乘機而耳言中竊，故其讒必行，雖至穎敏者不能免也。若是而放賢逐良，屏忠除直，乃佞諛百方，蒡茹以進，遂立奕奕寢廟，使先王不勝其腥臊，壞秩秩大猷，聽小慧無利之說，詩人所已歎也。毚與讒同。

荏染柔木，君子樹之，五章言讒人乘王之寵而無忌憚○比也。柔木比柔佞者。樹言樹而培殖之。綠兮絲兮，女所治兮，一意。比天子寵讒人焉。

往來行言，心焉數之

吳 諸

往來而行讒說者其心常忖度君子之心也數之承君子樹之故為計較其心曰左傳費無極謂朝吳曰王唯信子必求之又謂其上之人曰弗圖必及於難蔡人逐朝吳陳乞讒時大夫於高國曰莫如盡滅之又謂諸大夫曰二子者禍矣盍先諸大夫從之高國出奔是亦往來行言也

蛇蛇碩言出自口矣蛇蛇猶委蛇柔媚紆餘之意碩言猶曰碩大之言大臣以傾賢人以逐王家以驕民以喪亂故曰碩言非所可道而醜然而言故曰出自口以憎之

巧言如簧顔之厚矣碩言之巧如簧以逞為桀以馬為鹿顔厚不知恥也盖大夫惡讒人探得王心虚構以顛己於不意四章以下專言讒己者上半下半章毀之勢可玩上半先言王之信讒

彼何人斯居河之麋卒章擧讒人之謀主以如怒端沮之意終之曰何人猶曰何等惡物麋与湄同曰魯詩以是章為何人斯之首章沈惑人然左傳襄十四年有明徵亦毛詩所以為

真物也可尊　無拳無勇職爲乱階　上文八亂字一括於此　既微且

尰爾勇伊何　骭瘍腫足出爾雅讒主適有是病也居河邑下明夫其人之辞則詩人爲是人所陷也序文可念　爲猶將多爾居徒幾何　爲讒說大且多然洪所典

居之徒其有幾人乎小醜無勇且病言易誅除也

左傳衛侯歌之孫林父懼以是也大夫言之者勸

天子一怒以滅讒人之一藪淵也

巧言六章　首章　二章　三章　四章之之之之　五章之之矣矣　六章

何人斯蘇公制暴公也　蘇暴幾內国名公召公畢公之公大東刺周大夫一　暴公爲王卿士而譖蘇公焉　叙詩之所日爲小雅

例列國無是首句也若無関王庭則不得以雅

刺之是意昧序者渾長夜也　故蘇公作是詩以絕

之也也字因足利古本補。○絕之大發詩意，真是絕交之辭也。○是詩外讒也大臣也巷伯內讒也小臣也故比二首並一意直下而無曲折是詩上四章下四章分段而中四章兩兩相比

彼何人斯其心孔艱首章怨暴公之黨於讒人○何人斥從暴公者而三章四章却斥暴公詩之辭不拘巷伯之譖人亦同不可强合艱人情險於山川之險胡逝我梁不

入我門所以艱而不可知也從暴公者即讒人也蓋蘇公所惡而今突然從暴公而至梁

伊誰云從維暴之云云不成辭當作公彼人未嘗近我梁案之乃有所從而偕來也其誰從乎乃我僚友暴公也嗚呼暴公其黨於讒人矣○通篇章末二句皆緊要

二人從行誰爲此禍二章怨其負舊好○二人成黨其禍我者誰居暴公之不唁我反側可知蓋暴公自既發黜亦案部爲徵之類故曰唁與

胡逝我梁不入唁我

禍字照

始者不如今云不我可　始者言壎篪如貫之時也云助字不我可言不以我為可而易交於讒人也平生歡甚未嘗念其反覆至此故言始而責今

彼何人斯胡逝我陳　三章惡其入我門□陳所謂中唐有甓也自門內霤至於階下此言暴公為不知者而來唁也

我聞其声不見其身　暴公心恥故通声於將命者不面藉公倏而去矣鬼蜮句既伏于斯

不愧于人不畏于天　言其顏厚不愧人欺天不畏也既讒我又為不知者而來來亦不相見而去矣故云

彼何人斯其為飄風　四章重惡其虛飾以譏之□飄風爾雅迴風也此取其來無方不共巷阿同

胡不自北胡不自南　既讒我則絕交可矣又何來乎既入我門則當面主人又何遽遽去乎

胡逝我梁祇攪我心　何故屢逝我梁以擾我心

乎其情都不可知也三提我梁蓋道途所由歟歐陽永叔古人愛惜魚梁之說亦可念小弁無逝我梁亦拒讒者也○曰攪曰肝曰祗並冤結悲憤之辭也須凝勝味之○暴公黨於讒人缺然不復往來蘓公以冤迷居審知暴公讒己因其絕而不問訊責之以明己灼知其賣友也上半一意至五章六章遂望其一來乃欲相面而論決焉故也三物詛爾之語可以知之

爾之安行亦不遑舍五章更端言其畏人而希其過己○安行亟行並言其過己門也下章還而入相照舍少憩也

爾之亟行遑脂爾車恥過門不入故遽遽騁去也左傳左師為己短策苟過華臣之門必騁其事雖異情態差似

壹者之來云何其肝爾雖肝憂也希其一來欲面決之也或云既絕而謂之來願其悔悟非也暴公為王執政比讒人以陷良騁其罪繫天下之大勢蘓公豈匿怨而友其人乎所以絕也

爾還而入我心易也六章重言一面論決之意○過門不入既是不快然歸路若入而使我面白吾情則心亦可以安易耳易難之反

還而不入否難知也徃還不入其情否塞不可知也還而入期萬一也點景也還而不入實不入也

壹者之來俾我祇也祇與疷同之子之遠俾我疷兮○朱注詞蓋緩若不知其諧非也ヒ不愧不畏又曰以飄風何更為柔佞圖熟之詞乎觀為鬼為蜮之句殆與惡惡如巷伯同曰忠怨曰溫厚皆腐

伯氏吹壎仲氏吹篪七章言其能知己而欲盟其寃○同僚兄弟故曰伯仲壎燒土大如鵝子六孔篪竹八孔横吹大雅如壎如篪言相應和也心親則声更協以著始者之歡甚其歡如是而逝不入入不見都可怪上六章之怨以是躍如

及爾如貫諒不我知兩身一貫何故不知我無罪乎

出此三物以詛爾斯爾之知與不知我之有罪

與否請盟詛以決白之故希爾一來然爾過門不入則實無面目見我故耳の左傳鄭伯使卒出豭行出犬雞以詛射潁考叔者蓋因衆寡而異其牲也此曰三物因其事之大小而牲有輕重歟

爲鬼爲蜮則不可得八章極言其無道以絶之○蜮水蟲含沙射人又射水中人影毒人或呼水弩

有靦面目視人罔極靦面目居然也爾雖幼怪如鬼蜮乎變為鬼蜮則不可得靦然具面目其視人横逆而無有紀極直是人面而鬼蜮者耳語勢汎似投畀豺虎越語余雖靦然而人面哉吾猶禽獸也似因是詩

作此好歌以極反側好好音之好吉甫作誦其風肆好極言盡而不汗也反側即壎篪變為鬼蜮也王安石云好歌云者欲其悔悟非也美音好辭人之所傳播以賞詠也鳴鼓攻之之意則有之

何人斯八章

幻

巷伯刺幽王也列女傳周宣姜后脫簪珥待罪永巷范雎傳亦有永巷字爾雅宮中巷謂之壼蓋巷伯寺人之長也寺人因無獻詩之例自表官名詩

寺人傷於讒故作是詩也釋巷伯之為寺人孟子也與大夫傷於讒同非被讒而為寺人焉在周禮內小臣奄上士四人寺人王之正內五人然合而言之內小臣亦寺人也〇一二對三四對皆章四句

萋兮斐兮成是貝錦首章言讒言羅織之美〇有萋有且斆琢其旅有斐君子斐然成章皆華麗貝

彼譖人者亦已大甚言譸張為幼之妄甚也〇述王之大雅二以其用婦寺昏椓謂之大壞竊案他寺人諫褒姒者構巷伯而代之遂譬以至執國命欲然則是乃大壞之濫觴故巷伯之惡惡至於此乎揭圖敵丘以戒百君子汔似有所先見彼大壞者

哆兮侈兮成是南箕二章言讒口吞噬之大〇哆說文張口也穀梁哆然外諸侯也

言大膽無忌侈亦張大也猶侈袂侈弇之侈南箕舌廣哆然侈然言其舌疏張也

彼譖人者誰適與謀

疑其大甚也讒者亦必有適主如前篇居河之麋此句汔知其適者也

緝緝翩翩謀欲譖人

三章四章戒讒人以風其上曰緝緝相會聚也如蠡斯羽揖揖兮又相咕囁也說文引作咠咠聶語也翩翩往來良謀受誰適與謀聯下章三出以著其所與謀有徒蓄也蓋出入外內宮而媚王媚后左右弄口為幼也

慎爾言也謂爾不信

宜少度汝口朝廷將知汝不信而治其罪矣為戒讒人之言非為讒人謀也所以風切朝廷焉下章同

捷捷幡幡謀欲譖言

重言上章之意曰捷便旋良如征夫捷捷字書捷又作諓啑唼多言也桀三字不見古書如字適己幡幡往來翩忽良如威儀幡幡同翻

豈不爾受既其女遷

百方構成巧言如緝豈不信而受之乎然不信之言既露今其將放逐汝矣既者言

遷之速也。遷遷乎有苗之遷也。不信其罪也。遷其罰也。欲使朝廷糾其不信而罰極之，故言之。

驕人好好，勞人草草。五章更端，始言己傷於讒，以怨于天。○驕人言讒己者跋扈也。勞人言己寃發而勤苦也。好好，蓋從己所好而喜也。如哀哀、瞿瞿之例。朱子訓樂，不及從古。訓草草，釋訓慘慘勞也。邢疏與草音義同。案慘者心騷動不安矣，後世息邊曰草草，或古義之轉歟。

蒼天蒼天，視彼驕人，矜此勞人。天乎，視彼好好可憎情態，而憐此草草者。人不察罪有無，故以怨天，其實怨上也。○余旧考寺人而被罪，當降而給下劇，故曰勞人。然否。

彼譖人者，誰適與謀。朱注或曰衍文，得之。此句不宜重出，且二章章六句為協。

取彼譖人，投畀豺虎。六章既怨于天，欲必取讒人以甘心焉。○投豺虎，猶禦魑魅。其斧鈇不足以誅故也。

豺虎不食，投畀有北。北方極寒無人之境也，死地也。昔共

工巧言令色孔壬舜投之北裔則有北之投亦唐虞之故事也不食惡其不潔也

有北不受投畀有昊不受忌其不祥也人者天所生故歸諸其本不使在地上也既已愬之天將制其罪焉○子曰惡惡如巷伯言是章也協于遠佞人之義矣

楊園之道猗于畝丘七章言所以作詩以終之○比也猗倚同不必訓如楊園蓋王之圃遊也比大臣丘形如壟畝曰畝丘比小臣適楊園者必自畝丘以比讒始於小而至於大焉○在周禮內小臣其次閽人其次寺人閽人王宮每門四人囿遊亦如之寺人詠楊園以有由矣晉有桃園魯有蒲圃蓋以植物名之

寺人孟子作爲此詩蓋其行在伯故自稱孟子

凡百君子敬而聽之呼君子而曰敬聽者已所先見足以為大臣訓戒故欲使其不敢忽之不敢忘之也

巷伯七章

刺諫莫甚焉
節南山
正月
褒姒蠱王

作都于向
十月之交
雨無正
遷于王都

責謀夫不斥王
小旻
小宛
戒兄弟不斥王

子号泣于父
小弁
巧言
臣号泣于君

僚友大臣外讒
何人斯
巷伯
僚友小臣内讒

毛詩考卷十九

谷風之什第五

幽王變雅之什首皆受前什之末例也○蓼莪大東四月北山小明行役怨望之詩並輯諸是什致鍾亦幽王遠遊民苦之詩也

谷風刺幽王也幽王無道愛憎無恒薄俗所由宜於卒章察之○谷風朋友缺也蓼莪父子失也賢友窮於薄俗孝子窮於勞役**天下俗薄**什首什末序並曰天下是什大東四月北山小明分詠四方之乱則谷風以天下為言確矣○俗国風字邶谷風曰夫婦離絕国俗傷敗焉似相照成辞**朋友道絕焉**何人斯巷伯並僚友之譏也故谷風為什首受之

習習谷風維風及雨比也東風和而成雨以比友道之和焉易曰麗澤兌君子以朋友講習雨澤相麗潤悅之盛也○孫炎云谷之言穀穀生也

將恐將懼維予與

女予與女言相信之厚也語意與下聯風雨之比先提友道之常而次四句言其薄絕之事也

將安將樂女轉棄予身安樂則不復念昔日患難相救之恩也人情輕薄

習習谷風維風及頽比也頽猋之反暴風自上而下者也始習習而終以頽比朋友忘舊而至于暴焉

將恐將懼寘予于懷親暱之不翅加諸膝則其受任恤之力大而蒙奔走之勞厚矣是以免患難

將安將樂棄予如遺鄭箋善解之

習習谷風維山崔嵬東風和而廣及山巔山之材將受其長養也〇二章三章比友道之失仍以習習谷風起之者所以著始殊相受而後大相背也所謂俗薄

無草不死

無木不萎比也谷風吹山而草則死木則萎豈非以失其習習之和變為焚輪之頽乎以比久惡之親俄而至於讒鬩焉是章受風及頽而演之曰風及頽則谷風與頽風也是詩之辞耳風

已槃輪何必習習乎既欲其生又欲其死此卒章之義也○崔嵬山巔也頹風自上下者王庭失道降此薄俗盖詩人微意

忘我大德思我小怨

轉棄如遺艸死木萎以是也二言緊要大有益於友道余嘗云谷風之三章取是二言焉家語顔淵問朋友之際子曰不忘久德不思久怨仁矣夫○大德言恐懼之日拮据相救也切磋非是篇所及小怨非唯安樂之日雖恐懼寘懐時亦有之晉犯曰臣從羈紲從君臣之罪甚多矣是也○左傳大德滅小怨道也楚語以小怨寘大德吾不義也似因是詩○一二予予卒章我我亦辭之協也

谷風三章

蓼莪刺幽王也

前後二章並四句兩兩成對中則八句二章而不對

民人勞苦

言萬民苦勞於行役也此士庶賤者之詩故曰民人勞苦因經劬勞勞瘁下之其義錯互而通

沇妙

孝子不得終養爾叙不幸也而通篇字字皆是感可謂拔詩之髓示之矣

蓼蓼者莪匪莪伊蒿首章言己不才以哀父母○比也蓼蓼日漸長大良蓼蕭同莪
自菁菁者莪來比美材也蒿惡草父母愛我極篤
㠯我為美材樂其長大撫育無不至而今則大病
不侍湯藥無頼已甚嗚呼我是蒿已
大負父母初心矣○是章朱注得之

哀哀父母生
我劬勞哀哉父母徒勞苦而涓埃不得償宿志也夫生而遇人之艱難育恐育鞠其勞如何
哉讀者宜體是孝子之心而知其至痛母以治世
生績汎然看之序言不苟也經曰鮮民序曰民人
我
則非大夫之詩也王政困極下多窮民生民劬勞
亦有忍飢分哺之哀

蓼蓼者莪匪莪伊蔚二章重言以哀之○父母曰嗟予子蓼蓼者莪也妙寫孝子喜
父母恩愛之誠矣自歎曰匪莪伊蔚也其實如是
孝子非莪而何使斯人有是歎者獨困昊天罔極

民人劳苦耳且莪自菁莪來則父母固奇此子愛育以有待孝子亦感美材要承他日歡心宿願並不遂之意存焉何恨樸竊○莪蔚皆有蒿名故三物比類

哀哀父母生我劳瘁

劳瘁甚於劬劳兩章反覆以自傷劳父母而不能報德也是為首段三四為中段五六為末段

缾之罄矣維罍之恥

三章言己不孝以哀其身○比也缾小而罍大罍雖盈乎缾之盡謂之罍之恥也以比己不得供養則是貽父母羞辱焉行役劳苦資財虗竭故以貧困之語為比是深痛父母卒事多悔也○左傳亦以小大取義朱子劉瑾誤矣

鮮民之生不如死之久矣

孝子負罪以為無祿不孝以忝所生故為是痛切哀慟之辭也鮮民言無告之民也書曰惠鮮鰥寡鄭詩終鮮兄弟

無父何怙無母何恃

申言鮮民不如死之故也曰無父無母者著在役而父母偕喪也

出則銜恤入則靡至

孝子反自

役無所瞻依出則觸境感舊目瞿心瞿雖口不哭滿腔只遺憾已故曰銜恤入其門則棟宇如故不見其人何怙何恃身無所歸至耳出入無所雖生何為〇左傳至則無歸矣言妻死也鄭朱添如字釋之不確

父兮生我母兮鞠我四章極言父母之恩以哀其世〇生我本其氣也然父母如一生鞠非二雖分屬父母其義相通拊我以下合父母言之古雅之辭不可拘說六句言三年之愛也末句明了

拊我畜我撫摩而乳哺之也鞠育畜皆養也所指因語勢變俗辭之道也鞠與生對義包下七字畜與拊對故指乳哺育與長對其義廣於畜凡畜育相對則二字氣象自有大小輕重古人用字極精余昔作蓼莪九德衍義詳之

長我育我成長而慈養之也凡九竅百骸浸而為己用皆父母恩勤之力也使我脊而臚三年而顯遂天性情以協為萬物靈是謂長我

凡旨甘柔滑之慈絮葛衾簟之安庭嬉寢息之節湯熨鍼石之養知而無不盡心焉而我得以長大美好矣是謂育我

顧我復我旋視而反復之也復猶自天申之之申夫赤子匍匐不知水火方立乃顛方步乃躋俯仰之間百危交至於是視瞻必旋在我者誰居我之不寧不綦不瞖不鼈具體而肌膚充盈者唯是二人一顧之至恩也是謂顧我其顧念心緒之反報我如機梭行緯一出一入往來不已慮之又慮勤之又勤是謂復我

出入腹我子生三年而免於父母之懷先王巳制再期之喪盡人情也衍義曰夫人分於道形於一而其使我具七竅之知而馴致心之精爽者三年之愛實成之始而父母之劬勞且瘁其厚莫重焉孝子歸自役哭泣窀穸退而即宅念父母不覯消魂傷魄乃踊乃辟乃半翦是席重三年之感感通喪所迪反咳幼于生續哀孤特于畏昔數大慈仁之迹陳恩惟狠狠戚戚

欲報之德昊天罔極欲報其宿志也不可

壹

浅觀昊天罔極言王道無紀極也父母以我為栽我舊然有報德奉歡之志行義曰不幸而遭王事多難之日聞命戰栗告別悲怵父恤于室母伏于閾曰予既耄矣汝不我活矣背僑牉決心脾分裂柳戒令烈烈後者有罰壯夫廢其子職遂棄我老而背出行道跂跂日遠庭闈孤鳥千飛老鶴鳴悲白雲不歸暮山若思涉山臨水杳声千里是日日夜瞻望以祈歸養之速其存鬼神而忘之不圖風木閑心毋望之殃竟已及我二人貽我以終天之傷矣已哉有百年之德而無一日之職嗚呼上天之不極生民之不得直是誰之愆矣乎哀哉王国下形民力孝慈道熄靡人不盡歌是罔亟以痛哭于周公于后稷今援后稷形民力周公重親親故借言之說若衍義而序意始彰冂昊天罔極之恩自西漢既言之然在詩罔極非無涯義耳且下亦哀已不穀而不終養非言其德大故不能報也立言有所主矣

南山烈烈飄風發發
五章言行役之苦以哀已不淑
○比也咏役路之難以比身世
難苦焉烈烈寒也猶
冬日烈烈飄風發發
民莫不穀我獨何害
穀福祿
也俾爾
戩穀自何能穀式穀以女及孤寡不穀之穀皆同
此言父子完聚也害凶害也書曰罹其凶害

南山律律飄風弗弗
重言以結之○律律蓋栗烈也
律蓋後世字猶弗作𩗗然說律
崒高峻
皃亦好
民莫不穀
此哀已不穀之辭也民莫不逸
亦同是時民人皆勞苦何嘗能
穀然已有凶害則自以爲天下之福
義已一身恒人大情也詩善體人情
我獨不卒
一
篇
精神棲於不卒二字以是斷却而上章字字無涯
之哀大有落着行役之事見於南山飄風而南山
飄風旻昊天罔極溜出來

蓼莪六章

大東刺亂也 世亂、国乱之亂也。王臣虐而下国苦
與緜蠻微臣刺乱正同。刺乱小雅二
出己。○谷風蓼莪耦、而大東奇、而四月
北山又耦。序繫辞有法、編意大可見。

東國困於役 東國釈大東。而傷於財 易云不傷財不害民。譚大夫 明明是古之所傳也。作是詩以告病焉 左傳寡君使元以病告。下篇君子作歌維以告哀。○首章懷古、二三告病、至四章更端言東人苦西人驕、五六七專刺王臣、合而言之通篇皆告病也。然下国告病何為於天子之雅、故首句曰刺乱也。序之嚴密不洩盡心哉。

有饛簋飧有捄棘匕 首章舉昔之惠政以傷今日。○賦也。飧猶食。簋實黍稷也。鄭以飧礼說不必然也。捄曲皃。棘心匕以載鼎肉而升之於俎。○二者天子所以労来諸矦也。周道如砥其直如矢 周礼之遇諸矦平且直也。○簋飧労来、周道平直、是一篇大綱領。

君子所履小人所視王庭君子所履而行之天下黎民所仰而瞻之也蓼蕭之時是適行故諸侯皆大悅**睠言顧之潸焉出涕**睠又作眷同受上視字有趣

小東大東杼柚其空二章傷東國之傷財困役〇告東國之病故曰小東大東朱子曰東方小大之國是也曰天下諸侯非也杼說文持緯者柚釋文本又作軸朱注受經者未知何據董逌云卷織者罣杼柚織具也杼柚所出既盡矣蓋貢物也前章言食此言布帛

糾糾葛屨可以履霜葛屨不可以履霜然國貧而衣裘不具百事困窶皆以為可用以履霜言窮甚也是句下屬

佻佻公子行彼周行佻佻據爾雅遠行瑣尾之意也公子主譚而訊指東國也周行周之道路也此言公子以衆從役事於周者

既往既來使我心疚言往來頻頻國不堪其役也首章顧周道出涕則今周無禮於公子可知國既傷財

杼柚其空乃葛屨履霜往來遠道畢役而不已其何以爲國所以告病也是章序文明白

有洌氿泉無浸穫薪三章愬其勞苦而欲其閑之口比也洌寒也氿泉側出薪已刈矣無使水浸以比人已勞矣無復驅役窮之焉洌泉比侵刻之政與曹下泉同且洌泉與履霜映帶有寒懍之意

契契寤歎哀我憚人憚人言勞瘁之人也爾雅癉勞也郭引是詩作癉此詩人哀之也哀之故不欲氿泉之浸穫薪也

薪是穫薪尚可載也興也是詩奇峻興亦異格上薪言用以供爨也載言載以歸也孟子所謂車薪輿薪

哀我憚人亦可息也乞憐於周人曰君若薪是穫薪庶幾載之君若哀是憚人庶幾亦息之息憚之互載自泉浸來載而避水爨薪也有下命彼後車謂之載之之意夫穫薪不使水浸理之當然也以當然之理勸其哀我憚人是能言也比以告病又興以乞憐是異格也憚人即公子東人也

東人之子職勞不來四章更端言周人富榮而不閔東人〇東國之人專勞苦而已而未嘗見勤慰也何曾有篤殘棘也之原意乎〇析用勞來字亦異格

西人之子粲粲衣服旄丘之卒章一意也西人粲粲則東人裳裳可知〇釋訓佻佻契契愈遐急也宴宴粲粲尼居息也征夫愈遠而愈窮然粲粲衣服止而居息不閔其窮也尼止也出山海經

舟人之子熊羆是裘蓋斥實之言也昔舟子而今裘熊羆猶侍漁申蒯為齊莊公饔人粲粲熊羆殊異乎葛屨履霜者〇鄭語今王不建立卿士而妖試幸措侏儒戚施寔御在側言遂王也

私人之子百僚是試試用也妖試之試家臣見用升而列於百官也舟人私人言王之私暱競進也長國家而務財用者必自小人矣王庭皆小人是東國之所以困而傷財也

或以其酒不以其漿五章言王庭之不足賴〇比也自此通篇皆比真奇思也或者

峙

唯酒是用而不用其漿以比王庭用人之偏頗焉盖王沈湎故取譬

鞙鞙佩璲不以其長 釈文鞙或作琄案爾雅亦從玉蓋玉色嬋娟也璲即玉也佩玉宜長而今不以其長比王室用人不以其德焉蓋玉佩短亦時好也觽不觽類都人士曰帶則有餘刺時帶短也〇是章上四句以括前章下四句却與後章聯亦異格也余舊考合三章爲二章章十二句亦有理〇左傳佩玉蘂兮蘂蘂猶璲璲佩璲或取玉蘂蘂歟

維天有漢監亦有光 漢水象也瞻之亦有光似水然無滋潤之致天漢比王庭焉倬然在上而已矣此與首章應傷王沢之不下流也

跂彼織女終日七襄 跂三星鼎峙自終日猶終夕織女非昏出晨没故通日言之襄上也蓋言上機也一舍一織七次則七襄星雖行不息因次舍名以人事言之織女以下皆比王庭公卿大夫有名而無實徒在人上焉此應杼柚其空比王臣徒出入官省終日倥偬焉〇七襄

未詳毛鄭之說疏似得之襄駕釋言文郭引懷山襄陵恐非駕車之義且因終日字以從且至莫說之恐否夏小正七月漢案戶初昏織女正東鄉夫自昏至旦亦七辰星恐不可以晝日理說之

雖則七襄不成報章

六章受前章下半重而廣之〇報章織文也其緯交報爲章此比王臣雖朝夕如例不能成何功効焉

睆彼牽牛不以服箱

服服牛之服箱萬斯箱之箱車內容物處曰箱雖牽其牛不以服之箱果何用乎以下尸位素餐之態層層比出矣牽牛辟如掌客掌詩何曾致牢禮輸委積乎目睆睆視人耳

東有啓明西有長庚

啓明不足開明長庚不能長賡徒揭其名而高懸耳辟如二伯何曾勞來諸侯乎迷王時亦必有卿士總諸侯者

有捄天畢載施之行

畢所以掩兔也施行猶施于中逵也天之畢捄然徒施於行列而已列宿之行帶兔道之義天畢辟如虞人甸人廩人名在位列耳何曾

致饑積薪入材乎○疏取箋義非也施之行不穩

維南有箕不可以簸揚卒章言非唯不足賴亦將害我以結之○亙應有饑蓋殘有趣

維北有斗不可以挹酒漿乎北斗也非南斗至此東西南北都是無賴也箕斗辟如委人之稍裒旬裒所在而歛矣何曾待賓客惠羈旅乎重言之者却欲掠人以富其裒之意○此亦亙應有捄棘匕

維南有箕載翕其舌箕星之舌雖張乎其形相並相抱故曰翕其舌毛公可從與哆兮侈兮形容自異朱注亙若有所吞噬得之或云箕歛之象不優巷伯亦吞噬取譬

維北有斗西柄之揭四星為魁三星為柄朱注亙若有所挹取於東得之○詩以天漢為起即夏小正七月漢案戶織女昏東鄉之時天漢明牛女會箕斗南北相望作者或據小正詠之歟分明七月星象也旧說不見及此故以斗為南斗耳北斗西柄與漢

案戶正一時也南斗雖在箕北安得曰北有斗乎且作者歷舉東西南北之意亦索然矣

大東七章

四月大夫刺幽王也大夫役于南國踰時不歸感節物之移歌以告哀焉〇四月先祖匪人北山憂我父母並孝子役于遠方者四月南役北山北役所以相比也首序可玩廣辨亦皆三句四月亦各章之義北山亦通篇之意

在位貪殘首章及二三四六七皆有是意

下國構禍見五章

怨亂並興焉各章皆是意大夫所以久役也

四月維夏六月徂暑首章哀王政日烈念昔先人〇比也詠行役之苦比時事熏心焉南行最畏暑照應可玩左傳大中寒暑乃退徂言除去〇首至三章皆思祭祀

先祖匪人胡寧忍予先祖非人乎人鬼不可不時祭焉又何忍予便我不得脩人子饋養之道

邪是思祭之辭也王肅云行役過時廢其祭祀我先祖獨非人乎王者何忍不憂恤我使我不得修子遒案是得大義比鄭朱悖慢之言極美但作者因雲漢父母先祖胡寧忍予則忍予繫先祖爲免當〇自四月而暑路流汗以至六月苦熱憔悴行役踰月日遠寢廟感王室如燬窮而号泣于先人也〇子曰於四月見孝子之思祭也左傳季文子賦四月杜注義取行役踰時思歸祭祀

秋日凄凄百卉具腓　二章哀百姓困瘁而自傷將不保先人遺體〇比也比王政肅殺百姓凋傷

亂離瘼矣爰其適歸　爰家語作奚爲真適歸言亂之歸也天子亂離而民皆瘼矣是禍其歸於誰身乎自顧而怵惕也故左傳引是曰歸於怙亂者也夫

冬日烈烈飄風發發　三章哀行役踰歲而不得祭先人〇比也詠客路寒苦曰比王政酷烈身世艱難焉自夏至冬感時思祭之意皆存釋訓哀哀悽悽懷報德也哀哀出蓼莪悽悽即

秋日凄凄也霜露既降君子履之必有悽愴之心孝子感秋故思祭是懷報先人也古義可繹若無思祭之義季文子賦四月亦不通

民莫不穀我獨何害

至冬不歸徒然經闋一歲之祭怵惕不安故言之自傷也是句小弁蓼莪皆哀不得事父母側而覩之古義寔確

山有嘉卉侯栗侯梅

四章更端哀朝廷無人殘民不已○比也嘉卉嘉樹也草木通言以比俊乂者朝廷之美材焉

廢爲殘賊莫知其尤

廢荒壞也猶鞠爲茂草之鞠今在位無美材憤憤爲殘賊之行而無自知其罪者也孟子曰知其罪者惟孔距心

相彼泉水載清載濁

五章哀怨亂荐起芒無治日○比也山比朝廷水比下國泉水雖濁亦有清時以比凡下國雖亂亦有治日焉

我日構禍曷云能穀

我與下國對斥朝廷也上殘賊不已則下怨亂益甚日日構怨連禍則其向時能和平乎○曷猶曷云能來曷

云其還〇構楇互相構成也故序曰下國構楇鄭公似拘序文凡序立辭多變幼此是平易

滔滔江漢南國之紀

六章怨在位不恤行役之勞〇此也比赫赫卿士為天下之綱焉越山涉水遠至南國亦三章之叙〇國語山川之靈足以紀綱天下毛據之以其神靈福南國言之鄭箋紀理衆川使不壅滞案受百川而注之海此以水利言之朱注紀言經帯包絡之也案此以形勢言之三說皆通

盡瘁以仕寧莫我有

大夫以衆從役故曰人人皆憔悴以仕仕者無非王臣何獨蔑我不顧乎是惡在為天下之綱矣〇是章受前二章而括之朝廷為残賊下國構禍下已是吾儕所以盡瘁也南國即構禍之國也莫我有者即残賊之徒也

匪鶉匪鳶翰飛戾天

七章受上言小人騰驤而賢才隱伏〇以朝廷無人結前章之亂本又以物失其性起下章

匪鱣匪鮪潛逃于淵

比也非鵰鳶而戾天悖矣

比殘賊白王庭，非鱣鮪而逃淵，亦悖矣。比君子伏田野，鄭箋似可通，然天淵是明白上下成辭，故不從。○朱注通篇為興，無理。只是章為賦，又語説之似有味，然是詩八章皆比也，猶白華八章皆比。且須知首三章並比，正體也；四章更端，五章六章卒章並比，又體也。只是章為正體，故四句皆比也。措辭有倫。朱注四月為興，白華為比，比其全不辨比興者，不俟多言。

山有蕨薇，隰有杞桋。卒章言所已作詩告哀。○比民人各有其宜焉。山隰與天淵照。君子已顧今之失性者，上下並得其道也。○首叙三時之後，陟山則感于山，臨水則感于水，山水江漢草木鱗羽比寓殆具矣。○此山草隰木，與山有榛隰有苓，又山有樞隰有榆，二木也，而阪有漆隰有栗，山有苞棣隰有樹檖，雖二木字句取變，此心大師編輯，夫子删定時加潤色者。**君子作**

歌，維以告哀。自稱君子，詩之辭也。不表其名，則竟是烏有無是公耳。

四月八章

北山大夫刺幽王也四月北山並大夫行役之詩也小明主悔仕故退而與無將大車比役使不均己勞於從事而不得養其父母焉孟子說是詩曰勞於王事而不得養其父母古義相符則憂我父母爲一篇龍眼可知先祖匪人亦在四月爲龍眼故比前序不言思祭三章一意亙覆明白故也北山難知序浩摯是通彼

陟彼北山言采其杞首章言久役而憂父母○取正雅杕杜四句中間插二句以成章北山北方之山也本言朔方則是亦北征大夫作也采杞客中遊戲所以慰朝夕之勞又有陟岵瞻望之意偕偕士子朝夕從事偕偕強壯貌士子自稱也上句孕三章下句孕四章以下王事靡盬憂我父母杕杜本言期逝而憂父母此亦因役人不歸曰

朝夕從王事以靡盬之故久而不歸使我父母憂傷我雖偕偕然乎哉下章之詠歎都自是句滾滾流出是孝子之志也序所示之要也若輕輕看過是句則通篇只厭勞羨逸之詩耳

溥天之下莫非王土二章言役使不均○溥左傳引作普言徧覆在上也率土之濱莫非王臣率循也率彼曠野率西水滸之率言人所率行之地也濱言海裔也人迹所窮

大夫不均我從事獨賢卿士役人不均以我為從事賢於人而驅使之也未老方將方剛卽朝廷所賢也孟子曰此莫非王事我獨賢勞也言賢之勞之

四牡彭彭王事傍傍三章言已勞於從事○傳云彭彭然不得息傍傍然不得已蓋亦一義

嘉我未老鮮我方將鮮善釈詁文朱子訓少未傷大夫有父母是壯夫也四月思先人

旅力方剛經營四方朝廷嘉之鮮之故我當旅力方剛之

時勤勞四方之事朝夕不暇也夫生王土同為王臣以從王事何獨役使我而憂我父母乎

或燕燕居息或盡瘁事國

四章以下重言以反復前二章之意○三章皆以苦樂間忙反對○盡當作焦字形似且涉四月而誤左傳引是作憔悴可玩○燕燕樂也憔悴苦也

役

或息偃在牀間也常在室堂**或不已于行**忙也常在道路行役夙夜無已

或不知叫號樂也疏演毛以云不知上有徵發呼召或云不知自悲歎所謂未嘗知哀也或云不知人永号而歡樂也似並通○朱注深居安逸不聞人声是不了了

或慘慘劬勞苦也

慘慘重出此當作慅慅慘懆慅相渾而誤已釈訓慅慅労也慘慘慍也別無懆懆

或棲遲偃仰間也俯仰殆不堪間之狀

或王事鞅掌忙也疏演毛以事煩鞅掌然不暇為容儀案莊子鞅掌之為使注委頓失容也此近得毛意又遊者鞅掌以觀無妄是飄飄忽忽之意亦

可以征轉頓狼狽之狀〇王事三出不為重擾者主意所帰在王事而已獨勤労故也

或湛樂飲酒樂也**或慘慘畏咎**苦也畏此罪咎夫樂者燕燕居息而棲遲偃仰而湛樂飲酒而已苦者憔悴事國而慘慘劬労猶且慘慘畏罪

或出入風議間也或出或入悠然議事閑者息偃在牀而棲遲偃仰而有時風議而已

或靡事不為忙也忙者不已于行而王事鞅掌而靡事不為也苦樂間忙偏甚王臣之衆均役王事何至使我獨憂父母乎

北山六章

無將大車大夫悔將小人也將言推轂也因經文小人是公卿有寵者也如蘓公刺暴公意在風時王不曰刺迷王者示二篇二悔相比故也荀子引是詩曰言無与小人處也古義相符邪說者訕序晦古耳〇此小人如王莽王安石者彼皇父虢石甫家伯仲允輩必非

碌碌庸人其始出身當有少正卯之才及其得志跋扈大夫乃有是悔也蓋是詩之辭無甚可觀但其事其意大有可為後世戒故先哲采錄之也〇皇父據竹書宣王時有功至幽王跋扈是歟

無將大車祇自塵兮興也將猶扶進也大車駕牛須人傍而扶之大車小人之所將也〇自塵通篇骨子故自字塵字各三出

無思百憂祇自疧兮百憂即將大車之憂也大夫推轂小人而後悔乃歎曰大車小人之役也無之扶進徒自塵其身耳百憂小人之事也無之悔恨徒自疧其心耳夫曰將大車則推轂小人之意既見矣故下直㠯百憂受之

無將大車維塵冥冥韓外傳簡王曰今子所樹非其人也故君子先擇而後種也因引是二句證之韓義亦與序合

無思百憂不出于熲熲光也書曰文王之耿光同孟子曰夫子未出於正語例同不出于熲言胸中溷濁氣字昏昧也將大車者塵埃冥冥所將鄙

也思百憂者心胸晦晦所思鄙也君子憂其可憂則以死何傷於明令為小人所欺自速大悔畢生之恨身後之譏何嗟及矣深自悵恨切齒腐心乃奮然言曰無思而更痛切矣

無將大車維塵雍兮釋文雍又作壅自塵被塵也冥冥其塵如晦也塵雍冥冥雍塞人目也

無思百憂祇自重兮愈思愈加也○首章或對中變句法亦異格

無將大車三章

小明大夫悔仕於亂世也前篇為可以將而將則小人也故晦是篇為可以仕而仕則亂世也故悔彼求我則如不我得君子豈不進仕乎執我仇仇亦不我力君子其不自悔乎○三序悔字皆與經自字緊應○前三章一意後二章一意並互覆之而已亦異格大東四月北山小明其篇章皆變而不雷同美哉○大夫遠役畏罪不歸念王政日蹙作詩以戒其友也○大

東東方四月南方北山北方小明西方至是四方之形勢皆具

明明上天照臨下土將述己中心明白不欺故先稱上天而表張之起語絶妙○是詩曰天起之曰神終之自誠而不怨人我征徂西至于艽野言行役之遠也艽野猶曰芒芒之野疏云艽蓋地名似失毛意或云九數之極从艸猶海隅蒼生之蒼二月初吉載離寒暑自二月朔始行以至歲莫歷暑與寒也此言行役之久也心之憂矣三章如一其毒大苦毒言憂之烈也苦即毒味猶毒藥苦於口之語役遠且久而諸侯僶僿使命不行故受是苦毒也念彼共人三章如一涕零如雨朱注共人僚友之處者得之已已懼苦毒於外故憂其友罹罪罟於中也豈不懷歸三章如一畏此罪罟三章同句法○畏而不歸悔仕者見矣三章三畏一篇眼目憂友憂身在此

昔我往矣日月方除二月初吉是舊景除新景來之時也除有去來之義今我不樂日月其除言除而去也曷云其還歲聿云莫曰曷還曰曷還今歲亦遂莫矣○二章三章唯第三四五六句錯綜處可味念我獨兮我事孔庶顧我之零丁無友我使事紛劇其何以能辦治之心之憂矣憚我不暇憚我猶曰自愛也事煩而忙不遑顧身念彼共人睠睠懷顧睠與眷同因憂身又憂友顧望不措也豈不懷歸畏此譴怒因懷友之又懷歸也譴怒亦無辜之罰

昔我往矣日月方奧二月有鳴倉庚曷云其還政事愈蹙王政愈刻迫也諸侯愈偃蹇王愈欲以威力服之驟亂不已我事愈庶曰歸曰歸未知其期○下句應我事孔庶歲聿云莫采蕭穫菽劉彝云冬之事也案歲莫不必俟冬下句與念

我獨兮句應有以已無聊感衆人相偕之意是兩章八句取變處**心之憂矣自詒伊戚**悔仕之言也心之憂矣其毒孔苦然事煩而悍我不暇總是自詒伊戚耳其如之何曰北門歸諸天而是詩歸諸已其致一也**念彼共人興言出宿**不能安寢彷徨而宿於外也始念之而淚先流於是眷眷瞻望之遂起而出也**豈不懷歸畏此反覆**未句三章同句法則罪罟譴怒反覆亦皆一意曰遠役雖苦內亂是可畏故欲歸不敢歸懷其友之罹三畏中心苦惱之此三章之義即悔仕之故也

嗟爾君子無恒安處已畏罪不歸因憂其友不已故忠告戒勸之此後二章之義也是篇終曰是二章不復言反**靖共爾位正直是與**已身上悔仕之意自見矣靖安也春秋繁露引作靜共恭也韓詩作恭兮吾兮黙也之興言好善其人也**神之聽之**

式穀以女神聽明正直者也戒安逸而能靖能恭周身之防唯正直之人是好則雖有三長神將以福祿與女矣我友敬矣讒言其興之意曰爾雖穀覆祿也言福祿是詩與景福對其為戩穀之穀明矣小宛之式穀猶爾無正之式臧與此不同說食祿最非也古以與声相通

嗟爾君子無恒安息一意再反既曰共人又曰君子愛敬之也**靖共爾位好是正直**須善正直之人**神之聽之介爾景福**明哲保身得以免三長是神之福也荀子引是曰福莫長於無福是詩之本義也鎬京將滅君子豈以道德施行立言乎

小明五章

鼓鐘刺幽王也幽王遊淮不知大難將至而流連荒芒故作是詩也○王遊遠方之詩也故編是什在什唯大東鼓鐘奇而無偶在什曰刺幽王而下無廣辭亦奇而無偶盡心哉亭法

遂矣可謂謹嚴矣或問大東鼓鍾易地亦可乎曰否大東言東方之困故受蓼莪而先四月北山也鼓鍾懷古之淑人君子故受小明而先楚茨信南山也編詩之叙確如其可移乎

鼓鍾將將声之和鳴也**淮水湯湯**水勢也**憂心且傷**幽王不知憂而留連於遠方故詩人憂之○人或疑幽王不巡淮上然則周公卿在淮為君子憂不知有何人著於書傳乎幽王為大室之盟亦左傳一出已**淑人君子懷允不忘**淑人君子言文武成康周之明王也懷之而實不可忘也幽王無道國乱民咨豈在遠樂樂之時乎

鼓鍾喈喈声之繁盛也**淮水湝湝**水声也**憂心且悲**傳曰憂淫樂箋曰憂野合並失竊矣**淑人君子其德不回**回違也如鹿鳴以燕嘉賓彤弓以覺報宴無違道者也左傳引大明厥德不回曰君無違德是以違訓回也如徐方不回亦違也

鼓鐘伐鼛疏云鼛卽皐也古今字皐鼓長一丈二尺**淮有三洲**毛意蓋言張樂三洲大作金石也朱引蘈氏云湯湯湝湝之水落而洲見也言幽王之久於淮上也並通**憂心且妯**爾雅妯動也子華子引是曰心由是曰動也說文引詩作怞蓋與慆同義**淑人君子其德不猶**不猶不若是也始綦之而遂稱其德而遂適破今王也丈之靈臺成之卷向神人其諧哉○右三章耦而卒章奇也耦之中其德字二三相比而懷允興伐鼛三洲取奇於前後

鼓鐘欽欽鼓瑟鼓琴笙磬同音卒章說出淑人君子不猶之樂也說文欽欠皃毛意蓋言其声欽欽作人也此笙磬二物也猶笙鏞笙鼓之例**以雅以南以籥不僭**雅二雅也南二南也籥籥舞也不僭言其所用樂無差忒也以刺幽王之僭甚○卒章雖一奇首句却為偶於一二而末句不僭字猶是前三章一例也不忘不回不猶不僭相聯如珠

鼓鐘四章

楚茨刺幽王也 自此八篇皆陳古合魚藻采菽為十篇而分置於三什蓋有說矣黍苗瓠葉雖陳古非十篇之例焉○楚茨信南山匹也甫田大田似而大意異句句提韻 **政煩賦重田萊多荒** 田萊出周礼休不耕者曰萊或云汙萊而荒非也 **饑饉降喪** 変降喪饑饉句猶百福干祿 **民卒流亡** 召旻曰天篤降喪瘨我饑饉民卒流亡刺幽王也繫辭不苟 **祭祀不饗** 鬼神不享其祭國日哀隊也上四句者祭祀所以不饗也首章總提大意故是序意亦盡見首章○讀楚茨恍然如身在成康刑措之世而是序状哀世苦景歷歷五言正與經七十二句互應至哉 **故君子思古焉** 荀子曰小雅疾今之政以思往昔其言有文焉其声有哀焉案陳古國風亦有之而於小雅言之豈非為諸篇叢出乎若以諸

篇為正雅錯亂荀子之云何以為說甚矣序与古書合也何楷徴於鼓鍾送尸儀礼義疏徴於小人瞽首以駁朱子

楚楚者茨言抽其棘首章總提稼穡供祭之始末〇茨棘楚楚茂生乃抽茨抽棘墾以為良田也除草曰芟除木曰柞茨草也棘木也**自昔何為我蓺黍稷**自昔我何所為乎我唯蓺黍稷而已〇后稷之子孫世世以農穡相傳少牢嘏辭亦曰宜稼于田**我黍與與我稷翼翼**箋云蕃廡貌案論語踧踖如也與與如也趨進翼如也馬融云與與威儀中適之貌所形容一致故**我倉既盈我庾維億**每倉既盈每庾維億也億言禾秉之數猶禾三百億有實其積萬億及秭疏以一億十萬斛算之恐否〇周語野有庾積**以為酒食以享以祀**烝畀祖妣也**以妥以侑**妥尸侑尸詳出儀礼

妥安坐也尸始入主人拜安尸使之坐也尸告飽祝侑曰皇尸未實侑尸又食主人不言拜侑尸又三飯蓋以妥以侑言安樂尸且勸酒食也

以介景福

介毛傳訓大爲優介福下出口前四句上下力農也政煩奪農時賦重匱民財何以力農田萊所以荒也以四句天時和而年豐也饑饉降喪民卒流亡之反末四句神保是饗也祭祀不饗之反

濟濟蹌蹌絜爾牛羊

二章言孝孫祀事之慶也口大夫濟濟士蹌蹌然有濟濟辟王有巧趨蹌兮此主孝孫言之不必說助祭之人凡君在廟門内全於臣子

以往烝嘗

冬烝秋嘗重於礿祠

或剝或亨

礼運腥其俎熟其殽在退而合亨之前注腥言體解而腥之熟謂體解而爛之窠此亦言腥與爛也

或肆或將

肆言迎尸之前陳設之也將言尸既入奉而進之

祝祭于祊祀事孔明

爾雅閍謂之門祊即廟門也祭日於門内也

繹白於門外此言祭於門
内也孔明汎總上言之
先祖是皇神保是饗
皇
大
也婦睢也並通言鬼神著矣洋洋如在也先祖著
其神皆安而饗是祭祀也〇朱注神保至次章下
通
孝孫有慶報以介福萬壽無疆
言孝孫
之所受
執爨踖踖為俎孔碩
三章言君婦祀事之慶也〇爨
竈也饔爨煑肉僎爨炊米爾雅
踖踖敏也有敬意盖黍稷君婦所薦雖不自執爨
其踖踖者因君婦言之俎非君婦所及因爨而俎
豆具文〇特牲礼主人夙興視側殺主婦
視饎爨此孝孫主牛羊君婦主爨正同
或燔或炙
燔肉也直如火炙肝也遂炙之三牲魚腊先設
之既獻酒即曰燔炙從故曰從獻之俎三牲魚
腊及燔炙皆
於爨為之
君婦莫莫為豆孔庶
爾雅模模勉也
有静意豆以盛
内羞庶羞也内羞所謂房中之羞其籩糗餌粉餈
其豆酏食糝食穀物也庶羞臐膮胾醢之屬牲物

也庶衆多也

爲賓爲客

賓客助祭者、天子之祭有相繼辟公也孝孫言享神君婦言賓客孝孫言祭也始君婦言祭之終互相備也言爲神既厚爲賓不薄〇少牢特牲礼旅醻羞庶羞無内羞王禮未詳毛言繹者蓋繹孔庶耳

獻醻交錯

既有是豆賓客以行獻醻之礼旅而交錯以偏也数継公云交錯言二黨互相醻案堂上堂下東西各自爲醻不交錯是爲正醻

禮儀卒度笑語卒獲

賓客醉酒飽德帰重於君婦之豆成舞

神保是格報以介福萬壽攸酢

言君婦所受也〇上章三句二句二句二句三句此章三句一轄前後諸章並四句相絡

我孔熯矣式禮莫愆

四章重陳其嘏辭也〇爾雅熯敬也孝孫自以爲我甚敬於式禮無所過矣孝孫至誠所以受嘏也

工祝致告徂賚孝孫

賚卽致告也重神之

命故丁寧之曰致告以賚是嘏辭也少牢嘏辭曰承致曰賚與此正同苾芬孝祀神嗜飲食八句嘏辭也苾芬所謂馨香無讒慝也卜爾百福如幾如式卜猶賚也天保亦出賚爾之後曰百福之至如有尅期如有恒例而無有所違矣既齊既稷既匡既敕齊齊明也稷敏疾也匡方正也敕慎固也永錫爾極時萬時億極言福祿也福祿多出故變箋云萬億言多無數或云萬世億世

禮儀既備鐘鼓既戒五章言祭礼之畢也〇備言百礼既成也正哥備正樂備之備戒言為將奉肆夏故戒敕之也孝孫徂位工祝致告據儀礼位是阼階下西面位也祝告利成於主人而後主人降大夫士一也天子之禮不可知然徂位當在致告之後詩因語勢前後耳利養也祝傳尸意致告孝孫之養礼既成也神具醉止皇尸載起

皇尸之称天子大夫士一也大雅又有公尸

鼓鍾送尸神保聿歸尸出入奏肆夏天子之礼也神醉而尸起送尸而神帰分神與尸如二神保之義毛公不可疑

諸宰君婦廢徹不遲周礼膳夫徹王之胙俎案此宰膳宰宰夫之宰諸宰言膳夫㠯下掌饌者也周礼九嬪贊后薦徹豆籩

諸父兄弟備言燕私不遲以疾為敬又不留神惠祭畢帰賓客之俎同姓則留與之燕所以尊賓客親同姓也燕私猶昵宴疏云燕當在寢

樂具入奏以綏後祿六章言燕私具慶子孫句替經之曰燕祭不同樂曰具入詩之辭也非盡入綏猶定書曰克綏先王之祿又綏爾先公之臣服于先王後祿與後艱一語法

爾殽既將莫怨具慶箋云皆慶君大得之

既醉既飽小大稽首少牢礼義疏礼大夫之臣不稽首公卿安得有小大稽首之事朱子誤矣

神嗜飲食使

君壽考自此已下皆慶辭也此二句因嘏辭言之**孔惠孔時維其盡之**惠順也祭統所謂備者百順之名也無所不順者也時得其時也祭統祭則觀其敬而時也盡無不盡也祭統外則盡物内則盡志此祭之心也**子子孫孫勿替引之**少牢嘏辭以眉壽萬年勿替引之為結句

楚茨六章

信南山刺幽王也是篇祭祀全與楚茨同不與甫田大田專為稼穡祈報者同異什之義可繹**不能修成王之業**凡詩所謂曾孫不必斥成王然纘禹甸而正疆理者在周家獨有成王耳故是序獨稱成王**疆理天下**轉用經文也亦出左傳猶于疆于理至于南海大能疆理天下豈有前諸篇四方荒亂之憂乎是什以天下俗薄為首至此又以天

下為言所以明
一什之義也

以奉禹功於詩大有發明如文王
有声韓奕亦因之明了

故君子思古焉六字與楚茨同疏云楚茨序反經
以言今信南山據今以本古甫田

直言思古畧而不陳所由大田言矜寡不能自存
又畧而不言思古皆文互見案是謂古人脩辭

信彼南山維禹甸之首章言成王墾辟之勤也○甸
治也言水患平而南山成山於

原隰中焉書曰俊民甸四方信與
展矣君子允矣君子語氣相肖

畇畇原隰曾孫

田之畇畇墾辟皃爾雅可食者曰原先墾禹而及
曾孫者猶曰功不在禹下也朱注帰重於禹

非
也

我疆我理南東其畝毛意蓋疆言分田大界理
言疆內從地理通溝洫畎

澮也疏似誤畝隴也即田身○左傳引是曰先王
疆理天下物土之宜與序正合朱子誤哉

上天同雲雨雪雰雰二章言上天應感之盛○成王
勤田功大開民利萬國歡而福

應仍至之
益之以霢霂既優既渥
小雨謂之霢霂冬雪有病沢春雨有新潤優渥霑足兼雨雪言之
既霑既足生我百穀
疆場翼翼黍稷彧彧
三章言疆場正百穀茂以供尸賓之福〇劉彝云萬井碁布廣野彧彧成文
曾孫之穡以為酒食
曾孫之穡言公田之入也
畀我尸賓壽考萬年
祭祀而獻尸及賓客民功歆於神明而有壽考萬年之祚也
中田有廬疆場有瓜
四章言田制無遺利以獻皇祖之枯〇中田公田也廬舍二十畝井竈葱薤取其焉其疆場有瓜八家所同培殖可以獻皇祖也
是剝是菹獻之皇祖
皇祖后稷也與祖考應后稷配天故以其質者言之與清酒騂牡應
曾孫壽考受天之枯
稱天之枯亦自配天來也天與后稷無二〇章法一二與三四對而語氣歇住

祭以清酒從以騂牡五章更端言祖考祭祀之豊○清酒言清明之酒也商頌既載清酤○尸賓言酒食皇祖言瓜菹祖考言騂牡各有當也享于祖考祖考文武也○曰畀曰獻曰享亦有當也獻享對則有尊親之別畀曰我獻曰之享曰于文相变也執其鸞刀以啓其毛取其血膋蓋天子親執而公卿贊之也楚語郊特牲祭義記諸侯之礼可以類推焉毛以告純血以告殺膋以升臭○疏云不曰啓皮而曰啓毛明是取毛用之

是烝是享苾苾芬芬祀事孔明六章共上接言受祭之福以終○是烝是漢同字例受上言之先祖是皇報以介福萬壽無疆四句皆出楚茨蓋是祭事常語故當同耳不然一手所出○楚茨洵美然信南山共格汪汪沱迫大雅堪為連璧

信南山六章

谷風 朋友

蓼莪

大東 東方

四月 南方

北山 北方

無將大車 悔

小明 海 西方

鼓鐘 遠海

楚茨 思古

信南山 思古

毛詩考卷十九

毛詩考卷二十

甫田之什第六

楚茨信南山並時祭也甫田大田並稼穡祈報也其事異故分什然鈞是耕而祭也故什之首尾相受○是什二篇兩兩相比

甫田刺幽王也甫田大田言上勸農而下力田一也但甫田自上之辭大田自下之辭此其所呂相変也**君子傷今而思古焉**幽王之所以見刺前二篇已詳之故至此不復舉其事直曰傷今而已思古如此則今不如此可知今乃是篇之反也序法高簡

倬彼甫田歲取十千首章總提一篇大意○爾雅箌大也與倬同甫田者一成九萬畝之田也九一而取十千**我取其陳食我農人**倉廩盈而陳陳相因故使民藏新穀而食舊穀**自古有年**勸農而力田取之有節用之有法而古來必得農收也**今**

適南畝曾孫出而省農也或耘或耔黍稷薿薿言農夫方力田也耘除草也耔壅本也食貨志詳載后稷法攸介攸止烝我髦士勸農之政也攸介攸止言介衆所群聚也烝言登進之如遂大夫三歲大比則師其吏而興甿焉於衆人所會薦其俊民擇以為士愿益鼓舞孝弟力田之俗也或耘呂下力田勸農所以自古有年在此○介大也左傳立於乾祭問於介衆衆人聚而成業故曰攸介句亦出大雅

以我齊明與我犧羊二章言新穀○齊明盛服言潔誠也朱注齊與粢同稷曰明粢此便文以協韻耳案蒙帷曰帷蒙礼運緹齊曰粢緹朱亦一考箋說絜粢亦通犧羊猶犧牛言純毛也礼社稷大牢此舉一而已以社以方此祈報之方社也大雅祈年孔夙方社不莫秋報之說文理不屬我田既臧農夫之慶我田若既豐登是乃蒼生之休祥也

豈為我倉廩而祈之乎大雅何求為我臣庶正
宣王祈雨之言也王者以蒼生為憂曰農夫之慶
曰穀我士女皆明王
贊天育民之意也
琴瑟擊鼓以御田祖前言方杜後言
田祖互辭也周礼
鄭注田祖神農也
以祈甘雨以介我稷黍以穀我士女甘雨苦雨之反此介訓助亦通穀養也訓善非也戰國策求百姓之饑寒者收穀之〇祈
穀亦勸農也天子而曰農夫之慶曰穀我士女而
齊明以有事於庶神農夫士女誰不震動力田
曾孫來止二章言省農〇曾孫因祭祀称之猶信南山然不止成王
以其婦子饁
彼南畝田畯至喜曾孫來時父老以其婦子饁壯者於田田畯至見農夫力田而
喜也三句又出大
田蓋自豳詩來
攘其左右嘗其旨否蓋田畯取其左右穀
實而嘗以檢旨否也是句下屬疏
呂王肅為毛意未穩嘗饋亦未安
禾易長畝終善

且有禾能修治而徧竟畝中有終好且饒之勢也易易耨之易善與有並言穀實也曾孫
不怒農夫克敏天顏有喜而農夫益勤也齊語農盡其四支之敏以從事於田野樂
記百姓無患天子不怒似因是句作樂記者亦以
曾孫為天子也
曾孫之稼如茨如梁四章言有年之盛○稼猶穡也散文則通梁與屋蓋對則宜為棟梁之梁
曾孫之庾如坻如京庾即禾稼之既露積者乃求千斯
倉乃求萬斯箱百斯男萬斯年一例黍稷稻粱農夫之慶方杜
御田祖為農夫祈慶也至此其慶果
如志祈慶而得慶故再言農夫之慶報以介福萬
壽無疆曾孫為民祈慶故神報之以福壽也二句出楚茨信南山三篇皆言天子之福應也
農夫之慶在上為祈慶之辭故二句不為突出辞
之功也況詩稱曾孫本與神對之辭

甫田四章

大田刺幽王也

甫田祈穀前出卒章以福應結大田報祭末出而祈穀自然散見於前詩之相変似出一手

言矜寡不能自存焉

序法與魚藻同高雅可尊且是詩言前篇所未言及者只是三章而已可謂覺詩正鵠示之矣傷今窮民不保思古寡婦且有利

大田多稼既種既戒既備乃事

首章言農夫力田嘉穀從曾孫所祈口大田多稼雋句也一句先特然總提大意既種已下所以然之故也農夫既擇其種既戒其事凡百具備而後從事田畝也備稼而不苟

以我覃耜俶載南畝播厥百穀

爾雅剡利也郭引詩作剡耜俶載猶始事也首章二章並三句三句二句而為章故乃事俶載不複穀字韻法鶴鳴一例

既庭且碩曾孫是若

庭直也猶挺所謂直背如生是也碩

之

猶莫知其苗之碩也碩也若從曾孫之觀也曾孫方社御田祖祈甘雨者居然見矣何等焉句在是詩祈報出卒章然曾孫是若猶甫田之結末有報以介福並以祭祀言之前後遙相唱應故難知

既方既阜既堅既好不稂不莠二章言人力神助曾孫是若〇庭碩言禾之莖方阜言米之甲堅好言穀之實方生房也阜成房也周礼稱作粟属曰阜物好言充盈光潤也稂穀不成者莠則盡除之

去其螟螣及其蟊賊無害我田穉三句言曾孫祈穀之意也穉說文幼禾也

田祖有神秉畀炎火蟲害穉時最甚故曾孫既已祈穀使蟲螟無害幼禾是以田祖有威靈盡秉而投之炎火幼木蕃殖㠯至於堅好若是也〇炎火毛以古義以盛陽蔵之而蟲螟不得生也如朱注既生而焚之也雖通乎汔劣矣〇古人以田祖為神農蓋有傳矣神農謂之炎帝炎帝之語大與其德符矣

有渰萋萋興雨祁祁三章言秋大熟而惠及矜寡○雨釋文本或作雲案呂氏春秋韓外傳食貨志並引作興雲傳以渰萋為雲狀毛本亦作雲可知余斷以雲為真大雅祁祁如雲○是篇下半兩章增一句亦與甫田變

雨我公田遂及我私曾孫雩而雨降雨是曾孫之雨也乃喜曰餘澤及我私王者之民其如此歟

彼有不穫穉此有不斂穧穉未可外也故留之爾雅穧穫也此外而未束者

彼有遺秉此有滯穗秉束之者一手所把也滯穗滯而在畝者也與不穫穉異○四者所以施閭里窮民也非為豊穫而不盡收焉明王之敎本若是

伊寡婦之利窮民雖有常饟亦使其閭里互相任恤焉故不飢不凍沐浴王澤菽粟如水火而民仁其是章之謂乎序提要於此示之鄭朱何草草

曾孫來止四章言曾孫報祭以興嗣歲○曾孫來省斂且有事於四方也

以其婦子

饁彼南畝田畯至喜甫田饁於耘耔者是篇饁於收穫者四句雷同畢竟飜詩絕妙詠田畝者不得不藉是點景耳

來方禋祀禋祀為禳禱報祭於四方之神也方助字婦子饁田畯至之時曾孫方祭也舊說似為每方之義商頌方命厥后奄有九有是每方之義也然方字在詩多為助語余從多矣在野而禋祀其為方祀則可知

以其騂黑與其黍稷騂黑南北之邑牲也

以享以祀以介景福既報其秋成因以祈來歲故曰介景福也后稷以歸肇祀以興嗣歲亦祈報一時也曰曾孫是若田祖有神有渰萋萋並禋祀之散見於上三章者宜細細繹之夫去年報而祈則今年曾孫是若非禋祀故乎無事於田祖何以秉畀炎火乎既有事於田祖以祈甘雨則有渰萋萋此誰之為邪

大田四章

瞻彼洛矣刺幽王也是篇諸侯保其家邦次篇王臣似之故比思古明王以下四篇相類首末二序皆曰思古明王沱似谷風信南山曰天下能爵命諸侯所謂福祿也賞善君子五出罰惡焉六師討之○是篇賞善之言紛乾而罰惡之言闇然刺暴王者宜若是而協也疏云有賞當有罰故連言罰惡耳於經無所當案孔氏大疎

瞻彼洛矣維水泱泱興也洛在鎬京毛傳可從疏云㴱沮一名洛水與東都伊洛別以水之泱泱興君子之福祿焉○每章昌是二句故不韻別格也已二句興四句君子至止福祿如茨君子諸侯也至來朝也是諸侯之善者故有加地進律之慶所謂爵命即進律也韎韐有奭以作六師韎縕色也韐韠也以韎韋為韠猶郤至跗注天子新所賜也服之作軍旅以討不庭其寵命盛矣受命者善也受討者惡也賞罰明矣

瞻彼洛矣維水泱泱君子之武飾率師萬年保家皆興於此君子至止

鞞琫有珌是亦為作六師故新受賜服以征不庭也鞞刀鞘也琫鞘口飾也左傳藻率鞞

鞛明其數也其飾以數分尊卑此珌鮮明貌瑟彼王瓚之瑟義同用字酷似朱幘鑣鑣君子

萬年保其家室以保姓受氏言即似之之意有罪昔見討而諸侯之焉有是寵也

瞻彼洛矣維水泱泱君子至止福祿既同卒章無武事其敵愾

獻功之福祿乎首章之福祿因來朝故所錫予同猶萬福攸同君子萬年保其家

邦幽王侮慢諸侯故陳古天子恩礼之厚公侯寵采之盛㠯風之三章而五君子所以褒大之也

宜興采菽之九君子比而玩之二篇之意大同而

小異

瞻彼洛矣三章

裳裳者華刺幽王也叔向見晏子歎曰我公室亦季世也欒郤胥原狐續慶伯降在皁隸公室之卑何日之有作是詩者其憂同至郡縣之世人情多不曉是古之仕者世祿此言王人與前篇之諸侯對小人在位皇父卿士番維司徒之輩則讒諂並進多新進之人棄賢者之類類子孫也左傳請舍子明之類絕功臣之世焉欲立新家必滅故族勢之必至也晉厲公多外嬖欲盡去群大夫時勢相似

裳裳者華其葉湑兮興也以華葉悅人興君子寫人意焉此美其德度我覯之子我心寫兮寫言蕩滌人意也我心寫兮是以有譽處兮譽處言令聞嘉譽也是詩點化蓼蕭來彼言諸侯見天子也此言天子見賢臣也

裳裳者華芸其黃矣去葉而言其色此美其威儀我覯之子維其

有章矣有禮文威儀也維其有章矣是以有慶矣威儀可以立士大夫之上故慶之以尊官大祿也射義數有慶而益地言有賞命也〇易曰來章有慶譽吉

裳裳者華或黃或白又加一色此美其奄服我覯之子乘其四駱天子所賜也賦奏以言明試以功車服以庸此即車服也乘其四駱六轡沃若古明王之於賢者始之其心寫也次之有慶也故遂盛其車服列爲世臣也

左之左之君子宜之言既擧賢才從欲仕用之也左傳天子之所右寡君亦右之所左亦左之宜之言天子宜而使之也右之右之君子有之有之言視如腹心手足維其有之是以似之明王既以賢者功臣爲已支體故保愛之使其子孫永似續是慶而廟食不絶也此謂世祿似召公是似似續祖妣之似〇二句與維其有章矣是以有

慶矣同助字意脉所應可味○前章四兮二章四矣三章無助字四章用八之字是異格也○周語古者先王爲車服旗章㠯旌之爲班爵貴賤以列之爲令聞嘉譽以声之共是詩符班爵即慶也

裳裳者華四章

桑扈刺幽王也桑扈有礼有文而受祜福鶯鶯有道有節而受福祿故比君臣上下動無禮文焉釋桑扈之所以爲比也序法共大田同而文言殊峻利古哉

交交桑扈有鶯其羽比也交交小貌是古義桑扈可愛比君子小心匪散而有禮文咸儀焉小鳥比王公猶南方七宿取於鶉無尾君子樂胥受天之祜胥偕也燕胥論胥之胥據卒章樂胥言燕樂相共也賓筵序君臣上下沈湎淫液是序所應也動無禮文亦主其媟近小人飲酒無度而是詩殊明了蓋天子得衆賢君臣上下禮文相接燕飲相歡所㠯受祜也

交交桑扈有鶯其領鴇羽蜉蝣先羽後翼此亦一例君子樂胥萬邦之屏如王在在鎬豈樂飲酒可以屏萬邦也首章言皇天作之是章言兆民賴之

之屏之翰百辟爲憲天子爲萬邦之蕃屏楨幹而諸侯皆仰其禮文以爲法也賓筵序飲酒無度天下化之

不戢不難受福不那毛公得之戢言自斂束而不敢放逸也難言敬事而不敢輕易也並小心匪敖之事○余舊考戢集鳩同安集民之義今自悟妄出

兕觥其觩旨酒思柔此兕觥罰爵也周禮饋其下敬首左傳攀兕爵曰小國賴子知免於戾矣並罰義也思柔與九思之思一例○思柔與飲酒溫克並視則幽王暴於酒可知已

彼交匪敖萬福來求彼交言君臣上下之樂胥也敖惰慢無禮也所謂側弁號呶亦敖也敖桑之反惰敖不敬取禍之道也在左傳君子所先見寔多知是則萬福之所以求君子明矣

桑扈四章

鴛鴦刺幽王也是詩別格，若有所比興而非比興之例，非序明示之，殆不易窺哉邪。說者以羅鳥秣馬興天子福祿，噫鄙陋不遜。**思古明王交於萬物有道**咏一鳥，故曰萬物，所謂廣其義者在焉。凡詩舉一而著百，是序通三百而貫之。**自奉養有節焉**咏乘馬，故曰自奉養以示人所大難解焉。

鴛鴦于飛，畢之羅之。賦也。刺幽王之暴殄天物焉。陸佃云：於其飛然後畢之，則不毀卵、不射宿。鴛鴦人得其一，一思而死，故先王慎於取之。**君子萬年，福祿宜之。**仁人享福，天之道也。宜之，興子宜之一例，言福祿之來而寵綏君子也，興宜其邀福。參差用文。

鴛鴦在梁，戢其左翼。在梁則知人之不已害也，故安。仁及禽鳥，如魯恭馴雉。首章不

曰弋之而曰畢之弋自我畢自彼蓋不妄射也〇梁石絶水也釈鳥右掩左雄左翼歛在右翼下

君子萬年宜其遐福 宜岸宜獄之宜前後皆曰福禄句法変故変而曰遐福

乗馬在廏摧之秣之 賦也刺幽王之玉食傷服奉養過度焉摧斬芻也秣粟也冢宰九式有芻秣之式乗馬亦自奉養之一事也馬人情所最愛

君子萬年福禄艾之 爾雅艾養也訓艾非也凡奉養有節故無出入飲食哀樂之疾所以壽福也

乗馬在廏秣之摧之 礼記國家靡弊則馬不常秣夫廏有肥馬民有飢色是自奉養無節也

君子萬年福禄綏之 愛國用則神民富足所以壽福也

鴛鴦四章

頍弁諸公刺幽王也 角弓曰父兄葛藟曰王族三出三変各有所當也自此以

下皆表作者無陳古者自異

暴戾無親如鷙鳥之暴殄天物不能宴樂同姓親睦九族無桑扈之樂胥也經有甥舅而序不言及猶角弓有兄弟昏姻而序唯舉九族焉帶言者略之已九族者同姓之親者也孤危將亡通篇皆孤危亡象末六句將亡之言故作是詩也幽王孤危故作同族燕飲之詩以風之其辭沈痛實亡國之音歟

有頍者弁實維伊何頍然弁者伊何人哉將曰非王族邪○弁皮弁也側弁之俄亦弁而宴也○伊何與豈伊鏘鳴猶未說破之也爾酒既旨爾殽既嘉爾爾主人也主人設置大宗豈伊異人兄弟匪他皆是兄弟則可以飲是酒食是殽矣○既曰非異人又曰兄弟又曰匪他喻親親之辭痛切蔦與女蘿施于松柏比也蔦女蘿並不根於地寓于木上諸賓自比也松柏比主人以己身之賴大宗為辭而其實主九

族託王室之意也○松栢後凋將言雨雪而比松栢者以其不畏雪故貴主人也且寓意於王室則詩之所至礼亦至焉者也蔦与女蘿自傷之甚也而松栢則比所託甚負固也**未見君子憂心奕奕**奕奕君子亦主人也疏云**既見君子庶幾說懌**既已得見而有是旨酒嘉殽庶幾釈然開口以叙一夕之歡矣

有頍者弁實維何期期其通用綦詩子曰何其**爾酒既旨爾殽既時**時時物也訓善非也**豈伊異人兄弟具來**兄弟成伴而來更無他客**蔦與女蘿施于松上**寄生之比諸公哀慘入骨之言與蔦藟纍之甘瓠纍之同声讀之者未足與歌頍弁也**未見君子憂心怲怲**傳云怲怲憂盛滿也宋釋訓怲怲奕奕憂也毛豈因奕大丙火而生義欤○未見而奕奕炳炳亦是零丁危懼之情与草蟲之忡忡

懝懝不同

既見君子庶幾有臧願受一夕之顧盼而有適意之事欲臧嘉也

有頍者弁實維在首卒章變詩頍弁在首者非王族貴人而何居○爾雅貝蚆博而頯注中央廣兩頭銳莊子而頯頯然注高露發美之良案蓋頍頯相通頍言弁高而銳也旧說頍古規字弁良未孚

爾酒既旨爾殽既阜嘉殽時物而盛多也

豈伊異人兄弟甥舅角弓曰兄弟昏姻無胥遠矣

如彼雨雪先集維霰大雪將至霰必先集也大雪況王室大難霰先集況諸公是會王族不見親慘澹今夕之燕是王室將覆之兆也自此已下一篇精神故韻亦唯六句隔句叶

死喪無日無幾相見霰集雪即降故曰無日

樂酒今夕君子維宴我輩之死喪無多日相見亦幾何姑且酌今夕之酒與君子偕宴樂以獻溺人之笑而已

頍弁三章

車舝大夫刺幽王也　頍弁遠九族車舝惑豔妻頍弁欲與君子宴車舝欲燕喜季女故比

褒姒嫉妬無道並進　無道之人如皇父七子者

讒巧敗國　鄭語虢石父讒諂巧從之人也而立以為卿士言幽王時也

德澤不加於民　同德音令德

周人思得賢女以配君子　上曰大夫下曰周人與雲漢序一例也疏云見大夫所作述衆人之意故也

故作是詩也　周之興也大姜助大王大任助王季大姒嗣徽音而邑姜為武王亂臣令人情皆惡褒姒故思得賢女以代之内助繼前世亦周家風習欲或云幽王昏亂正諫不聽所信唯婦人之言故詩人冀其改德於賢女是亦補救無策不得已而思此一着耳案非序意也曰周人思而大夫作則衆心皆欲廢褒姒而納賢女也非牽爾意

間關車之舝兮思孌季女逝兮間關傳云設舝貌也今本脫貌字足利古本有朱注設舝声也○言大夫命車出而旁求賢女也

匪飢匪渴德音來括非飢如飢非渴如渴庶幾德音之來會也

雖無好友式燕且喜苟德音之來括我王雖無好嬪嬙足扶爾歡者願尽心以燕喜爾矣此琴瑟友之鐘鼓樂之之意也關雎后妃之求淑女也是篇大夫所作故以好友喜樂之也二章三章並演是意○吉甫燕喜言燕而歡也

依彼平林有集維鷮興也依茂木貌平林平地林也鷮取其美而耿介焉

辰彼碩女令德來教辰時也王家如平林鷮之集不可謂不得其所碩女之時及矣固當不慊於天王家矣以鷮之集

式燕且譽好爾無厭（射）平林興碩女之來教王焉譽予豫通所謂鐘鼓樂之也好爾者褒嬪嬙也今方若於褒姒嬖妒若代以樛木之德其將必如葛

囂之纍之菀之棠之夫然後女謂自彌而讒巧不能下達也序稱褒姒嫉妒亦是義也以章盖廣之

雖無旨酒式飲庶幾大夫庶幾碩女之飲而安王家也**雖無嘉殽式食庶幾**衆嬪嬙好爾無射必將饗飲酒爾以奉爾歡借令無旨酒嘉肴之設我庶幾其相共偕笑語而樂之

雖無德與女式歌且舞雖無女德足以接女者必將哥舞以樂女矣女亦庶幾歡洽永日哉是章狀閨房雍熙殆似周南樛木之美非逮下而無嫉妒之心者何以至此因案二南序妬忌三出而嫉妬一出樛木而已是序嫉妬或与樛木遥應歟序極精微存焉

陟彼高岡析其柞薪更端言之墓門有棘斧以斯之斯乃析也此因析薪字耳其實得伐其木也

析其柞薪其葉湑兮比也伐其柞而新翠芘如以比廢褒姒而得窈窕焉豔妻煽方處故以陟岡比之柞新葉將生故葉乃落其枝常有葉維柞之枝其葉蓬蓬

鮮我覯爾我心寫兮多我覯瘉句法同欲覯爾求之不得故我心不能寫也

高山仰止景行行止比也高山人仰之大道人行之以比賢女之德巍然可尊而己心其鄉往之焉作是詩者其慕大姒邑姜之德歟故子曰詩之好仁如此○史記孔子贊引是曰雖不能至然必鄉往之案仰而行詩本義也○國策今者臣來見人於大行言大路也

四牡騑騑六轡如琴言既得賢女迎而內之宮時也柔轡之調能制側馬以寓內助之和有池水漚麻之意

覯爾新昏以慰我心既迎師入則梟鳴不再鳴於宮房矣

車舝五章

青蠅大夫刺幽王也青蠅讒人集朝賓筵蝶近小人一短一長相比○自楚茨至何草不黃二十六篇唯是篇無廣辭蓋前後己明故也讒人即車舝之讒巧而賓筵之小人也

營營青蠅止于樊比也營營往來皃爾雅蠅醜扇言搖翅也朱注往來飛声乱人聽也案說文作謍云小声也子之還兮漢書作謍是非声口青蠅汙穢不潔能變白黑拂之又來以比讒人之集於王宮焉豈弟君子無信讒言樂易則聰明正直而不信讒巧也

營營青蠅止于棘興也棘卽樊也猶後世之槿籬竹籬鳲鳩曰其子在棘在榛蓋與此同物讒人罔極交亂四國是為禍於樊外也極紀極也訓已非也

營營青蠅止于榛興也疏云藩以細木為之棘榛卽是為藩之物案此似伐二木已結藩然曰止于棘止于榛明是種以為藩者也讒人罔極構我二人是為禍於樊內也構言構成其隙也二人言王與詩人也左傳構我二君口交乱四國禍之大者而先提之於章法為變例蓋構我三人大夫自道其身上故後之只是辭之異也

青蠅三章

賓之初筵衛武公刺時也時言王庭及當時諸侯也不曰刺幽王者蓋亦武公之志也猶抑曰刺厲王卒章戒監史者亦有自警之意通篇言賓而不言主亦慎樞機猶抑之警

幽王荒廢媟近小人小人即青蠅也鄭語侏儒戚施實御在側媟近者言近卑賤不可近者也卑賤見譬則能讒諛如優施二五可見飲酒無度天下化之興刺時相應君臣上下沈湎淫液說文湎沈於酒也案淫液飲又飲醉又醉也武公既入既入故得作小雅也序亦三類之辨太嚴矣譚大夫告愬於王者也疏誤○武公入相于周出湛輿序故直曰既入是序文遥相應者粗心者渾不知而作是詩也韓詩以為武公飲酒悔過之詩噫其何敢僭天子之雅乎序曰刺時曰天下曰既入是要語

賓之初筵左右秩秩前章言古之人君將祭射而飲酒○其初卽筵時折旋揖讓秩然有序也○前二章言先王禮樂之飲後三章刺當時以賓之初筵句分爲兩段籩豆有楚殽核維旅楚列貌楚楚者茨衣裳楚楚可並考殽豆實也核籩實也散則核亦曰殽旅陳也酒既和旨飲酒孔偕偕言飲之齊一也夙夜必偕受福孔偕字義可求前射而君再舉旅大夫皆受酬也鐘鼓既設既設卽言宿懸也大夫辨受酬時將席工故言之恐非改懸避射位之謂汔失語勢舉醻逸逸舉旅酬之爵者逸逸然往來有序也大侯既抗弓矢斯張大侯君侯也抗舉也將射張侯前是不繫左下綱至是繫綱于植大侯張而弓矢亦張節也弓矢斯張亦出公劉弦弓也矢是帶言射夫既同獻爾發功同言其耦相比也乃奏其拾發之功也發彼有的以祈爾爵

勝耦酌酒以飲劣耦故左右耦各視的如仇以求進爵於彼也於是揖讓而升下而飲是礼也

籥舞笙鼓樂既和奏二章言古之人君祭祀之飲〇上八句言樂先祖而福子孫不言飲而飲自有〇傳云秉籥而舞與笙鼓相應業籥師職祭祀則鼓羽籥之舞**烝衎烈祖以洽百禮**烝進衎樂也商以成湯為烈祖周無是稱昭假烈祖出魯頌烈祖康祖出左傳蓋諸侯所通稱故武公刺時不敢以王室立言也百礼祭之諸礼節也**百禮既至有壬有林**壬然大林然盛也獻酬亦在其中**錫爾純嘏子孫其湛**射而飲以礼祭而飲以礼故袖錫之大福將至子孫承是樂也**其湛曰樂各奏爾能**其湛轉用上句言今日之湛樂也前章至四章上八句下六句相轄宜察句勢轉折求其義以下六句言賓主獻酬相和樂也奏能蓋言哥舞以樂尸賓也應上籥舞笙鼓旧說恐不當**賓載手**

仇室人入又仇挹酒於罍也主人奏能賓明手挹酒献尸室人入于室又献尸也曰又則前此亦献可知言屬献樂尸也箋云室人有室中之事者謂佐食也疏云於賓客之中取人令佐主人為尸設饌食之人也**酌彼康爵以奏爾時**酒所以安體也時時物也献尸亦康爵也上二句專言献尸此兼言賓客則互相献酬以盡其歡心飲以礼不及乱也

賓之初筵溫溫其恭三章更端言今之飲酒沈湎無礼○是迷主之飲荒廢之樂也疏云其末醉止旅前也曰既醉止旅後也是曰既醉旅末也下章無算爵也案以古礼叙之太氐當然也然是不可拘古礼說之但是飲亦有監有史則不下與紂長夜同武公以當時礼宴為刺者也礼宴如是則彝酒之筵不俟言

其未醉止威儀反反反反自反也句出同頌其傳云難也亦重慎之意

曰既醉止威儀幡幡猶翻翻也幡幡執葉與翻通相

如賦落英幡繙注飛揚皃の朱注輕數也舍其坐遷屢舞僊僊莊子毒哉僊僊乎帰矣猶蹁躚也朱注軒擧之狀其未醉止威儀抑抑慎密也曰既醉止威儀怭怭媟嫚也是曰既醉不知其秩禮秩爵秩也

賓既醉止載號載呶四章言沈湎之態更説正義○大声嚻嚻殆似射之式號式呼説文呶讙声亂我籩豆屢舞僛僛舞不能自正也朱注傾側之狀○言亂籩豆之行堂上婆娑也是曰既醉不知其郵郵咎也側弁之俄屢舞傞傞俄傾皃傞傞不止也既醉而出並受其福每章上八句下六句為段落故巳下六句更説出正義醉而不出是謂伐德賓至醉則退故皆受君之寵恩禮不衰屢與燕禮也然醉而不出者必愆威儀謂之自賊其德礼法所不容也曰並者醉

而不出者十而有一耳故著賓賓並出也一云上盛言祭則三章已下亦言祭而飲故以受神之福言之唯武公慎言故言不察察也○晏子引並受其福曰賓主之礼也並字與箋合然受福說有美譽余所不安也

飲酒孔嘉維其令儀

朱注飲酒之所已甚美者以其有令儀耳

凡此飲酒或醉或否

五章言醉者之不可督過深惡已絕之

既立之監或佐之史

立監而佐之以史也次句雖有監史不能如何之事也○東萊云淳于髡曰賜酒大王前執法在傍御史在後此人君燕飲之制猶存於戰國者也立監即執法佐史即御史

彼醉不臧不醉反恥

彼醉而迷亂不臧者却以不醉為酒閒恥蓋飲而益醉也故監史亦瞠若耳

或勿從謂無俾大怠

以下皆武公戒監史之言也謂告也心乎愛矣遐不謂矣之謂不至大怠其他則不謂而可矣

匪言勿言匪由勿語

酒間

多煩言，莫如不言不語焉。是疾醉者之言也。監史是有言責者，然壞亂已甚，故使其噤口置之度外也。○三句一無字義可味。

由醉之言，俾出童羖。

此由言就其言而辯詰之也。出童羖，喻醉者之妄言也。彼將使汝出童羖，言以狂妄意外之事唐突之也。○童羖酷似彼童而角。

三爵不識，矧敢多又。

今之人無肅心，飲三爵則不覺百事，況敢多又而不止乎。於予與何誅之意也。三爵，玉藻所謂三爵而油油以退是也。箋意不了。不識，猶不知其秩，不知其郵。○武公戒監史曰：勿從醉者而督責之，特無使其至大怠斯可矣。沈湎坐上，不辨皂白，唯當言語以自戒慎耳。若就醉者相辨，乃却招毋望之犯陵也。故醉者不可從。謂今之人三爵而昏醉，況其後乎。不至大怠可以已矣。病其人而置之度外，深刺時之意也。置之度外，避其唐突，有自警之意。

賓之初筵五章

甫田　膽彼洛矣　桑扈　頍弁　青蠅

大田　裳裳者華　鴛鴦　車舝　賓之初筵

毛詩考卷二十

毛詩考卷二十一

魚藻之什第七

左傳萇弘曰周之亡也其三川震言鎬京滅也是什小雅之終故以魚藻爲什首幽王滅鎬京之詩也○魚藻之受青蠅賓筵猶谷風之於河人巷伯甫田之於楚茨信南山矣○是什十四篇然至于瓠葉十一篇而已三篇附録也大雅周頌之末什亦十一篇也編輯之意可聞觀焉三篇之爲附録序之了、

魚藻刺幽王也前什陳古者八首相聯而魚藻采菽其詩自与、有異故分而録之此二首有幽王將亡之兆故相比以弁是什

言萬物失其性一与太田序例貞古文也頭一魚而見萬物得其性是詩之妙用之

王居鎬京一句焉其王將失鎬京故特言

將不能以自樂二句固叙經所是句又顧賄賓筵泡如

故君子思

古之武王焉 武王宮闕將壞故憂而思之○必提思古字因称古之武王古雅甚

魚在在藻有頒其首 興也頒衆多皃於牧魚躍太平之象異於三星在罶者以魚之旅行而樂與武王之興羣賢燕胥焉于時生民新出湯火天地開闢會朝清明興於魚所以著萬物得其性也○韓詩頒衆也大氐制字之道分字从糸為紛从草為芬从林為棼从雨為雰則从首亦可類推焉

王在在鎬豈樂飲酒 鎬京之宴奉爵而待者誰居閎夭散宜生泰顛南宮适周公召公濟濟天下大賢武王之樂不亦盛乎媟近小人飲酒號呶者安能自樂於鎬乎

魚在々藻有莘其尾 莘衆多皃國語莘々征夫七發莘々將々王褒文莘々翼々班固賦俎豆莘々注皆曰多皃○頒首莘尾從毛傳則興武王之心廣體胖也未也興其與衆樂之美也○編意○在是實寔之反

王在々鎬飲酒樂豈 飲酒與良獨名賢笑語坐而樂

天民之阜也○莊周於羊於蟻猶有所棄独於魚得計武王之樂亦皞〻自適其猶相忘於江湖歟

魚在〻藻依于其蒲變以取潔也以蒲為居物害無至頒首莘尾而依蒲自適王在〻鎬有那其居那安貞鎬京如磐石幽王与小人荒飲鎬京方危故言之

魚藻三章

采菽刺幽王也子曰於采菽見古之明王所以敬諸侯也称古者為陳古故也侮慢諸侯一句而意住侮慢即敬之反諸侯來朝不能錫命以禮此與瞻彼洛矣所刺同數徵會之而無信義信義二德鄭公失之舉烽欺諸侯亦以非虛說君子見微而思古焉見諸侯叛王室滅之幾也猶將不能自樂

采菽采菽筐之筥之首章言明王之俟諸侯○毛公擴儀礼可從菽豆葉也此与大

東起句似君子来朝何錫予之諸侯將来覲故先期而心度其所以礼之也雖無予之路車乘馬同姓金路異姓象路是常例又何予之玄衮及黼玄衮玄衣而畫以卷龍上公之服也黼其裳也周官義疏據司服職侯伯以下不得服九章之衮然據韓奕采叔又似凡諸侯皆可得賜玄衮不独上公也豈凡冕服可通名衮歟案是論不了韓侯命為侯伯固當受玄衮也是詩唯言其錫之盛者豈凡諸侯所皆得乎

觱沸檻泉言采其芹二章言侯之而至○檻泉自下而上出者也蔌可筐而畜芹則否諸侯覲来故也君子来朝言觀其旂采芹之中諸侯既至其旂淠淠第五句于首章一例人或不省鸞声嘒嘒淠淠動也萑葦淠淠可並考嘒嘒声繁盛也

載驂載駟君子所届旂旆鸞鳴或驂来或駟来是君子所至之儀容也明

王見而喜之此詩中境象也明王固不自采芹況觀其旂聞其鸞乎○或駿或駟是平〻左右也

赤芾在股邪幅在下 上章言諸侯入觀於是發明王以信義懷諸侯之道下二章申言之○邪幅也行縢偪束其脛在股下赤芾以飾其外邪幅以摂其中称君子外文明而內自固也

彼交匪紓天子所予 君子所接見於天子摂固而不紓怠是天子所以有錫予也周語有散遷解慢而著在刑辟是乃紓也

樂只君子天子命之 言賞命也觀禮諸侯奉篋服加命書于其上凡來朝者皆有命書可知賢則有賞命所謂錫命以礼也

樂只君子福祿申之 福祿斥天子重賜之厚意也既命而申猶保佑命之自天申之

維柞之枝其葉蓬〻 興也以枝葉之庇本根興君子之屏王国為柞堅毅之本故葉新葉相承葉常茂彼〻王侯猶李枝苟遇之以信義諸侯誰非王藩屏乎然本之不殖葉將為著風

意而語然矣樂只君子殿天子之邦此章造語不与上下同取変甚巧樂只君子萬禄攸同左傳引作福禄与上下合然似句法変故変字平〻左右亦是率從平〻辯治也言才能説威儀整齊非也左傳作便蕃左右之臣亦相率而喜從君子而至也左右亦天子所労故言之以著明王息乱之廣無非風規也魯成公朝京師孟獻子從王嘉其讓而厚賄之

汎〻楊舟紼纚維之興也紼纚皆索也韓詩纚作筰也筰引舟者曰筰用雅意亦當然以紼纚之維楊舟興明王之懷諸侯焉王侯猶維舟苟以信義則舟可得而維持焉否則汎〻以去矣樂只君子天子葵之揆度其功德而命之樂只君子福禄膍之膍肶同厚也四章言諸侯服天子五章言天子懷諸侯判合也一以申三章之意只末

二句並是新出優哉游哉亦是戾矣亦是者言諸侯以時朝宗不已也天子懷

諸侯甚厚故優游如歸源〻而来也說覲亦復来

不善也頌云我客戾止書曰無遠用戾

采菽五章

角弓父兄刺幽王也老成人訓誨王故曰父兄頗弁主貴人故曰諸公葛藟傷

族離故曰王族主文精密若是不親九族而好讒佞好讒佞是大發明鄭公胡

不有骨肉相怨凡是二事是父兄弟憂故作故作是詩也

騂〻角弓翩其反矣首章言九族不可不親○比也騂或作觲調和貌比戚〻兄弟

遠之則叛焉疏云今北狄角弓弛則體反若不紲檠則不復任用案傳得之朱注誤兄弟昏姻

無胥遠矣無禁止而訓辭也史記虽有親兄思知其不為狠是鄙語乎然角弓之比亦乾

饑失德之戒也遠則反是以難○是詩上半四章
而兩丶相比下半四章亦兩丶相比

爾之遠矣民胥然矣 二章言主遠九族故九族亦互相遠○民即骨肉也

爾之教矣民胥傚矣 爾遠以示之故彼亦傚相遠也書曰無教逸欲有邦

此令兄弟綽綽有裕 三章言不唯相遠又從疾之○雖有小忿不廢懿親是有裕也 二句是容與好言自口一例

不令兄弟交相為瘉 相譖相讒而相克伐比其勢雖王室不亦辟倪乎父兄所憂也○上半四章主骨肉違怨言之下半四章主讒佞橫逆言之

民之無良相怨一方 四章言骨肉相怨之因好讒佞○民即骨肉序文明明讒佞暴貴九族見遠故骨肉相怨成黨於一方以相謀也相怨不唯怨王交相為瘉不祥並興

受爵不讓至于已斯亡 始提讒佞王唯好讒佞是九族之所以見非間也九族之遠者

悄悄相怨而讒佞之見親近者日以富貴受爵禄不讓不自覺負乘招冦以取顛覆也

老馬反為駒五章更端言王之暴父兄○比也**不顧其後**王侮慢父兄如孩童而不顧念其後禍也即讒佞新近所為与次章聯其義可見○五章六章上二句並實敘下二句並言宜如是七章八章上二句並言宜如是下二句並實敘是立格也**如食宜饇如酌孔取**夫父兄者若食之則宜盡心勸侑以令至飽若飲之則宜多酌其酒以令至酣也下句省宜字王宜若是而反以老馬為駒好新進之讒佞麁族食族燕而不行後禍未可測○孔取猶多酌

毋教猱升木六章言王之啓讒佞○比也猱比讒佞者啓寵則貪陵驕放而不知紀極虽父兄皆为其所压辱而不能正焉升木應受辭不讓而章相聯並一句为比**如塗塗附**猱善援又從教升也附泥於泥中耳清狂不慧汔生大患疾讒佞故言涉嘲罵一云塗附物不潔也

又塗之益不潔也故取譬○考工記桴以行澤則是刀以割塗也是故塗不附桴言車輪践地處削溥之

君子有徽猷小人與屬

夫君子有美道則小人皆從之而卅靡也三宜如是何却為塗〻之行兩使小人恣弄風雨乎徽是塗〻之又徽猷義汎然親〻之道最韓〻者

雨雪瀌〻見睍曰消

七章言讒佞蔽扈○比也比小人雖方煽見君子徽猷則逡巡辟易爲王宜如是莫肯下遺式居屢驕也○韓詩曰作聿

莫肯下遺式居婁驕

下遺言降黜屏棄之王莫聽父兄而貶棄讒〻佞故讒佞方居其所屢彭亨不可制也肯字見教誨不用之意可味婁屢同荀子作屢左傳屢暴於二王○下即升木之反居猶鹽婁煽方處不下遺故居

雨雪浮〻見睍曰流

八章言大患將至○王宜以睍流雪而不為也故雨雪益暴頭弁亦以雨雪喻王室大患夫大陽不揚光則人物凍裂蒹葭白露且非周礼君子以憂秦之未克复

況雪益浮〻乎周之衰於蠻髦父兄安不憂子**如蠻如髦**疾讒佞且以無親〻之道況之周室而親〻滅幾何其不化而為蠻髦乎幽王果死於犬戎之難**我是用憂**自是為父兄者之詬氣也父兄疾讒佞故曰已斯亡曰老馬為駒曰教猱升木曰塗〻附曰如蠻如髦皆徽辭也曰無胥遠曰爾之教曰宜鉅孔取曰君子徽猷曰見晛曰消皆父兄訓辭也序之造詬三篇各當

角弓八章

菀柳刺幽王也角弓王族不親菀柳諸侯不暱而其言並直切故謂**暴虐無親**因甚蹈無暱**而刑罰不中**叙各章末句**諸侯皆不欲朝**因二無字**言王者之不可朝事也**文字一轉潤辭之妙朝與事別事叙請之

有菀者柳不尚息焉比也反體不尚也也王者仁恩有所庇廕則諸侯皆願朝事之

此其常也
上帝甚蹈
諸侯之辞也故称王曰上帝蹈毛
意益如發揚蹈厲之蹈震蕩不安
之意天之方蹶傳亦云動也義固明了韓詩作慆
是亦為通作則不費解只朱子從戰国策作神於
韻法失
例矣
無自暱焉
自暱言從我以身親近上帝也
上帝震蕩予不可以數於王庭
焉暱親近也故序曰無親諸侯之無暱困王之無
親是古文之活處○自暱自瘵之自有味毋慣後
世濫例而
軽視之
俾予靖之後予極焉
靖治也治王事如
衛武公入為卿士
諸侯之栄而不顧者畏刑罰不中故也極言困而
進退維谷也此以諸侯有王宮之任者成辞非毎
国而任王宮也諸侯殊親王室者以身自退曰不
如無自暱若從我求親王事及我是自速大難也
有菀者柳不尚愒焉
菀彼柳斯鳴蜩嘒嘒亦比王者
庇廕之大息者行而息也故比
往
明
上帝甚蹈無自瘵焉
予無以自取病耳身自暱
是身自瘵也其誰之過邪

不如已耳俾予靖之後予邁焉邁行也或出亾或放棄言不得久居王所也○暱乎邁對瘵乎極對自近故遠之自瘵故至於困也亦使字之巧○三焉字亦奇格

有鳥高飛亦傅于天興也反體以鳥之高飛傅天而止興王之暴虐震蕩不知其所至焉乎白圭相似彼人之心于何其臻于天于何成對暴虐無親而刑罰不中在此此悪可往朝乎曷予靖之居以凶矜改俾曰曷是決斷之辞也居猶處也矜與瘵通我曷清之乎後悜處我以凶悪瘵苦耳秋言矜鹹苦也

菀柳三章

都人士周人刺衣服無常也曰彼都則嫌於下国刺之故曰周人是什附下国詩故始称周人併白華止二篇已古者長民衣服不貳從容有

常從容猶逍遙言休燕亦有常服也以齊其民則民德歸壹長民以下至是句出緇衣朱子云序由緇衣而誤噫何以知公孫尼子非以詩序爲聖筆引是冐以子曰字乎詩不序意不達朱注輪而多碍傷今不復見古人也與陳古者異序法變化〇荀子亂世之俗其服組其容婦其俗淫案衣服之失亦遊治所使是詩帶言女子者著士行正故女亦不治容耳故序之言不及婦女須知今之士服因女而亂常故詩人借君子女示風之失矣

彼都人士狐裘黃〻都京師也人士長民者也黃中之色應行歸于周雋甚是詩主服服正而容正言正行正也其容不改出言有章表記君子服其服則文以君子之容有其容則文以君子之辭遂其辭則實以君子之德乎是正同行歸于周萬民所望左傳民之望也詩曰行歸于周萬民所望忠也二句明是長民者之德望也疏云

長民於經無所當誤哉○首章六句唯毛詩得之三家則逸見緇衣鄭注是亦毛詩所以尊也

彼都人士臺笠緇撮臺笠暑服也臺皮為之緇撮緇布冠也其制小撮持其髮而已

句下首章所謂容言行皆包焉下章同疏云裘冬也笠夏也各舉其一案首章裘二章首服三章充耳四章帶亦詩之敘

彼君子女綢直如髮昔彼王都之人士不為婦服故其貴女亦周淑端正其有一德如髮也萬民望而象之○二章三章相比並言女子之德四章五章相聯並言其髮是句与謂之尹吉對或以後章言卷髮疑是髮字者不審章法故也列女傳引是稱孟姬好禮与鄭一意

我不見兮我心不說所見者士大夫而衣服奇邪靡〻如女孺子其心流散甚女溺志此何狀態哉今之貴女不羞治容眩人法服瘥亂偕壞思古陋〻不樂耳

彼都人士充耳琇實琇美石以為實也此言其禮飾与上笠撮成對節儉受以綢直

盛飾度以尹吉亦可玩

彼君子女謂之尹吉尹吉舊族言其有礼法也猶美人称媛善

我不見兮我心菀結不唯不說也檜詩不見素韡而蘊結孝子也是詩不見琇實而菀結忠臣也先王之法服所以撫固人心也詩人之憂何唯觚不觚也已哉

彼都人士垂帶而厲厲大帶之垂者其垂三尺此言從容所服亦有餘如大帶也

彼君子女卷髮如蠆疏云髮長者皆斂之而規者若髮鬢傍不可斂則因曲以為飾案箋所謂髮末曲上蓋是意欲礼鄭注弁所以卷髮瓌是則說卷其髮如蠆尾曲亦通〇士而曰垂女而曰卷自協於陰陽升降之義

我不見兮言從之邁得見則我欲從之去也今不復見古人出門則組服婦容是淫俗耳若得見礼服君子虽為之執鞭予從而去是都以鮮我菀結矣〇據序則君子女帶言耳故從之邁不与女子干涉

匪伊垂之帶則有餘從礼而不好異耳非故垂之匪伊卷之髮則有旟雖不故卷之髮自然而揚以其幼慣有常故也其心緺直未嘗為異髻矣○首章卒章變句法我不見兮云何盱矣欲從之邁亦無其人逐嗟歎而自憂思耳○唯首章無是亦句而卒章則有之唯卒章不以都人士起而首章則有之首章變化起結錯綜

都人士五章

采綠刺怨曠也都人士士女無常采綠夫婦失所故比二首序法可法幽王之時多怨曠者也怨曠多者什未及吾風之什可推也幽王之詩四十四篇而怨女唯采綠耳舉一見百故曰多序雖一字其富於義若是不可不省

終朝采綠不盈一匊自卷耳點化來亦復絕妙不盈一匊心不在焉故也於是始悟

曲局出
予髮曲局薄言歸沐庶賤之女無侍女者
門也　也君子不歸処女出
采蓋草終朝而不盈一匊悄然自悟心之不專於
此因撫其髮則曲局如蓬嗟我如是而出門哉人
將謂我何我且歸而沐矣乃眷顧反握數莖之
草悵然歸矣○朱注歸沐以待君子之還也案沐
髮之力不保一夕乃說沐以待遠征之人迂矣是
女雖歸亦不能沐耳誰適為容予髮曲局詩人著
是女以礼自防也豈一出而变其守乎自對君洗
紅妝閑山之望甘心首疾誰為沐髮

終朝采藍不盈一襜襜蔽膝也不盈再出故是只言
憂思不專於事也無復首章自
怪訝之意蓋采綠在秋冬藍在夏綠野生藍家植
一以著經年之別一以著首如飛蓬不復出門○
綠以染黃藍以染
青婦人所有事

五日為期六日不詹唯是期迹不至之辭
也孔晁云過期之喻得之是閨怨詒意最平五日
六日亦辭之和穩者也○尒雅詹至也．

之子于狩言韔其弓預擬君子歸日之事以自慰也亦既見止亦既覯止我心則降以礼自防之意同但廢女之言真率耳

之子于釣言綸之繩理絲曰綸尓雅緡綸也韔弓言納弓於韔中綸繩言緡合為釣絲疏云繫繩於釣竿也恐不然

其釣維何維魴及鱮並名魚也我君子當有是美獲

維魴及鱮薄言觀者君子若有是美獲我亦從之而為觀者矣其樂如何哉觀者言觀漁之人也猶觀者如堵牆〇或云韔弓綸繩非婦人事况觀其釣乎案庶女為夫執事何所不為左傳賈大夫御妻如臯射雉晉悼公子慭使其女僕而田古人自有若事在庶賤不容詰其非礼觀者一句真是神筆

采緑四章

黍苗刺幽王也上受采緑下比隰桑故編録在此邪說者以為脫簡泥古而其說窮

故軍不能膏潤天下詩以劳来民為本意借召伯以風朝庭也故先言之卿士不能行召伯之職焉先举王不能後举卿士不能召穆公不滄衆於外竣事遄帰外無曠夫内無怨女是大東四月北山小明之反以次采緑而責卿士不能編法確矣

芃芃黍苗陰雨膏之興也黍苗黍之苗也陰雨膏潤之乃能成嘉穀以興召伯之温慈劳来視民如傷以成民功焉〇国語賦黍苗之下曰君若膏潤之使能成嘉穀案黍之苗有保赤子之意春秋無麥苗言麥禾苗蝡是不同

悠悠南行召伯劳之遙遙南征召伯唯撫其衆以能盡其力也召伯之於征役常底應之育況之而已役夫雖在遠方如從父母曰沐其慈恩未嘗知旅人之苦也〇南行字自有温柔長養之和氣〇南字謝字著召伯之為穆公

我任我輦是章戒役夫也任提荷器物者也輦挽輦者也我車我牛車掌牛車者牛

掌車牛者我行既集蓋云歸哉蓋盍通作我行事既成何不速歸乎趣治行哉

我徒我御是章戒士衆也從步行者也御乘車者也我師我旅五百人為旅五旅為師師旅之長曰師旅左傳多出

我行既集蓋云歸處處安息也加一字勞意更懇○首章奇而下四章兩々相比須知二章三章全是一意而丁寧之以著其勞來不勤民之意

肅々謝功召伯營之謝者周之南國也申伯所封功王功言俶其城成寢廟也大雅申伯之功召伯是營

烈々征師召伯成之役民於遠而民勸勉之召伯之營也民悅其上者不可敵召伯之然也在周礼大役之礼大封之礼皆属軍礼大衆動故也故曰征師

原隰既平泉流既清相其原隰之宜而土田以治通其水泉之利而溝洫以理

伯有成王心則寧可謂明王賢臣矣在召伯則成是南行宣威抑囯便天子不役

南顧也在宣王則召伯告厥成功而後心始寧矣於是遣申伯鎮制南諸侯何楷云謝為荊徐要衝之地○上三章言召伯之説以使民也使民如是是以能成其功若下二章也大意本於膏勞

黍苗五章

隰桑刺幽王也黍苗思古之賢相也隰桑慕今之遺賢也故比小人在位如不能行召伯之職君子在野叙桑之在隰也今日不無召伯思見君子盡心以事之也也字今本闕據足利古本補○孝經事君章引卒章何古言相符之靈妙矣夫大臣不可不事然詩人在朝苦為小人所使令不欲屈心事之故思君子登庸而為之盡心也

隰桑有阿其葉有難比也阿難柔美貌与猗儺其葉同隰中之桑比君子而野處也春日載陽更無一女執懿筐來既見君子其樂如何君子登庸而已得事之也

隰桑有阿其葉有沃沃亦柔沢也有難有沃並比君子之愷悌焉乎今之在位暴惡反對○桑在隰葉已沃更無一人取斧斨未**既見君子云何不樂**兩章反覆言見君子之樂以著今之憂苦也唐风取是二句其次章曰既見君子云何其憂是情意沆露者

隰桑有阿其葉有幽遂無一人未伐遠揚徒爾幽、繁蔚而已難言其形沃言其色幽言其形盛而已黝乎幽、南山同**既見君子德音孔膠**在三章之結故變句法遂美君子之一德負固而今之在位其心無恒淪胥以溺者見於言則美君子之言而皆帶刺小人之意此乃詩之妙而序之尽乎詩者也風而思君子也其序曰乱世則思君子之不改其度焉

心乎愛矣遐不謂矣遐表記引作瑕鄭注瑕之言胡也得之謂告也言作是詩以告之也此設為告君子勸其進仕之言風意婉而絞矣○家語顔回問朋友子曰心必有非焉而弗能

謂吾不知其仁也謂字似本是詩

中心藏之何日忘之 藏臧同訓畜非也心乎愛如孝子之於父母中心藏如七十子之於孔子愛故不得不告其情臧故暴而不能忘也所謂愚見君子盡心以事之得是章之體矣

隰桑四章

白華周人刺幽后也 后當作王褒姒不可稱幽后稱周人別下國也魚藻之什至此更端是篇孔立而無所比耦編於是所以著褒似滅周也○漢書注引作刺幽王廢申后也可見是序錯誤久矣至朱子曰当為申后刺幽王也妄甚全不知序例

幽王取申女以爲后又得褒姒而黜申后 鄭語棄聘后而立內妾是也 故下國化之 祈五章之義也下半四章先言下國化而後及褒似是通篇大義所繫故序特表而示之

以妾為妻諸侯微之也左傳若以妾為夫人則固無其礼也以孽代宗宜臼而立伯服也而王弗能治於是天下皆大亂也周人為之作是詩也是詩嫌於申伯作又嫌°於申国°作故重言周人夫申后不容自作下國之詩末附

白華菅兮白茅束兮比也反體白華之菅束以白茅其用遂矣以比夫婦之道潔白相結而成焉

之子之遠俾我獨兮詩人託言申后故我皆申后也之子遠我故我自孤特不得也菅与茅也申后然其不白故又曰白雲○首二章末二章並曰之子中間碩人三出子一出虽隨便造辭挈然成列詩人之意唯在每章呼之于呼碩人呼子而不指良可咀嚼

英々白雲露彼菅茅比也反體英々生之雲降雨以潤彼微草不遺也以比王澤之以大莫不被及焉○英韓詩作泱潘岳賦天泱々以無雲盛起貝露是沛沢之義猶陰雨膏之之膏晉

詁是先主覆露子也

天步艱難之子不猶王也其膏而不若白雲然菅茅何仰上分菅茅為夫婦此則合而自歎也〇天步猶国步自白雲撕起故曰天步天行不平易言時運之抗陛而王沢之施不普也不猶不若是也詩之辞也受上白雲露菅茅而言之

滮池北流浸彼稲田比也反体池水之澤尚被稲田以比一點恩露可以膏廣衆焉一尺布尚可縫一斗粟尚可舂怨王以天下之大不肯容己一身其情切于白雲菅茅矣𦐂云豈鏑之間水皆北流〇英雲大沢菅茅小物也滮池小沢稲田大物也

嘯歌傷懷念彼碩人傷恩意之不及悲号於幽王也

樵彼桑薪卬烘于煁比也桑薪柒粟薪棘薪一例煁無釜之竈也以燃火照物桑女子有事申后自比卬自樵而自烘之以比憂心如俟自貽伊阻為夫桑以養蠶而樵以烘之非王

后射豕先天下之義以身處逆境取於逆事以自比也白說於卬字不安**維彼碩人實劳我心**申后憂煎至此而極矣此為上半四章○上半只是怨慕下半說出褒姒

鼓鐘于宮声聞于外此也更端說出妾上僭之事宮中之鐘必聞於外以比中冓醜声以致天下嫡妾宗孽之亂**念子懆懆視我邁邁**俪、云意不說好也後世因行邁造訓不取也○念子不独為一身而已凡意所聞最重

有鶖在梁有鶴在林此也及休至此始言褒姒鶖貪鳥也鶴介禽也在梁在林比上后与嬖妾礼秩有常位焉○綠衣黃裳比之正體也今鶖在林而鶴在梁然不日有鶴在梁有鶖在林而更言正義是反体也**維彼碩人実劳我心**褒姒怨心所歸故再提是句

鴛鴦在梁戢其左翼此也及休鴛鴦匹鳥也戢翼而安其所以比妃匹之德音相合

以安爲擾尒雅左翼歟左右翼下者是確也

之子無良二三其德無良猶德音無良兩章重言褒姒首章以下苦恨都在此至此申后之意既瘵矣亦已焉哉

有扁斯石履之卑兮比也棄石扁然以卑其可用乎以凡身既棄背不復御於王所焉石取其身以終之○傳棄石之說蓋古來師承也今不敢依違履石字非棄石實不聽類僕職王行洗棄石鄭司農亦引是詩證之

之子之遠俾我疷兮君之遠我遂使我至困極也首章卒章捴用兮字且下二句兩章一例○上半四章而其雲彤池成對於中下半四章而鶖鶴鶬鶩成對於中桑薪與扁石兩結相對是詩人用心成篇者讀者不可不留眼諦視之

白華八章

緜蠻微臣刺乱也王國乱而師役繁興大臣不恤其下故微臣刺之下篇曰以役

病於外曰師旅並起曰視民如禽獸緜蠻是其首也大臣不用仁心卿上不能行召伯之職遺忘微賤不独畫王侮慢諸侯也邦国外叛王臣内怨是什始于魚藻終于瓠葉始于采菽終于緜蠻可玩不肯飲食教載之不肯字与次序相照所以示二篇為耦也故作是詩也詩共瓠葉比是亦思召伯南行之類而詠之者也召伯之労及仕輦車牛征師是以刺矣大臣不仁征夫怨苦至是王師熸而不振可知

緜蠻黄鳥止于丘阿比也及体緜蠻毛傳小鳥皃朱注鳥声余微古丘阿丘之阿也四阿丘阿○黄鳥微禽也尚止其所止以比微臣亦有所安息焉而自傷今遠行不得所止也是謂及体道之云遠我労如何在遠行微臣之苦最甚其罷労殆有不可如何故感於黄鳥以自傷悲也飲之食之教之誨之於是大臣察微賤之労乃犒之以飲

食其所不及者教誨之以矜其不能也
命彼後車謂之載之
若有大疲而不
能徒行者則命其副車而少憩其足也於是微臣
皆感喜而忘其疲瘁驕驕征行以親其上

緜蠻黃鳥止于丘隅
征大跋涉而過丘之角見黃鳥之止于岑蔚感之亦宜如是以偶其不如鳥也

豈敢憚行畏不能趨
我豈敢憚其勞乎唯恐一力盡而公事有闕
○二句受上章我勞如何然非
敢憚行也道之云遠畏不能趨

飲之食之教之誨之
微賤必多所不知多所不及大臣以法叱
叱之則大不勝也故假借告喻則大悅之

命彼後車謂之載之
子產以乘輿濟人於溱洧亦賤人
也夫在遠行飲食教載大臣之常
事也故序曰不肯與推牢饔餼不肯用其下辭一
致也今之大臣廢常不行能無怨乎

緜蠻黃鳥止于丘側
借令序者叙之必曰言微臣失
其所寄大田魚藻序法如是以

是推比反体則思過半矣

豈敢憚行畏不能極 趨者奔走道路也極者達其所往也國語齊朝駕則夕極于魯國淮南子遊越者或以舟或以車雖異路所極一也

飲之食之教之誨之 愛之能勿勞乎忠焉能勿誨乎古之大臣能用其仁心故忠愛之誠自然不能不勞誨也

命彼後車謂之載之 下半四句無章疊出一字不改是乃風意所存講是詩者須因是達作者之意夫飲食教載旅中要務故類〻言之以槩今之大臣泛〻者

緜蠻三章

瓠葉大夫刺幽王也 緜蠻大臣不仁不肯飲食教載而王國殄瘁瓠葉天子棄禮不肯用牲牢饔餼而諸侯背叛所以相比也並蕃古

上棄礼而不能行 上天子也迷王侮慢諸侯而不能行礼與大臣不用仁心遺忘微賤其喜合於一矣

雖有牲牢

牛羊豕為牲繫養者曰牢饔餼熟曰饔腥曰餼案此言賓客饔餼之具也饔飪与腥也餼生也不肯用也庖有肥肉賓有寒色称牲牢饔餼所以起発瓠邑至菲之義也故思古之人不以微薄廢礼焉雖窶甚行礼不廢敬容重礼也今牲牢具備而棄是礼視諸古之人不已甚乎何以懷諸侯下篇曰戎狄殘之荊舒不至曰四夷交侵中国背叛瓠葉是其首也

幡々瓠葉采之亨之幡蓋與翻同義疏云瓠葉煮之釀以為菹李時珍云瓠葉新生可菹君子有酒酌言嘗之此君子言古之賢人也不必庶人雖士大夫其清貧者草率當有是供具為嘗小飲也或云酌酒而嘗以瓠葉也与下章異亦通

有兎斯首炮之燔之兎斯猶鹿斯馬斯之例首言割亨之餘只存其首也羊舌氏譜

有人盜羊而遺以頭受而埋之是亦羊首之䰟也王肅孫毓得之朱子從孔疏之存兎斯首一兎也猶數魚以尾賓謔言殊甚

君子有酒酌言獻之瓠葉蒩也故別言之兎首羞也故分獻酢醻成章以明至菲可以為賓主之礼也然瓠葉兎首特言微薄之甚固不可以辭害意

有兎斯首燔之炙之兎之首乎瓠之葉類也瓠之美在賓耳

君子有酒酌言酢之賓既卒爵洗而酌主人曰酢獻則羞賓酢則羞主人酬無羞

有兎斯首燔之炮之切疑此燔似宜作炙○一兎頭不容或毛炰或加火或炕火如孔疏所語然是詩之辭也不然酬爵豈別薦羞乎

君子有酒酌言醻之主人既卒酢爵又酌自飲卒爵復酌進賓曰醻○誦是詩猶將曰瓠葉兎首不使諸矦食着何等剴切

瓠葉四章

漸々之石下國刺幽王也下国古之傳也非寀詩而言之者自是詩以下蓋附録以終幽王之雅也鎬京将亡之象蕭然在目表下国者揭示是意也戎狄叛之荊舒不至二句高雅甚詩咏遠征故挙遠方然詩唯咏一方之役鄭公王肅孔疏皆因序誣經序之廃亦有自来矣乃命将率東征怨怒而勤師於遠役久病於外武夫征役日久而労瘁於外野也詩之意在茲故作是詩也序書戎夏侵叛其辞皆変而有衰乱日加之意可玩其所述乱之状皆有以叙經可玩結句整々如一附録相聯屬

漸々之石維其高矣漸々山石高峻山川悠遠維其労矣賦也長道遠征深入険阻乃戎狄荊舒之役也○旧考咏容中之困以比時命之艱難猶南山烈々飄風発々今改定以為賦武人東征不皇朝矣朱注言無朝旦之暇也得之衛詩夙

興夜寐靡有朝矣武人勞於悠遠見望乃発莫或
遑一朝息也悠遠之勞一朝不遑即久而病也

漸漸之石維其卒矣崒崩之崒同
言嶢嶢巉也

山川悠遠曷其没矣悠遠之道何時其行尽乎為王遠伐之暴
下国亦被其病居多○聘礼士帥没其竟

武人東征不皇出矣朱注但知深入不暇謀出得之出
没字相照射是辞之巧也

有豕白蹢烝涉浪矣比也尔雅豕四蹢皆白豥其牲
尤躁疾喜天将久雨進而渡水
也咏客行久雨之苦以此周室大難之将至焉○
豕進涉雨徵也猶天将大雨畜羊鼓舞亟進也乇
義勝
鄭

月離于畢俾滂沱矣比也意同上句迨天之
未陰而又窨陰而並比之
世患是四句非直賦体也月離于畢亦
雨徵也然則白蹢説洗泥而白非也

武人東征不皇他矣悍我不暇一意懸軍入険久雨滂沱又
何暇而及他事乎勞病極矣○周西国

也師向東方而出故曰東征

漸漸之石三章

苕之華大夫閔時也大夫周大夫也為下国大夫妄甚称閔者大夫自傷也非風刺之例小雅止一出王凡曰閔周者四首幽王之時乎采綠序一例西戎東夷交侵中國受前序以言其不嘗救且不至也○附録三首序皆言戎夷之乱前此絶無是言矣幽王之末西夷犬戎之弑王至平王三辟戎寇而東遷大鎬京滅詩亡亦皆戎夷之禍也三篇乃所以著王者之迹熄序特示之師旅並起王師東西並起也猶乃命將率東征因之以饑饉有師旅必有饑饉民之然苦亦速亡災君子閔周室之將亡申明首句也閔之而已未如之何傷已逢之不如無生自傷也猶危憂閔周君子

不樂其生爲序法唯於婦人曰傷故作是詩也緜蠻
已嗚呼是詩不関於刺幽王耳
不仁矜葉棄礼仁禮之亡其得不覆于三篇即周
室覆亡之詩也一病而作一傷而作一憂而作

苕之華芸其黃矣比也陵苕附喬木而上蔓比幽王託在諸侯五也芸前傳黃盛也案
苕華黃赤色故曰芸以苕華之方盛比師旅並起
用兵不息身孤危而軍竸已甚將以隕之爲丘傳
周猶不堪竸言以師竸甚而亡也此序妙合○旧
考苕附木而榮与如彼棲苴同大夫憂国憂身以
此今案芸其黃形容兮方盛心之憂矣維其傷矣
也故精考序意而改定之
忽兵荐起歔以震威戢叛乱大夫憂不能救傷如
之何二句唯是憂字傷字長歌之哀於痛哭者

苕之華其葉青々咏華而曰葉青ゝ則華之衰謝而其黃為青ゝ所奪自見矣興嘗ゝ
者華其葉湑兮不同
比王師果然傷敗爲知我如此不如無生人情百計唯保

一生然若蚤知我身如此不如無乎安至今或哀國家偕亡或儼臣第不遂此兇憂無吪其甚焉

牂羊墳首鄭樵云牝羊首小今也羸瘦反首大而身小三星在罶二句凶年饑饉百物彫耗之景也苕著華於夏秋乃知是三星亦心星也朱注罶中無魚而水靜但見三星之光而已棄羊魚皆咏食物也欲封羊則瘠矣窺魚梁則無獲矣人可以食鮮可以飽前曰我此曰人憂益遠辭益哀今之人虽可以食者亦復不飽則其不得食者將如之何嗚呼文武成康之赤子哀々轉於溝壑君子之傷不亦宜乎鎬京之音絶於是詩矣〇大夫是人之可以食也然無羊無魚何以往飽乎以已不飽哀人之不可以食是言外不尽之餘情

苕之華三章

何草不黃下國刺幽王也此下国苦役而作也漸石虽所苦同乎武人東

征詠周之將寧也是詩則下国自道也四夷交侵受前序以言其不啻東西且經曰經
中國背叛不啻蠻夷猾夏憂亦擾乱也○孔疏似八字為一句是拘前序耳王
凡序桓王失信諸侯背叛用兵不息忿兵數起下國不勝徵發也○通詩是不息之數
視民如禽獸因匪兕匪虎極言凶王之暴君子憂之下国君子也詩三而
無非君子之詩故作是詩也是什之末詩似王凡天子之詩將興宗周之故也
何草不黃興也秋天肅殺之景曠野所望何日不行以百卉之黃落興征夫之日瘁
焉何人不將經營四方將者進行之義也頌之日就月將
何草不玄朱注玄赤黑色既黃而玄也得之爾雅九月為玄孫炎云物衰而色玄引是句為徵
朱說亦古矣左輪朱殷之殷訓赤黑草而曰玄是壞色也何人不矜以草之盬玄興民之皆鰥

爲首章歎已身上至此憂傷益甚可味　興

哀我征夫獨爲匪民　我征夫興

予小臣我勞人同詁法上逐人以我征夫为非民也然其驅役如禽獸而使不有室家焉

匪兕匪虎率彼曠野　身非兕虎常循曠野而不家息也句受上匪民来兕以为甲虎喻武臣故取以爲辭

哀我征夫朝夕不暇　無朝無夕率行曠野而不暇息也身非兕虎安能朝夕奔走不失其儀乎○朝夕不暇則不曾日行一日之中亦無朝夕也

有芃者狐率彼幽草　興也朱注芃尾長皃得之山海經玄狐蓬尾蓬芃音同芃〻黍苗芃〻其麥形容可參洪草郎玄黄衰謝之草蒙〻者也在芃〻幽遠時〻幽谷乃狐之所循行也

有棧之車行彼周道　棧〻之車即棧車也周礼士乗棧車又棧車欲弇注不革鞔而漆之者毛傳可庑或云也馬棧故名周道周之道借也自京師旁達天下○芃狐之寧草寂寞

無人荒涼有餘以是興棧車之行周道則王師如孤而周道為茂草也鎬京為禾黍之象兆於此矣以是篇終魚藻之什古大師之編次殆將夫子之所刪定歟其箋有可閱觀焉学者詳之

何草不黄四章

毛詩考卷二十二

大雅

雅者天子之詩也其事其音之大者為大雅小者為小雅

文王之什第一

文王至假樂周公所制定焉序不繫作者名我以是知之

文王文王受命作周也

是篇述上帝文王一體不載之義故言天者十三言文王者十八周之作在得天命則天命而亾可知成王之監正在此乃知受命作周真是通篇大綱頌○作周即哉周也○国語歌文王大明緜則兩君相見之樂也是与鹿鳴之三用之燕鄉同序不作詩之本義者也

文王在上於昭于天

首章言文王蹟上天以照臨周家○在上猶三后在天言文王神明赫然于上天以監周也○墨子引首章以為文王既沒之事是古義存古書者毛鄭失之朱子

得之

周雖舊邦其命維新后稷以来千有餘歳唯文王有聖徳故新受天命然則是周乃文王所受於上帝

有周不顯帝命不時也子孫保之者無念爾祖乎文王有聖徳故周之国光以顯也周之國光以顯故上帝正當是時而命之也然則舊邦而命之新者以国光之顯也子孫若失是国光天命亦将去矣此合有周與天命言之即保天命在念尔祖之意

文王陟降在帝左右文王之神臨監其子孫升降在上帝側禍福唯命在後王後民無彊惟休亦無強惟恤〇是章文王与天周与命有周与帝命文王与帝可〻相比乃上帝文王一体不戴之義先總提通篇大綱語虽皆追述文王功〻以戒成王者也其音閎遠旁射

亹〻文王令聞不已二章更端言文王受命作周福及子孫羣臣〇令聞仁声也愈勉愈廣故不已子曰三代之王也必先其令聞可見是文王所以王也朱注浅哉〇亹〻猶勉〻我

王文王既勤止亦其盛德也它日作無逸乃敷衍亹亹之義也二字是成王至戒可貫而佩之朱注文王非有所勉儒説爲矣**陳錫哉周侯文王孫子**陳錫能施也哉周造周也並出左傳言敷施其仁政以草創周室其德大被文王孫子也〇哉始也左国引作載周侯維也**文王孫子本支百世**本宗為天子支庶為諸侯並錫百世之祚也〇文王孫子受上句疊之自此至末章一例然通篇上下兩半皆相受可玩**凡周之士不顯亦世**都是陳錫之所被及也新承茅土自既顯榮而福及也世世子孫〇曰百世曰亦世須知永世之祚文王所錫然後王後民不能保天命以遏爾躬則一軌以上又何世之有其訓戒親切**世之不顯**兩章相聯故首句疊前章之末後四章相聯首末相承疊亦同**厥猶翼翼**三章受上言羣臣輔弼之盛宜乎周匹天休〇茅土永世嵩高富貴豈不亦顯乎其佐命之謀實能

翼〻尽其忠敬矣○是章借重多士以戒成王

思皇多士生此王國

皇猶靈也多士生王国肱股羽翼似天賚之靈異不測故曰思皇猶於皇來年周有大賚善人是富聖人自有天祐

王國克生維周之楨

周之王室多士実為之楨幹以營造之也楨当牆兩端者幹在牆兩迴者○維清曰維周之楨或疑是亦当作禎然毛傳時一从木一从示各有当不疑可矣

濟〻多士文王以寧

多士左右之先後之致身授命奔走以彌成王業是以文王得以不勞而王也故世其茅士顯其名族呂昨腹心爪牙之勞矣然則成王不可不重勲旧者壽是蓋大意所存也若文王承天大賚知賢登庸之非是章所主也○此濟〻盛多也猶濟〻有衆

穆〻文王於緝熙敬止

四章更端言天命文王以呂附商孫子○穆〻深遠也受

考士以寧緝熙日新之意猶緝御之緝爾雅緝熙光也周語緝明也熙廣也○前兩章一辯以疊疊文王起之自此四章相屬以穆穆文王起之

假哉天命有商孫子假大也有臣附之也此應文王孫子

商之孫子其麗不億麗數也麗沢麗馬麗皮皆連偶之義不億不徙億也奘無萬數語法相肖○周孫子有百世之勢商孫子不億而顛沛比照應

上帝既命侯于周服侯維也是章下半四句覆言上二句之意但上言文王臣附之下言彼不億者服文王而不敢貳也○宗儒以私言傳會是章無当耳緝熙敬言日新其德而克敬肅也豈以敬為文德之至者乎周公以作孚終是篇而左傳引陟降二句曰信之謂也又引配命二句曰忠心古義正乎夫子所謂主忠信者合主敬一家言耳

侯服于周天命靡常五章言天命可畏以戒成王○自四章以下每章言天命是大

訓也靡常則文王孫子亦可成

殷士膚敏祼將于京

殷士言殷之旧臣也書曰商王士膚美也大也祼灌通王酌鬯獻尸尸受灌地將行也奉也言酌而送之殷士來助祼將之事也京周京也〇殷士應凡周之士膚敏則

厥作祼

非無疊〻之臣然天命傾則從而顛沛

將常服黼冔

黼裳而冔冠也言服殷之冠而助周之祭焉是二句下屬〇殷士而黼冔

者其宗大天欲

王之藎臣無念爾祖

尔雅藎進也言進用臣猶進士之進以王

新進言之即前章多士之子孫也尔祖文王也多方曰尔先祖成湯〇觀於殷士以戒茲臣若以周冕祭於廟姓心如何哉文王受命作周不可不念戒茲臣所臣戒成王也

無念爾祖聿脩厥德

六章言周之存亡在奉天命乎否〇聿在詩爲發語辭脩厥德言脩飾尔祖之德業也左傳引是曰念德不忘其可敵乎文王亹〻陳錫能用賢才而後穆〻日新

蒸己南面以保天命皆其德也永言配命自求多福從天有福逆天有道多福當由己求之也文王齊ゝ是以哉周多士翼ゝ是以世顯皆自求者也東萊云王者代天理物操曲礼命討之柄以臨天下故曰配命又曰配上帝殷之未喪師克配上帝師非民也例出尚書然此師與其麗不億照應曰未喪者著今既不配命而喪也○是句以配上帝受配命卒章上天亦受自天首章有周帝命受上句周字兼與是篇上四句下四句兩半整然文字相承接中四章易見前後三章昧者不知宜鑒于殷駿命不易以鑒其滅已為主命之不易無遏爾躬卒章言奉天命之在刑文王以終首章之義○天之大命不易無當爾躬遏絕之孟子及紂之身天下又大亂古文多例宣昭義問有虞殷自天義問朱注問聞通善譽也案左傳宣昭令聞據是則乎令聞不已應鄭箋以礼義問老成人案

文王遺事老成所知少壯者宜從而問之少儀義則可問志則否擬是則昭明其所問於邦家也未知孰是有又也虞慮而備之也禍福皆自天然殷自天主其天祿永終言之故曰虞書曰替謀自天文例同

上天之載無聲無臭

虽虞自天子上天禍福之事神明不測固非人知所及也蓋祭有殷人尚声周人尚臭語豈因是欤

儀刑文王萬邦作孚

天不可測文王即天也唯能就文王之德業而儀刑之則萬邦悅服莫敢不周情也作孚作偽之反忠厚信厚文武家法作信則人情和平禍亂不作蓋治道之極功也左傳文王陟降在帝左右信之謂也以作孚取結古意可窺○夫周邦文王所受命作之也故保周邦在固帝命固帝命在法文王文王之乎帝非貳也是通篇大義首章金声之卒章玉振之

文王七章

大明文王有明德天命之大猶小明之小蓋周公制作既有是名非待小明為明德之明不于大明之明于涉猶假樂嘉成王**故天復命武王也**文王之三王文王而祿述之是篇以武王終之先哲恐後人誤而帰重於武王故繫辭如是革命係文王古意也

明々在下赫々在上首章言天道福善禍淫之義以明周家革命出於天心〇天監明々於下而赫々在上也非言王者明々于天監在下一義也皇矣上帝臨下有赫亦同〇首章一篇大綱于卒章相為終始中間六章以八句起而以六句受之章之首尾其辭相擠兩々成辭是篇法也

天難忱斯不易維王天監甚明禍福靡常天不可信是以為天下君難哉赫々之威不避聖明之子孫也〇戒成王則固有之然通篇大義如序所示

天位殷適使不挾四方明々察之赫々罰之禍淫之道也夫天位而殷適其勢盤石也上天乃使

其不挾有天下也召誥嗚呼皇天上帝改厥元子茲大國殷之命今成王亦天位周適也○梓材曰先王殷勤用明德懷為夾言懷民而挾有四方也挾抱持之義朱子得之

摯仲氏任自彼殷商二章言王季大任有是善而天福之以文王○大任是摯君中廿任姓也殷商蓋言商都也摯是湯相仲虺之後大任時亦有職司於王室猶周召子孫為卿士故大任自商都來也豈是殷商歸周之喜兆乎曰自彼殷商似非徒然又于六章之辭相照須細加尋叔

來嫁于周曰嬪于京殷周相對故先曰嫁于周京岐周之都也公劉居豳其都曰京周之子孫所在必因其名

乃及王季維德之行大任之德配王季而無遯色

大姙有身生此文王猶曰天錫之聖子

維此文王小心翼翼三章言文王之善○是篇以筆命終始之故先稱此一德小心

大商文字映帶**昭事上帝聿懷多福**昭精明也是詩文王武王並言上帝蓋受命故也王季不言天所謂諸侯不稱天之義欲皇矣立意自異懷多福猶干祿求福之例言自求多福

厥德不回以受方國左傳引是曰君無違德方國將至後篇求福不回

天監在下有命既集四章言文王有是善而天福之以后妃○天命既集于文王所以釐爾女士也君奭曰其集大命于厥躬在下照首章有命照六章辭之精微**文王初載**

天作之合初載言幼冲之年也於是后妃生而有配文王之端也合配也與洽之陽相顧照辭之巧也叙詁卻合也**在洽之陽在渭之涘**天之所作合處在二水之濱

文王嘉止大邦有子嘉猶有慶也大邦莘也有子言有賢女子也此言大似既長德行發閨之時

大邦有子俔天之妹五章言文王大似至善相配而天休震動於周家○俔譬也天之妹言其有靈德也易曰帝乙歸妹是天帝歸妹也兑下震上曰歸妹妹者少女之称**文定厥祥親迎于渭**文礼也以礼定昏姻之嘉祥也不必繫卜吉說之士冠礼辞曰拜受祭之以定爾祥**造舟為梁不顯其光**大礼備矣光華盛矣人心西眷天休震動也此造舟似言新造舟然擬周雅天子造舟左傳造舟于河則造自有此義也

有命自天命此文王六章言文王大似有是善而天福之以武王○命言天以天下授文王之命也**于周于京**猶曰命此文王于周之京也于邑于謝句法類似蓋受未嫁于周曰嬪于京而成辭也以著大似未嫁德行益盛周京之勢猶大任及王季之時也**纘女維莘長子維行**言文王受命后妃能匹其令德也纘女引大任徽音之女大似也維莘言

自華国來也長子孟也世也應仲
氏維行言有德之行也應前
篤生武王
天之生
物必因
其材而篤焉如維岳
降神生甫及申是也
保右命爾燮伐大商
天保右
武王而
命之以燮伐大商也燮和也武王曰無畏寧爾也此
謂燮伐　○二章自殷商而來周京此章自周京
而和大商篇內殷商大商各再出而互錯綜伐必
曰大辭之尽善者欤○是篇命字重序所示在此
殷商之旅其會如林
七章言武王奉天命以伐淫人
紂○會聚也如林衆盛也仁不
可為衆億兆而滅
天命有所歸故也
矢于牧野維予侯興
矢陳也猶
武王會于
牧野言兩軍相對也我維興言我旗幟精明
起色也次二句即其事商之大軍馬声皆啞
上帝
臨女無貳爾心
能罷之士奮厉競勸之言也士皆
見大敵益生氣势故軍容振作
牧野洋〻檀車煌〻駟騵彭〻
八章言武王伐天滅
淫以終祖考福善之

命。洋洋廣也煌煌如火也小雅路車有奭彭彭美盛也騶馬白腹曰騵檀弓戎車乘騵爾雅一淙謂之縓注今之紅也

維師尚父時維鷹揚

發揚蹈厲大公之志也師大師尚父号也舉大公猶王季之大任文王之大似著眞主自有良弼也不可艸艸

凉彼武王

凉亮同韓詩作亮爾雅亮導也右也蓋有前鋒之義高頌捷彼殷武奮伐荊楚彼字例正同上章此文王三出故褱耳

肆伐大商會朝清明

肆故今也与遂一意受上命爾奭伐非是伐是肆之肆會朝猶會同也一戎衣而天下定殷之諸侯亦莫不来賑萬國皆會朝於周京清明而不復揚歷也管子脩業以清清明注侯亂世清明○旧説呂會朝为會戰之且未見諸例

大明八章

縣文王專言文王之德大明上及王季下及武王縣縣則本諸大王也文王天五出帝四出命八出

大明天六出帝二出命四出緜則絕不出天字帝字命字也

文王之興本由大王也文王之三序繫詩別為一例所以示三篇相比也大王是王業所本由故是篇盛稱大王而末二章以文王能承其遺烈終之然卒章亦以文王四鄰為大王家法者可審加尋繹

緜緜瓜瓞首章言王迹基於大王○興也疏云瓜有二種大者瓜小者瓞

民之初生自土沮漆我周民之初繫滋始自大王起土切於沮漆也是提綱之言生生息也商頌帝立子生商土土切也抑詩土國成漕傳云周京二水之間也案沮漆自豳歷岐周呂至豐鎬故邑岐下曰土沮漆也以瓜瓞緜緜蔓延而綿實興周人之浸而蕃衍盛大焉○左傳緜緜生之瓜

古公亶父盤庚稱先王曰古后大王蓋沒後稱古公也亶父或曰名或曰字

陶復陶穴陶或云形如陶竈或云燒埴造之復累土為之穴於地上重復故名穴鑿地為坎或云告寒故然

或云上古穴居**未有室家**陶復陶穴豳之俗乃然將言岐周経営之盛故曰未有室家言寢廟社稷之制未備也不然七月有公堂茅堂公劉有廬館筵几不可以辭害意矣

古公亶父来朝走馬二章言其遷岐○東萊云形容其初遷之時畧地相宅之精神凡采得之猶公劉鞞鞛容刀朱注走馬避狄難也未優

率西水滸至于岐下西水沮漆也家語遂杖于大善去之踰梁山邑于岐山之下從之如帰市焉

爰及姜女

聿来胥宇胥宇相其土宇也公劉于胥斯原前篇有大任大似繫足一句不洩大善也於相宅言之其賢可知子曰妃以及妃大王之道也文王受妃壺于不欺人大善果賢妃矣

周原膴膴堇荼如飴三章言其定宅○周原在岐山之南膴膴肥美也堇荼之若亦甘如飴

爰及爰謀爰契我亀始猶経始之始虽及事既得地勢而宮廟朝市

士民之居心自規度指畫之故曰始謀于衆議之也契或云楚焞也荊楚為之燃火已灼龜有或云刻開之灼以卜之**曰止曰時築室于茲**龜兆告吉曰是地可以止矣又曰時亦及土功時不可失矣於是大王乃築室家於周原也

廼慰廼止廼左廼右四章言其授田居民○劳慰其民而止其土乃左右分而處民也公宮在中民居東西**廼疆廼理廼宣廼畝**大曰疆小曰理言經界也宣通溝洫也左傳宣洫畎畝治田疇也**自西徂東周爰執事**東西猶南北言從役四面也後什自西徂東靡所定處忠信為周言衆皆悅服忠信以執事不怠也

乃召司空乃召司徒俾立室家五章言其作宗廟○司空掌營國邑司徒掌徒役之事古者司空最貴故上之○此變用二乃字上八廼字下三廼字皆經營之事也用字精

矢

其繩則直縮版以載 繩所以正基址也縮束也載旧說上下相承載也案左傳水昏正而栽又庚寅栽杜注樹板幹而興作未據古載哉通作此載即与栽同栽猶築也栽草木者必築固其根

作廟翼々 曲礼君子將營宮室宗廟為先翼々嚴正也

捄之陾々 六章言治宮室以善其得民○虆其土而舉之牆上者衆多也捄言盛土於虆中也陾々舉也衆也叔訓陾々格々舉也是叔詩捄之陾々約之閣々也陾格閣音義同牆上人受虆而投土於版中亦衆多翼々也

度之薨々 古度宅通用說文宅所託也毛訓居鄭訓投其實一也叔訓薨々衆也即言衆声

築之登々 登々傳云用力也朱注相應声

削屢馮々 牆成而屢削之其声馮々然也康誥迪屢未同多方迪屢不靜與此一例

百堵皆興鼛鼓弗勝 役夫壘々勸事樂功休息之節鼛鼓不能止之也弗勝或云鼓人不勝擊

也或云鼓声不勝人声也鼛鼓長一丈二尺周礼
曰鼛鼓〻役事
廼立皐門皐門有伉 七章言作门社以美其武備天子五门皐庫雉應路諸侯無
皐應傳云王之郭门曰皐门伉高皃 **廼立應門應門**
寀乇意以为大王時未有應皐之名
將〻 爾雅正门謂之応门將〻嚴正也朱注大
王作二门其名也是及周有天下遂尊為天
子门而諸侯不得立 **廼立冢土戎醜攸行** 冢土大社也戎
焉寀乇朱皆通
醜備軍旅也爾雅引是二句釈之曰起大事動大
衆必先有事乎社而後出謂之宜非訓戎為大
肆不殄厥慍亦不隕厥問 八章言大王之有遺烈於文王〇殄滅也厥慍大王**不**
所慍言混夷也問聞通左傳且门不令蓋戎醜最
備混夷也大王虽不能殄滅之亦不隧其令聞也
後爲肆戎疾 **柞棫拔矣行道兊矣** 柞棫皆業生有
不殄烈假不瑕 刺故校起除

之也芃成隧(隊)也古芃芃乎隧(隊)曰隊墜亦通毛義確然天作高山大王荒之箋云一年成邑二年成都三年五倍其初案威德日廣帰附殷盛岐山之儉漸夷儼然成一大都會也後篇柞棫斯拔松柏斯兌

混夷駾矣維其喙矣 駾突也說文馬疾行皃喙喘息也晋語余病喙注短気皃言混夷怖我威德而奔竄困喘不復乎我敵也孟子文王事昆夷然則昆夷屈伏在文王亦非其初年也終言及此以著文王之功因大王之遺烈也後篇串夷載路亦追而本之大王

虞芮質厥成文王蹶厥生 卒章言文王之丕承大王以終之〇質未請判也稱就有道而正焉之正成其訟之成也蹶生言發動其生気也混夷既從天下之心西傾是生也於是有虞芮之事遂風動帰周是蹶之也蹶生言發動気震發乃耕墢乃起其發生之気春雷一声蟄蟲或振蓋蹶生之義也

予曰有疏附予曰有先後 予予周室也曰助也家說詩

說詩人自我大非也此四臣主文王稱為四隣亦非外大王言之二王並善用賢才成王業故合而稱予文王亦承大王家法者見矣而周公使成王承文王家法之意亦見矣文王之三次以棫樸為政在人之義備矣

予曰有奔奏予曰有禦侮傳云率下親上曰疏附相道前後曰先後喻德宣譽曰奔奏武臣折衝曰禦侮孔子曰四友以回也為胥附曰門人加親賜也為奔輳曰遠方之士日至師也為先後曰前有光後有輝由也為禦侮曰惡言不至於門棄疏附使疏者親豈弟有德宇者也先後在君側為肱股喉舌禦侮者也奔奏奔命四方者也叙文奏本亦作走禦侮即與邇之士也齊語舉羣賢名姓以結桓公伯功之事似倒是篇結法

緜九章文王之三章句嚴正不容卅、有過

文王七章 八句合 五十六句二百七十七字
大明八章 六句八句合 四十六句二百三十七字
緜九章 六句 合 五十四句二百二十四字

棫樸 詩序美文王猶靈臺終前三篇 **文王能官人也** 知人則哲克官人盛德之事也前篇以四鄭為乱乃以棫樸官人受之此所以終文王之三也編意可玩

芃ミ棫樸薪之槱之 首章言文王教育人才而官使之○比也芃ミ日茂盛貌猶芃芃黍苗棫樸旧説棫根枝迫樸屬或云二木薪伐而折之也槱祭天神時積而燎之也山木日茂比英才欝起隊斫薪之而後槱之比既教育之而後官之也○周礼以實柴祀日月星辰以槱燎祀司中司命實柴亦槱也槱字从火非徒積之説文槱積柴燎之確矣○邪説者云折棫樸似戕賊杞柳嘻犁牛之子用之亦殺之也

濟ゝ辟王左右趣之 多少英才皆駿奔走從事於祭也濟ゝ威儀也趣趨也易曰変通者趣時者也○上句以燔柴為比下句因以祭事受之

濟ミ辟王左右奉璋 二章受上言英才登庸之盛○在左右而奉琫也祭礼王祼以

圭瓚諸臣助之亜祼以璋瓚宗奉璋者大宰大宗等一人也然兼凡贊祼者盛言之故曰左右是詩之辭也

奉璋峩峩髦士攸宜

濟濟取於水峩峩取於山登庸之遂至奉璋是髦士得之極也是章先挙拔擢之盛者一收之宜○穊訓峩峩祭也亦是章言祭也穊言髦士官也亦是章髦士異於甫田髦士也官于序符合儀礼爰字孔嘉髦士攸宜謂其所宜然

淠彼涇舟烝徒楫之

三章言用之武事而濟濟其功○興也淠傳云舟行皃安舳艫千里之勢也萑葦淠淠傳云衆皃其旆淠淠傳云動也烝徒衆夫也楫在旁撥水者春秋繁露以是章為伐崇之役或有傳矣

周王于邁

出而動也成功于民

六師及之

將率師旅得其人故也六師追言也及之駸駸奮進也涇水之舟烝徒行之淠然雲翔以興文王出師則六軍之衆集如風雨焉曰及之曰作人並有興起氣象而章以文武中外成對故句勢各因其氣象絶妙

倬彼雲漢爲章于天四章言施之文職而治化休明○興也以天文興人文倬大也又子暉通明盛皃周王壽考入而靜也受祿于天遐不作人羣官百吏得其人故也遐何通作人使人氣起發也朱注言変化鼓舞之案孟子待文王而後興〻即作也能官人故能作人菁莪育才亦一揆也周礼進賢興功以作邦国非能官人何以作人作人而国家文明○周有大賚善人是富出則富能罷之士入則富經濟之乃唐虞之際於斯為盛是兩章並称周王前兩章並称辟王而卒章称我王章段嚴正宜刻意繹之朱子云前三章後二章盡省文字相耦者

追琢其章金玉其相卒章言集賢才遍勉治術○比也追彫也荀子說苑引作彫相質也金玉而追琢之美之至也文質極矣以比其軍国刑政無不尽斯文焉此非集賢才傳力不能也勉〻我王文王自朝至于日中昃不遑暇食其何為邪詢於八虞而咨於二虢度於

夫而謀於南宮諏於蔡原而訪於辛尹之以周召畢榮濟濟多士是文王也**綱紀四方**周詁經之以天緯之以地經緯不爽文之象也文王質文故天胙之以天下所謂綱紀是追琢金玉之所使即天經地緯之謂也○疏云綱大繩能張網之目紀者別理絲縷

棫樸五章

旱麓受祖也大王王季受其祖業也故不言文王蓋文王之三上限於大王故詠二王亦有所受以備之**周之先祖世脩后稷公劉之業**公劉蓋后稷之曾孫也首句所謂祖者主后稷公劉而汎指先祖故繫辭若是受祖之意須寓三章四章**大王王季**是一篇不亐小雅大遷廷有特陳二王之德而不及周室受命故也序義確哉昧序者長衣身**申以百福干祿焉**通篇只是意也假樂曰干祿百福是倒之猶楚茨序經有祿

三福字故曰申以百福首章有于祿故曰申以于祿詩所咏在百福與于祿卒章求福亦是于祿

首章言二王之求福祿〇興也

瞻彼旱麓榛楛濟々

旱山盖在二王旧都以潤沢之殖樹興豈弟之發祿為卉木之長漸而日繁周語引首章曰夫旱麓之榛楛殖故君子得以易樂干祿焉故興於榛楛則特和歲豊可知興於玉瓚則德明身尊可知是比興之常

豈弟君子

干祿豈弟

干祿亦唯豈弟而已何徼幸之為盖是周家法也君子為二王何以知之曰大王以前在豳々君無雅故特有公劉一篇〇叙言豈弟發也盖言虽豈弟能發祿也〇豈弟周诰引之叙以易樂干險哀對説之是確訓

瑟彼玉瓚黄流在中

二章言福祿之來集〇興也瑟縝密皃黄流鬱鬯也箋云王季為西伯以功德賜圭瓚棄美王季寵華因以取興

豈弟君子福祿攸降

瓚注之以黃流其美相配以興福祿必降於君子焉君子之豈弟猶玉瓚之瑟福祿爲黃流而來

鳶飛戾天魚躍于淵

連次章言安民以祈福於神○比也比君子揖讓于朝小人謳歌于野焉所謂上下察言上下明察物得其所也

豈弟君子遐不作人

使人各得其所則志氣必奮作也有才不見用有功不見知人氣必熸矣左傳引是曰作人斯有功績矣

清酒既載騂牡既備

是篇中兩章相插如一興棫樸首兩章一例三章無福祿四章無豈弟君子上下皆興而三章独比亦以是也二王受祖之義最重故合兩章言之小雅祭以清酒從以騂牡享于祖考是亦祖考之享也○騂壯猶棫樸之六師然二王特既用騂牛欤

以享以祀以介景福

左傳聖王先成民而後致力於神是古道也宋儒至于祿而屢窮

瑟彼柞棫民所燎矣

五章言得神之福○興也瑟衆自燎柞棫蓋益烈山澤之類開

通周道亦二王之功故取以為興以柞棫枝矣推之旧説燒其旁草使木茂也或云樵以供燎余則未安

豈弟君子神所勞矣柞棫民燎以開道以興君子神勞以除禍焉

莫莫葛藟施于條枚卒章復言首章之意終之〇興也以葛藟之緣木興求福之不邪

豈弟君子求福不回受于祿為求福一意也表記子引是四句曰其舜禹文王周公之謂乎有君民之大德有事君之小心案以葛藟為興故以為小心比興之体從末如是

旱麓六章

思齊文王所以聖也大任思齊之德有以致之也大任思媚周善而嗣徽音於大似乃文王惠于宗公而使寡妻兄弟家邦皆有所刑是以不聞亦式有德有造譽髦斯士也

思齊大任文王之母首章言文王之有聖母〇見賢思齊蓋因是也大任常思興周

善齊克刑其內教實是聖人之母也**思媚周姜京室之婦**思媚猶懷愛也言千心親之周頌思媚其婦思非語辭京室周室也分用周京字**大姒嗣徽音則百斯男**大似亦從大任之德思齊而克嗣其德音則有振振百男也**惠于宗公**二章言文王之聖因其母○后稷公劉至大王王季是宗公也言宗統之君也受祖是千古家法畢麗一撲焉是篇歸重於大任思齊之德矣**神罔時怨神罔時恫**恫痛也此言文王當先神也以一端言之雖有其德而無其祭則怨雖有其祭而無其德則恫**刑于寡妻**寡兄寡人一例是三句美文王之言也直述其言故有是謙辭**至于兄弟以御于家邦**御馭治也上頌周姜下使大姒刑之者大任也上惠宗公下使家邦刑之者文王也下章之不聞者不諫者成人小子皆思齊於文王而譽髦蔚起也須知思齊是通篇

一貫而文王所以聖亦大任之德也大任思齊而文王大似及兄弟家邦亦皆思齊其渊源盛矣

雝雝在宮肅肅在廟三章更端言文王宮廟之德容以起下○妻子兄弟則雝雝和也卿士大夫則肅肅敬也宮言閨門之內也

不顯亦臨言在廟也句法与不顯亦世同文王肅肅其德不顯明乎亦以臨照羣臣是以羣臣畏而愛之則而象之

無射亦保言在宮也保無逸所謂保惠有教訓之義文王不見厭於人而亦能保惠之是以家人愛而敬之自然而化家人九五王假有家言感格其人而有家也○清廟不顯不承無射於人斯

肆戎疾不殄烈假不瑕四章言文德之被遠人○戎疾猶大惡也戎毒之戎烈光假大也猶文王之耿光周語殷王帝辛大惡於中文王時出殘虐未殄滅乎耿光不為其瑕玷道化日熙黎民歸德也○戎疾不殄一句以著其凡化翔於封域外也可玩

不聞亦式不

烈假所被及衆皆感格雖不聞其道者自

諫亦入須其則雖不之諫誨亦自得之也文王肅

肅之臨以顯其德雝々之保不見射於人是道化之

所以神出也子曰不令而從不敎而聽至矣哉

贊虞芮之成也与此大似○入者以諫之入成辞

是辞之巧也左傳諫而不入則莫之繼也

肆成人有德小子有造卒章言文德之育英才○而章而肆並受前章之成人

冠者也小子童子也有德成其德性以供**古之人**

国家之用也有造正業居学有所造成也

無斁譽髦斯士古之人文王也無斁敎而不倦也譽髦猶曰名賢也無斁故譽髦之

士済々輩出也是詩以育英才終之乎篇之卒章

似治国之要在茲○二章称刑于寡妻而三章以

下每章只○刑也文王思齊於上而能刑於下故是

下皆思齊於文王是一篇之大義也○孟子引刑

于寡妻三句曰古之人所以大過人者無他即因

是大以称文王也

思齊五章

皇矣美周也合三王美之是追述祖德之詩也旱麓言。王受祖思齊言文王受大任之是詩言三王相受三首相屬天監代殷莫若周稱首章也唯文王可以代殷周世〻脩德莫若文王也也字擬足利古本補〇所謂西顧即顧文王也

二章至三章陳大王王季之德則首章嫌於咏大王故曰世德莫如文王帝所興宅文王也非大王也是章若非稱首章汔贅語耳或云莫若周稱大王受命也莫若文王稱始受征伐之命也棄大王受命特追述之言耳當大王時殷國未衰天豈有代殷之說邪紂王無道故始監代殷者也

皇矣上帝臨下有赫首章言殷未衰乱天命帰於文王〇靈矣上帝臨照下土赫〻可畏也是章與大明之首章同格先提其本意而挿入大王王季至五章乃廣首章之事以卒之

監觀四方求民之莫莫定也・常監四方唯民之安定是求而已故乱君禍之良君佑之維此二國其政不獲二国密于崇也文王伐二国耳而序曰代殷者伐崇作豊此謂文王受命靈臺所以受皇矣也維彼四國爰究爰度二国政乱故四方之君將相謀而討之也○左傳引是四句此彼字易地似優然厶作傳時既已若是昂從文鮮之二国有所付故曰此四国沉言故曰彼上彼耆之憎其式廓耆廓未詳傳曰耆惡也蓋四国多謀密崇者上帝惡之憎其乱伐浪戰禍乱益張大欲乃眷西顧此維與宅乃西眷顧文王而降格于周與文王偕居而祐其征伐也此言西土周也與宅言相與偕居也漢書引是曰言天以文王之都為居也○淮南漢書並引作此維二字非倒作之屏之其菑其翳二章咄言大王遷周之日天命既有帰○受西顧而説出西土

之初爾雅立死椔斃者翳言不死而倒者也又曰自斃神是朽蝕而顛者也朱注作拔起也屏去之也

脩之平之其灌其栵灌叢生也栵栭也郭注似樸樕而庳小寀栭茅栗故與灌對除之脩平道路也○朱注栵行生者也似以臆造訓

啓之辟之其檉其据作屏攘剔以除木言之脩平啓辟以通道言之互見其辭与下路字映帶

攘之剔之其檿其柘疏云攘去之也剔剪之也○天作高山大王荒之故專以闢除林木为辭左傳斬之蓬蒿藜藋而共處之言闢平原造國也

帝遷明德串夷載路箋云串夷即混夷寀大王有明德故天遷之西土周其國大闢串夷順其道而來服也是追而來之之辭猶三章首有四方文王猶營事混夷

天立厥配受命既固配大善也既固言自大王時既已堅固也明是自後之辭也宜與三章受祿無喪並考首章先言文王之義瞭然

帝省其山柞棫斯拔松柏斯兌三章言至於王季天命愈篤○柞棫既除而松柏成行大道挺〻儼然成國也前章只言大王刋木通道一事故以是終之**帝作邦作對**作邦而作對也對言明君乎是邦對者也**自大伯王季**亦自後之辭也帝既作此是大邦於是乃又作宜為之君者對言文王也故曰自大伯讓王季○作猶作之君作之師之作**維此王季因心則友**因猶孝友睦婣之婣音義通**則友其兄則篤其慶載錫之光**朱注王季既受大伯之讓則益脩其德以厚周家之慶而與其兄以讓國之光猶曰彰其知人之明不為徒讓耳**受祿無喪奄有四方**兩雅荒奄也應大王受命故曰無喪下章有萬邦之方下民之王故曰奄有四方是句在王季則言其基之在成康則言其終之詩之辭水月鏡花不可為典要

維此王季左傳作文王明以文德說之其疏云王肅注毛詩及韓詩亦作文王案作文王蓋古之真也作王季者蓋鄭箋以前涉上帝冩誤耳雖兩通余從左傳明文為優

帝度其心四章蓋受上言文王之盛德○心能制義曰度帝以文王之心為有軌度也八德皆帝所許也八德皆兩：相比

貊其德音其德克明德正應和曰貊言己貊然靜定而物皆應和也照臨四方曰明

克明克類勤施無私曰類言施而無偏一視同仁也明以照四方仁政所被無有遠近王道所以蕩蕩也

克長克君教誨不倦曰長長有之道也賞慶刑威曰君君言能用賞刑而慶威也

王此大邦克順克比慈和徧服曰順言慈和而人徧順服也擇善而從曰比衆之徧服扨從者文王之德可順可比故也

比于文王其德靡悔文王有克比之德故衆能比文王所為則作事無悔也

既受帝祉施

盛德如上故既受天祿遂被及其孫子成
于孫子为天下君也○上羊四章詰屴一收
帝謂文王五章○言文王奉天命以伐密○受首章此維予宅無然畔援無然午無
悠泄、同畔援字別解之亦通韓詩武強也箋云猶拔扈無然歆羨勿有貪羨人之土地
誕先登于岸誕大也登于岸形容之辭猶家語同大域之中而以治之岸節崇高者也
故借言高明無私之地也登龍斷猶綱而利況登于岸而平臨之字密人不恭敢距
大邦侵阮徂共文王为伯而無密人擅興師以侵阮遂往至共故曰不恭曰敢距、即
距違也王赫斯怒王登于岸高放四國乃有是不恭之徒此不可使衡行故怒而發師
非畔援也非歆羨也爰整其旅以按徂旅尔雅按遏止也孟子按作遏徂旅言
密人徂共之衆也以篤于周祜以對于天下著天下之望也人望之歸

周始見於此可見上帝之所與宅即天下人心之所同歸也

依其在京侵自阮疆　六章言文王克密定都于程□二句著文王不親与密人戰也依不動也文王依然在周之京而所整之兵既遏密人遂從阮疆而出以侵密国也朱子大得之

陟我高岡無失我陵我陵我阿　高岡陵阿皆密地也師至則敵棄之而皆为我有也我陵我阿言为我有也

無飲我泉我泉我池也　周師伐密自阮疆出而張師其高岡則密人不守衆皆奔潰而陵無忌兵泉無飲馬不血刃而端目山川皆歸我圖叛故曰我易所謂入虛邑者也周公以天命言之豈容言乎

度其鮮原　其其密也毛云小山別大山为鮮棄原有鮮故曰鮮原箋云鮮善也棄言其爽塏鮮明並通或云居岐之陽則鮮原仍是周境内也

居岐之陽在渭之將　文王克密而作程克崇而作豊將側也疏

云此在岐之陽則去舊都不遠豐則在岐之東南三百里**萬邦之方下民之王**方猶鄉也維鳩方之方王追言也二句乎前章以篤以對二句照應克密是文王征伐之始故繫是四句而於克崇之下以無悔無拂終之而已此詩人立意伐崇作豐於文王有声贊述之

帝謂文王予懷明德七章言帝戒勅文王以伐崇○懷君子懷德之懷是等專林文王之伐功故先舉是帝命以明文王之師出於不得已也且为伐崇之始安〻致附之起本可玩**不大声以色**大王声下字声色之於以化民末也故不大**不長夏以革**不長鞭朴以捷人也王某云夏用氷革用皮皆鞭朴之刑得之夏楚之为朴固亡論也鞭以革則未無革者必有挞又古革棘通用棘亦荊楚之類也左傳呂鞭之長不及馬腹王某長訓崇長非也墨子屢引是夏革斷非誤字**不識不知順帝之則**帝曰予歆以明德臨民不

欲厲声色長鞭朴以慣感之文王受是夅動容周旋自合天則其豈事攻伐乎

帝謂文王

詢爾仇方同尔兄弟

著征伐出於天心也帥又可以對于天下也仇匹也敵國同義𡚶仇之仇説𨷈国非也

以尔鉤援与尔臨衝

言旲械罿必滅之也鉤援所以鉤引上城者蓋雲梯類也臨々事也左傳登諸樓車使呼宗人而告之是類欣衝々車也衝突敵者折衝之衝

以伐崇墉

墉城也蓋崇侯虎助紂为天下人心之所同恶也

臨衝閑々崇墉言々

卒章言文王伐崇以終天命〇閑毛詩于間同言安陈也言々高大也尔雅大備謂之言李巡云声大言々也

執訊連々攸馘安々

連々徐也只是相連接不絶耳馘獲也不服者殺而献其左耳訊生俘馘斬殺所謂執訊獲醜

是類是禡

王制天子将出類於上帝禡於所征之地案禡厥至敵地而師祭也

是致是附

朱注

致々其至也附**四方以無侮**安徐如是亦無我敢
使之未附也侮也正考父銘或因
是左傳文王聞崇德乱而伐之軍三旬而不降退
脩教而復伐之因壘而降脩教只是猷納之言文
王時乎禹班師**臨衝茀々崇墉仡々**再駕之時也
數文德大異茀、強盛皃
仡即孽、將壞皃仡不安也出方言船、動搖之
皃我、氣勢奮、疾故城為震蕩紛披也我閑、故敵
曰言仡、我茀、故敵曰仡、或**是伐是肆**伐襲擊
挑書仡、勇夫說堅壯皃侻矣也肆犯
突也戔**是絕是忽**絕言奮伐而決遏敵軍也
得徵忽言兵勢神速出不意也**四方**
以無拂拂怫戾也左傳文王伐崇再駕而降為臣
蠻夷帥服崇之役文王之所以動天下也
故以是終是篇乃受之以靈臺而文王之盛德大
業乃備矣〇四方二句相對而與五言六章之結
句鏗鳴且二四方字返照首章四國字崇既受文
王之師則四國咨歎乎其何竆何度乎

皇矣八章 在正雅最為長篇

靈臺 專美文王者亦以終上三篇且是文王之大成也試以是首章揔皇矣卒章有之意自一貫文王之雅終於是篇焉

民始附也 言天下歸周也文王克宗靈夷師服三分之業以成矣

文王受命 言克崇作豐蓋於是改元九年而崩也文王受命而國勢興起上下皆樂故曷是句也〇孔叢子曰文王之興附者六州六州之衆合以子道來故區區之臺未及期日而已成矣

而民樂其有靈德 文王靈德故民以名其臺沼尊之也文王豈自矜予是詩上半所以為民樂者全在三靈字上序所示乎孟子吻合

以及鳥獸昆蟲焉 因靈囿靈沼言之〇昆有衆多而蠢動之義也出夏小正說是最古可從曰明也陽也不安

經始靈臺經之營之 蓋作豐而築是臺也尒雅臺基經也經始言度始其基址也營造

也治也猶肅〻謝功召伯營之○楚語莊王為匏居之臺高不過望國氛大不過容宴豆夫臺不止望氛祥亦以為遊觀也𡸁天子曰靈臺於是詩無関靈圃靈沼亦是遊燕之處

庶民攻之攻作也不日不多日也猶不日有時○庶民皆樂為文王趨是役故其功遄成

不日成之

經始勿亟庶民子来文王之度始之也本戒令勿亟急促勞民竺庶民競勸如子趣父事雲集疾作此民之所以樂乎受令而靈臺之所以為靈也

王在靈囿麀鹿攸伏臺也囿也沼也皆不日而成王不暴天物遊于囿則牡鹿伏息牸任繁殖民樂其德及鳥獸此靈囿之所以為靈也麀鹿所伏文王所樂也然民称其囿曰靈囿民之樂自見是詩之巧也

麀鹿濯〻白鳥翯〻囿所以域養禽獸也濯〻肥沢也猶鈎膺濯〻翯〻潔白也新書作鶴

王在靈沼於牣魚躍漁之有時故魚滿而躍於水也文王之囿子民

同之文王之楽于民偕楽也故民見魚躍則曰時
其所成此我王之徳也名之曰霊沼其説在此
虡業維樅所以縣鐘鼓也植者曰虡横者曰栒〻之上加大版曰業〻之上有崇牙其状樅〻然曰樅
賁鼓維鏞賁鼓長八尺鼓四尺鏞大鐘也
於論鼓鐘於楽辟廱論倫也言倫理之辟廱漢儒以為学宮水旋丘如璧以節観者故曰辟廱辟璧通廱沢也案思
楽泮水似本是詩漢説近古〻蓋既作豊而起霊
臺作辟廱也下半二章有王道文明大化滂流之
文象終以辟廱之楽而霊臺之所以為霊亦襲乎
鼓之辟廱之楽非楽天民之皐而何居
於論鼓鐘於楽辟廱于士大夫偕楽育英之楽其意亦猶思斉之卒章既克崇而不
復事攻伐日坐辟廱以啓育英
才供治民之用何其坦蕩〻矣
鼉鼓逢〻朦瞍奏公鼉形如蜥蜴長丈餘剥皮以冒鼓逢〻和也奏以献其技能也爾雅公事也密崇呈平兵乱未

戲然文王則在辟廱而伐鼛鼓之逢逢曰于役偃偃無目者樂樂也桃夭芣苡周南之太平也靈臺其詠六州之太平歟何其雍雍僾僾矣其所以終文王之雅乃可觀焉○東萊云通篇皆述民樂之詞也証甚朱子亦因孟子失持論不能隨辭直為說耳

靈臺五章

呂朱並為靈臺四章二章章六句案新書引是自首至庶民子來又自王在靈囿至於牣魚躍似乎呂朱同然楚語引是自首至麀鹿攸伏似併引兩章八句且韻亦首章營乎成二章亟來乎伏三章濯翯乎躍而下半每句韻於詩律甚協又經始庶民重出似非一章從曰無不可

下武繼文也 言繼文德也繼文繼伐是武王之大雅也以終文王之什

武王有聖德復受天命 武王未受命言為天子也受前序文王受命故曰復

能昭先

人之功焉昭哉嗣服○是篇專美武王猶文王之有截樸壘○尒雅武繼也匹也

下武維周世有哲王首章美其配三后於下○下武猶降武言天降禍亂也宋世家天篤下菑孔羲天為之下嘉穀下猶降也

三后在天王配于京三后大王王季文王也武王脩明德於下地以能○其在天之神○配而圖時侗也每章美武王奉先思孝

王配于京世德作求二章美其配而成孚○世德世其德也世祿世官之世作求猶營求也作訓起非也康誥用康乂民作求言武王唯世其德之營求也

永言配命成王之孚配天命即所以配三后也孚忠信也王之孚猶曰王者之道德也

成王之孚下土之式三章美其成而式於下國○武王能成王之孚故下國之人皆式之作孚也

永言孝思孝思維則武王朝夕唯思所以孝事先王其唯思孝

是以有則也孝百行之本﹆立而道生無所適而
不為則焉其唯有則故下土式之也
媚茲一人應侯順德四章美其式而昭先人之功○
媚愛也猶百辟卿士媚于天子
茲一人武王也應荅也猶德正應和侯猶伊也周
雅伊維侯也侯順德即如王之孚孝之則是也武
王百行有則故下土式之愛茲武王應順德而儀
刑之也應順德猶羣黎百姓徧為尒德所謂德教
加於百姓刑於四
海也故曰昭哉
永言孝思昭哉嗣服嗣服言継
先王之事
也序所謂昭先人之功者武王朝夕孝思而不忘
故天下頌而應德周道四達顯哉其奉先孚
昭茲来許繩其祖武五章美其昭而祇其受天祐○
来許未詳繩継也周頌嗣武受
之○旧孝許当作孝声之誤
於萬斯年受天之祜
也孝許教反許救反許六反
應三后在天夫昭繩三后即所以膺天心也故以
是說之○四章上章變章法然疊前章有承變者

受天之祜四方來賀 卒章美其祜而祝其獲良弼○書序成王既伐東夷肅愼來賀 左傳齊侯之入諸侯皆賀 此言王家有吉事而萬邦奉慶也 於萬斯年 唯卒章登前二句上半下半取愛 不遐有佐 不遐近也 不遐有徵不瑕有害皆同 萬邦黎獻翕然與來 豈無大賢仕良弼有哉 欲其爲天下得人也 爲政在人棫樸之論也 文王之三思齊靈臺皆言及之 此盛德之事也○是詩以萬斯年祝之 明是武王存日作也 周公願武王延年 金縢明々 萬斯年再出 亦是周公至誠之發歟

下武六章

文王有聲繼伐也 伐代 文王征伐也 繼文德繼武功 武王之事畢矣 武王能廣文王之声 能從文王之故事 卒其伐功也 非止言牧野止戈而已夫

文王遹祖考之事代崇作豐武王又廣文王之声如四章所陳是以文王征伐之功大成也

文王有聲遹駿有声首章言文王文德能受祖考○声仁声令聞也遹述也書曰祇遹乃文考即循述之義也周家素有令聞文王述其令而廣之仁声益盛也子曰三代之王也必先其令聞○序廣文王之声积遹駿有声也

遹求厥寧述祖考之業以求民之寧也猶上帝求民之莫

遹觀厥成觀国之光之觀成言功成而太平也我客戾止永觀厥成久矣君子展也大成參互明了○三遹字存遹追來孝照而義得瞭然

文王烝哉尓雅烝君也羣烝衆也言能合衆而長之也荀子君羣也義似相符辟也師旅之長直謂之師旅、

文王受命有此武功二章言文王武功能成武功○皇矣以伐密伐崇繫之帝命矣

既伐于崇作邑于豐徙都于豐而三分之業以成作豐是皇矣所不言而是詩

専主作豊而美之首章是起本文王有求寧觀成之心故帝命誅無道

文王烝哉

築城伊淢作豊伊匹

三章言創業而遹祖考○淢湟也韓奕實墉實壑尔雅隍壑也

匹言大小得度也文王克崇六州为臣重表帥服程邑不足以受之故新營豊其形勢與國匹則規模廣大非復程邑之比也以起下句○傳云淢成溝也穿淢韓詩作洫方十里曰成成周有洫是以拘但言築斯城鑿斯濠而邑配其國也朱注最[illegible]

匪棘其欲遹追来孝

作如是大邑者非急其所欲也追述祖考之志而来致其孝也書曰大王基王迹三季勤三家文王誕膺天命惟九年大統未集釣是周與追言之者

王后烝哉

上四章言文王也内則后王命家宰説命后王君公周頌允王維后皆天子之称也或云王追称后本称非也

王公伊濯維豊之垣

四章言守成而無方夏○公功也濯尔雅大也王功伊大猶王

猶允塞言既作大邑而行以靖內馭外其猷盛大無所不盡是以身為豐之藩屏也猶大師維垣大宗維翰

四方攸同王后維翰豐是四方所望而來集而王后為之楨幹也曰垣曰翰巍然其不可動確乎盤石之勢也

王后烝哉上半四章言文王述祖考作豐之事

豐水東注維禹之績五章言武王繼伐而辟天下○豐水東注于河即鎬京之水勢也言豐水有著其卒徵之功也東注者著西周之業盡東被也

四方攸同皇王維辟四方攸同加前章一等矣自西自東亦四方也然又進一等矣夫績禹之功除大災大患而同四方者天下之辟也其豈乎文王之為垣翰於豐同乎非一樣文字而取異樣氣象者成辟之切也

皇王烝哉皇王猶三后但取武異稱耳朱注皇王有天下之號業以今言視古言耳王后何曾非有天下之號乎成王曰皇后堯曰皇帝曰后帝商書之高后前后古后先后並天子也而皇

考皇祖。皇妣皇尸皇辟之類，士亦稱之。皇妣閔予小子有皇考皇祖皇王回說皇王合稱文武也

鎬京辟廱六章言武王繼文而懷天下○所謂明明德於天下也一句此閑纍鼓之逢、**自西自東自南自北無思不服**無思之不感服也天下大從文德四照所謂卒其伐功也**皇王烝哉**辟廱本在豐武王起之鎬京以凡勤天下可謂廣文王之聲也然在詩廣聲是文王之事而序繫之武王以示文武一德世、遹追之義○序固非爲是一章言之

考卜維王宅是鎬京七章言奉上天先王之意而成之○考猶稽稽疑卜稽之稽王于況及言卜從也要諸龜從離散以應我徃姓也言龜所姓人之兆**維龜正之武王成之**龜決定其言而武王成其所決定也坊記子云善則稱人過則稱己則民讓善因引是四句陳注武王讓之龜卜也案記所引善古義也武王尊奉之意見矣**武王烝哉**

豐水有芑興也武王豈不仕宐字無子孫萬世之統而安之○仕事也所以事

而下二句是也豐水之芑湋、茂盛武王豈不以潤沢为己要務乎○下半四章以豐水始終之可玩東注是文德之遠也有芑亦豐水之餘沢也武之加都繫之文之烈是親武王志故武王之雅序皆曰継

詒厥孫謀以燕翼子燕安也翼輔也二句分子孫字成辭猶曰遺子孫之謀以保佑子孫也○豈不二字可玩鎬京在豐水下流有芑亦文德之遺也武之功者文之烈然則不可感戴於父以詒子孫而可哉周之子孫以是為心庶之不易處乎其無過再射矣此蓋周以之意卯

武王烝哉下半四章言武王廣文王之声以作鎬京[illegible]之事

文王有声八章上半[illegible]豐下半有二豐水二[illegible]鎬京之事

首一文王受祖考
二豐
三豐
四豐
五鎬
六鎬
七鎬
八武王治子孫

文王有声遹駿有声 維豐正之武王成之

文王受命有此武功 豐水有芑武王豈不仕

一　文王二出
二　文王二出
三　王后一出
四　四方攸同　王后維翰　王后烝哉
五　四方攸同　皇王維辟　皇王烝哉
六　皇王一出
七　武王二出
八　武王二出

文王　大明　緜
棫樸
旱麓　思齊　皇矣
靈臺
下武　文王有聲

毛詩考卷二十二

毛詩考卷二十三

生民之什第二

生民尊祖也靈言大祖而尊美之使後嗣天子不忘大祖之德也前什贊述文武其義一也朱子論其用迂矣后稷生於姜嫄叙詩之本於先妣○家語仲弓生於不肖之父楚辞伯禹腹鯀文武之功起於后稷周立廟后稷為始祖姜嫄特立廟謂之閟宮在大司樂職先先妣而後先祖故推以配天焉追尊見卒章

厥初生民時維姜嫄首章言后稷之生有神異○民周民也緜曰民之初生一義姜嫄炎帝後邰國女姜姓嫄名為帝高辛末孫之妃生民如何生后稷即生周民之始也降而生商帝立子生商並言生商民也克禋克祀以弗無子弗之言祓也左

傳襄廿九年校殯擅弓作拂柩又茀被通用見巻阿及爾雅古通音用字盖姜嫄禋祀于郊禖以被無子之凶也

履帝武敏歆爾雅釈之云武迹也敏拇也是七十子之徒所傳歆言受天所授之子也史記姜嫄出野見巨人蹟心欣然說欲踐之而動如孕者○姜嫄祀郊禖之時見地有大人跡而踐其大指處心甚異之既而有娠遠以為有是怪而生是子故悪而弃之也称帝者自後之辞也閟宮曰上帝是依則帝是天帝也○一云歆衍字斤敏字疊而贅耳故尔雅無歆字朱子以敏絶句則下句不成辞

攸介攸止言介衆所集而獲是祥也以著衆人所見非虛飾為小雅攸介攸止烝我髦士

載震載夙載生載育時維后稷震有身也夙肅戒也○履帝武敏而歆是子攸介攸止而有是靈異乃震而育之是為后稷

誕彌厥月先生如達二章言后稷之無害於母○尔雅誕大也猶誕先登于岸尚書

亦多出然此誕乎思皇多士皇矣上帝之皇其義汔同先生首子也達羊子也生物中羊產最易**不坼不副無菑無害**記云修己背坼而生禹簡狄胷剖而生契棄櫻子禹契同朝而独有毋不憂也晉語大任娠文王不變少溲于豕牢而得文王不加病焉文王在母不憂亦周人所靈異而傳道也**以赫厥靈**也著其靈異也此亦自後之辭也當初生之時至怪而弃之何靈祥之為**上帝不寧不康禋祀**我所禋祀上帝豈不寧又康乎○物子云寧字安兼定義康字安兼樂義棄也上帝居歆寧也如神嗜飲食康也**居然生子**居然特言安然不苦也以是為禋祀弗無子之忘繫之上帝寧康尊而靈言之也○帝武之祥猶玄鳥生富言有其祥而生是子也豈有無人道而生子者乎鄭朱妄矣祀而祓無子者有合夫者也善嫄豈廿岐乎已為高辛氏之妃則無人道之說何處得未之於經全無所涉

誕寘之隘巷牛羊腓字之三章申言后稷之屢有神異○誕猶曰靈矣故平林寒氷亦曰誕跣趺匼而生子故怪而弃之腓芘也字愛育也猶令尸子文虎乳之夢中○傳ケ史記同今不取也誕寘之平林會伐平林又弃之平林則有伐木者而収之誕寘之寒氷鳥覆翼之覆以一翼覆之也翼以一翼藉之也疏云玄鳥至月而禮祀十月而生稷正當氷月鳥乃去矣后稷呱矣鳥既蘋后稷而去則呱〻泣矣於是又往取之実覃実訏厥声載路覃長也葛覃之覃訏大也三弃之而皆有靈異於是其形状長大而声亦高朗遂収而育之也

誕実匍匐克岐克嶷四章言后稷之天性於穉○匍匐以手行也岐嶷足能立也以就口食口食口能咀嚼也就字輕虽屢経死地自無疾恙遂至自能口食故曰就耳口

食是三年免懷去乳就穀之時鄭朱以為六七歲時何哉

執之荏菽荏菽旆々

旆々枝葉揚也猶旟旐旆々此言小兒遊戲也受口食言之史記弃為兒時其遊戲好種樹麻菽麻菽

禾役穟々

役烈也穟穟同穟、禾美秀也

麻麥幪々

幪覆也幪々者茂盛覆地也

瓜瓞唪々

唪音菶說文引作菶棄菶々善々葉盛皃傳云唪々然多実也一

誕后稷之穡有相之道

此章言后稷善穡以受封有邰〇自然得助生植之方也

茀厥豐草種之黃茂

茀治也言刜去之黃茂嘉穀也如黍稷稻粱色黃而能茂

此言新墾地而播種也下句実方上添則字有后稷之穡新墾亦必有大獲也

実方実苞

方言苗生齊等也廣与崇方之方苞茂也方苞方體之苞

実種実褎

種言種々分而生殖也褎者遂長也

実發実秀

發々穗也秀吐華也

実堅実好

堅其実堅

也好其実美也**実穎実栗**穎禾末也穗大而芒繁也栗其穗栗〻然成熟也五句言后稷之穡虽除草耒穜之常必如是蕃殖也**即有邰家室**有邰母家也家室詩之辞也自
此后稷以有邰為己居故云際云時其居或滅或
遷故封后稷也朱注使即其母家而居之以主善
嫄之祀故周人亦世祀善嫄○后稷始封史記以
為棄傳以為堯棄必在唐虞之際左傳我自夏以
后稷魏駘芮岐畢吾西土也是蓋統
而言之者封於邰必不待夏后之世

誕降嘉種維秬維秠維糜維芑六章言后稷降嘉種以始祀于國○言降
四種於民而殖之也秬黒黍也秠一稃二米也亦
黒黍糜赤粱又曰赤黍芑白粱又曰白黍○孔叢
子魏王問子順曰聞昔上天神異后稷而為之下
嘉穀荅曰詩美后稷能大教民種嘉穀以利天下
故曰誕降嘉種猶
書曰稷降播種

恒之秬秠是穫是畝恒徧也書曰和恒四

方民朱注獲而
穡之於畝得之 恒之穈芑是任是負 任負也擔也 此子負對宜
訓擔 以歸肇祀 朱注稷始受國為祭主故曰肇祀案 擬下章此祀主行神祈穀之祭言之
○上三句教民播種之事。
下五句后稷國内之事
誕我祀如何 七章申言祈穀之祭事蒲○后稷重農 事於肇祀最慎所報以興嗣歲其示天
下大矣或云此誕不甚通為發 或舂或揄 国語天
語彜為穗案與徵之言不信 子郊禘
之事王后自舂其粢周礼廿舂抗二人注廿奴能
舂子抗者詩云或舂或抗○揄言揠米以出臼也
或簸或蹂 簸、揚去糠也蹂義或有所擬簸之又 潤之將復舂之也旧說蹂踐恐是不敬
礼以足蹙路 釋之叟叟 叙淅米也 叟々声也 烝之浮浮 浮々 氣也
馬匆有誅
尔雅溞々淅
烰々烝也 載謀載惟 謀子人議也惟自ゟ也朱 注謀卜曰択士也惟齊戒

貝脩也

取蕭祭脂蕭香草也脂祭牲之脂也合而爇之**取羝以軷**羝牲羊也

祭不用牝傳云軷道祭也棄即言祭行神也月令三冬其祀行即時祭也后稷祀行神以祈穀猶大田之秋方社而祈穀

載燔載烈傳火曰燔貫之加于火曰烈烈乃炙也燔炙羝肉以為行神之尸蓋也

以興嗣歲興起発也嗣歲言来歲也既穀祭之因以祈之周道亦然小祝職曰順豐年言豐年之後仍祈豐年也大田卒章言方祀以介景福亦同

卬盛于豆于豆于登○卒章言周王配天之礼以終之卬周王也木曰豆瓦曰登○首章卒章不冒誕字雲漢亦首卒之外中間六卒皆冒旱既大甚句乎此正同又是詩十句八句相間為章而首卒是奇中間兩〻相比如大明之章法

其香始升上帝居歆居安也歆享也周語王歆大牢○周之始郊日以辛至曰始升則蓋言始郊欤

胡臭亶時何以其馨香實得其時至此乎贊辭也時時物也又以德之馨香言之則帝命不時之時

后稷肇祀庶無罪悔以迄于今三句周王萬世之彝訓也

庶庶幾也后稷受国肇祀其祝辭特庶無罪悔而已而周之子孫世世以其心為心至于今不変也子曰后稷之祀易富也其辭恭其欲儉其祿及子孫夫庶無罪悔恭儉之至也以是貽子孫而後祿至於配天

生民八章

是詩首十句卒八句中間八句十句相比大明首六句卒八句中間八句六句相比汔似相变

行葦忠厚也忠信仁厚也左傳风有采蘩采蘋雅有行葦泂酌昭忠信也古義符合○

詩詠因祭而燕既醉鳧鷖亦有公尸**周家忠厚仁**並是有事於廟之詩也三首相聯

及草木忠厚周家法也其仁及草木亦首章之義也○彙纂以是為殊失詩義噫吠呂朱声耳朱注如夢**故能內睦九族**詩有兄弟故廣之**外尊事黃耇**詩之賓蓋異姓也故曰外礼以与族燕則異姓為賓同宗無相賓客之道然詩之黃耇固不以內外為限**養老乞言**乞言亦尊事之一也疏云養老必乞言故及之於經無所当**以成其福祿焉**言成祭之福也詩蓋言祭日之後燕九族黃耇之礼也詩有曾孫左傳亦采蘩采蘋行葦洞酌並称則因祭而燕必矣然說祭後燕私則射以為歡全不可通是必既祭異日親戚享福胙之事也且無確拠考詩從序論以俟明者○東萊不解是序至朱子拯口詆之噫盲不怖蛇耳

敦彼行葦牛羊勿踐履首章先提忠厚之及草木○敦聚皃行道也勿禁止之也以戒牧者**方苞方体維葉泥々**苞叢生也体已成形也泥、傳云初生皃小雅零露泥々疏云慶牛羊所長故知葉初生棄方體是初生也見其方体而戒勿踐履可謂方長不折之仁也子曰方長不折則恕仁也又曰斷一木殺一獸不以其時非孝也然則以是表仁及草木之意其義豈不總乎且此詩若無首章忠厚左氏何故洪泂酌並而徵忠信之義乎

戚々兄弟莫遠具爾二章言九族之初莚○仁及草木故其厚於兄弟黃耇極有恩意々首章先提通篇之本以著七章忠厚自其心出焉○儀礼周礼通並作囯**或肆之筵**

或授之几肆陳也老者筵而加几設几質授几文○礼義疏論是詩云凡燕饗酬後乃設几乃用衆而首章曰授几次曰歌罚為娛老也宗娛老大得詩意尊事黃耇必有出恒例者

肆筵設席席午酢叶午下章韻法異**授几有緝御**二章言毫待之厚○既陳筵加之以席安體也緝御言相續代而待者備使令也礼所謂留更僕者言緝御者**或獻或酢**

洗爵奠斝主進酒曰獻客答之曰酢主又酬之客奠不舉斝爵也殷曰斝周曰爵鄭云以用先代之斝為尊兄弟宗燕言斝者因有尊可尊之意然詩之辞非必洗爵獻酢洗斝以酬互文耳

醓醢以薦或燔或炙四章言供張之厚○醓醢之多汁者也醓肉汁也燔用肉炙用肝常礼也

嘉殽脾臄脾及口上肉是珍羞也

或歌或咢歌者比於琴瑟也尔雅徒撃鼓謂之咢蓋時撃鼓以為歌節也○二章以下用八或字者忠厚之意也

敦弓既堅四鍭既鈞三章言行射貴藝以助歡樂○敦彫同尔雅金鍭翦羽謂之鍭鈞參亭也參分而一在前二在後而輕重平鍭矢鍭最長故也周礼鍭矢用諸近射田獵礼射亦近射也疏云此私宮不同常射或用先代法棄似拘周礼注

舍矢既均均言耦皆発四矢而畢也若說左右均則誰以為賢

序賓以賢礼所謂右賢於左左賢於右者比賓合兄弟九

族而汎称之也詩辞不拘賓黨以賢則主黨亦可
知所以歓黄耇也○礼義疏云此但序賢序不侮
不行罰爵盖其射正以成礼以娛老也棄不行罰
爵武斷也正爵既行然後序位如是耳

敦弓既句既挾四鍭

申言其貴德以樂賓○荀子天
子彫弓諸侯彤弓疏云添上又
畫之句彀同張弓也二京賦云彤弓既彀既挾四
鍭偏釈之也射礼搢三於帯而手挾其一疏云搢
三挾一言卿大夫若其君
則使人屬矢不親挾也

四鍭如樹

言矢皆直立
也左傳步右
右皆至而
立如植

序賓以不侮

不侮勝而不敖也或序藝
或序德所以歓黄耇也

曾孫維主酒醴維醹

七章言曾孫忠厚手酌養老○
天子祭称曾孫此因祭而燕故
称之王燕則膳宰為献主今日為主可謂尊事黄
耇也礼義疏射後三献礼成而賓出無賓則不復
用膳宰故曰曾孫維主棄是説拘疑合兄弟九族
称賓則曾孫之為主何必待異姓出之後序者既

知有是拘説故以黄耇繫異姓從序則異姓未嘗出耳異姓黄耇者是文武勳沮如大公望者其優礼固當有所尊異焉**酌以大斗以祈黄耇**大斗長三尺只是著孔取之意詩辭也猶曰錫爾介圭黄耇猶眉壽言天子手酌信酒老人以求其難老也主也醽也酌也大也祈也皆昭忠厚也○疏云大斗蓋從大器挹之於尊耳其在尊中不當用如是長勺也棄不当用故言之

黄耇台背以引以翼八章言君臣和樂相偕綏後禄○天子与黄耇台背之人相共引翼而壽為維祺也祈黄耇言求眉壽也黄耇台背轉而付眉壽之人也轉法猶子孫其湛其湛曰樂勺轉法猶黄髮台背壽胥與試○尔雅鮐背壽也大老則背成鮐文引翼引而長之翼而進之也亦出卷阿

壽考維祺以介景福尔雅祺祥也吉也○周云之戒成王亦忠厚哉遠為德比頑童至戒也君奭曰耇造德召誥曰無遺壽耇並与是黄耇台背同

行葦八章朱子改為四章未見其優特不知首章之為賦故謀要更耳輒廣善悟

既醉大平也陳庿祭嚴辭以頌大平也醉酒飽德人有士君子之行焉序首章之義以示通篇之端也詩唯言天子之德應故序遂言賢才雲興道化滂流之勢以明大平之美焉醉酒飽德者滿朝士大夫也○甬篇句句美成王今以成成王

既醉以酒既飽以德首章美天子自求祭之福○庿應之諸侯卿大夫皆醉而莫不含德也德者湛露賓筵及酒誥一義孟子坊記所引即本義也君子萬年介爾景福堂上庭中具序而威儀肅然故神祚之以大福也前什每篇言賢才序所示明哉確哉

既醉以酒爾殽既將二章言其自明明德○祭統庿中者境內之象也祭者況之大者也天子之祭乎天下樂也樂爾殽既將王者之澤周流天下之象也故受以介昭明小雅爾殽歟

將莫怨

具慶

君子萬年介爾昭明　昭明者明德也明德是景福之基也大其昭明則景福益大○介皆大也二介字皆自介也○左傳再會而盟以顯昭明

昭明有融高朗令終○三章美其明德融長以嘏祖考融是明之發也爾雅融長也。

○左傳明而未融其當旦乎旦言寅時其明未發昭明有融言其明德之發而光被四表也明乎融猶光乎耀又多不曉融義耳令終之義於成王其察重伊尹之於太甲亦於終字三致意

令終有俶公尸嘉告　大甲曰慎終于始令終之實既有徵於今日故尸以嘉慶告也令終固乃所期於年後也有俶責難於今日也○公子猶公墓公牛公酒之公皇尸一義傳云諸侯為尸者公焉○祭統古之人有言曰善終者始餕其是已惠術也可以觀政矣是詩曰爾殽既將又曰令終有俶以發尸之嘏辭何其古言之符乎既將者即如始之始也餕以全祭之末者即所期令終也

其告維何籩豆靜嘉四章嘏以其有嘉德令儀○靜潔清也嘉休美也惟德其物所謂嘉栗旨酒馨香無譏慝之意也

朋友攸攝〻以威儀朋友相維辟公也攝撿也佐也左傳以攝與情及對學記夏楚二物收其威也收即攝也詩以既醉爰曰靜嘉曰威儀並舉不以酒殽德以當神意者夫籩豆有司之職又舉明反是嘏偏被廟中不專作天子以收上羊四章

威儀孔時君子有孝子五章言天使天子有子似之○孔時棣〻時中也天子孝享能敬威儀故其子則而象之君子之所以有孝子也○下羊四章專嘏天子者也大底一意唯追章愈深曰孝子曰祚胤曰景命曰孫子此其節耳

孝子不匱永錫爾類德不孤必有鄰不匱即不孤也類善類即言受天之錫蘭玉茁出也不必引大孝不匱左傳所謂施及莊公是本義也○朱注有孝子以舉奠非也成王末有舉奠之子是期於將來者

△壼也者廣裕民人之謂也案不忝前哲言子能類其父也廣裕民人言汎容衆而不苛刻於民也

其類維何室家之壼 六章言天子之得賢亂○爾雅宮中巷謂之壼衆人所集也故喻寬弘太度廣容民人爲室家脩壼家君王言能为王家之壼也非小慧伶俐之子○周語引是曰類也者不忝前哲之謂也△

君子萬年永錫祚亂 天祚明德錫之今嗣故曰祚亂夫孝子錫類之類此何等人邪總是室家之壼也於其中受大統者为祚亂是亦永、不絕也○周語萬年也者令聞不忘之謂也祚亂也者子孫蕃昌之謂也是於本義不適当依違取義者

其亂維何天被爾祿 七章言天命之固周室○所祚之亂何邪即是天之所以被爾以祿也天所祚之亂子非聖則賢錫之是天錫爾以祿也

君子萬年景命有僕 景命言天連周室之命也蕩雲漢所謂大命所指同僕者附著纏結之義也考工記樸屬而微至莊

子蚕亢僕緣尔雅鳧雁醜其足蹼又尔雅謂蝸字为蚪亢颩山海經謂之僕累乎義可参考

其僕維何釐尔女士八章言子孫無疆之休○大余之僕屬堅固惟何邪天賚爾以女而有士行者便其配祚胤以為內助若周姜以來故事釐尔女士從以孫子既賚女士使其生賢子孫於是乎景余旋於無窮也○或云女士賚之成王為妃也案上既曰有孝子曰錫祚胤至此而曰釐女士則謂之成王之妃於立言之道有不允當者既錫祚胤而景余因是僕者何邪乃以有是女士故也此上下語勢相承應處宜細叙之

既醉八章

鳧鷖守成也守成而成王之職畢矣故周公所定大雅終於鳧鷖焉曰忠厚曰大平曰守成示二篇相聯也大平之君子受既醉大平也乎南有嘉魚一格序法不苟能

持盈守成 成王能保文武之成功也 神祇祖考安樂之也 公尸兼內外言之故曰神祇祖考公尸尊處欣〻即神祇祖考之安樂之也○是詩又覆淫滾陳燕樂公尸之意其辭乎南山有臺類而雅淡有甚焉者以形容太平無事之狀亦是独格

鳧鷖在涇 興也鳧數百成羣蔽天而來鷖如白鴿群來蔽曰詠物之繁盛以寫太平亦詩之例也 涇水在周地 公尸來燕來寧 祭之明日又設礼而與尸燕也以鳧鷖之羣而自適與公尸之燕而寧焉繹曰之燕詩人羣以樂尸如鳧鷖○涇曰寧水中鳧鷖可安也 爾酒既清爾殽既馨 其色潔而其香美 公尸燕飲 唯是一句上章不改 福祿來成 天子之福祿以成也高宗肜日越有雊雉是神祇祖考不安樂之也比謂不成○是謂首章而意既見矣後章換一二字或竝耳前後無深淺之異

鳧鷖在沙公尸來燕來宜宜猶適也自寬之義沙曰
宜謀其所宜而集之也
疏云說文沙水中散名也爾酒既多爾殽既嘉酒
水少則沙見故字從水少之
清者既多殽公尸燕飲福祿來為為傳云厚為孝
之馨者既美子也箋云為猶
助也案其意此一条則以為只是福來而為福也
晋語恭不為恭不能蕃廡櫻不為櫻不能蕃殖比
言福祿來至能為福祿也雖從之辭平易說之似
優○淮南子穀不為注為登也案乎晋語一意
鳧鷖在渚公尸來燕來處渚小洲也渚曰處小洲鳧
鷖所休處也沙水旁渚水
中㴇與亹稍爾酒既湑爾殽伊脯乎前章変特言
遠此其叙也其物以終之終
之故特公尸燕飲福祿來下寧曰成宜曰為處曰
曰伊脯下宗曰崇各有當也
鳧鷖在潀公尸來燕來宗潀小水入大水也宗為人
所尊也潀曰宗小流之所

來會也

既燕于宗福祿攸降宗宗廟也祖考安樂而福祿降公尸燕飲福祿來崇崇累積而高也是章有二福祿而卒章無一卒章有旨酒燔炙而是章無一此其所相變取趣也是詩虽淡々泊々字句轉換處味自焉永詩人原是有珠玉錦繡腸耳

鳧鷖在亹公尸來止熏々傳云亹山絕水也疏云山當水路使水勢絕也案亹無確據毛乃猶古來止猶來燕卒章變為法○熏々欣々盖上下易地旨酒欣々燔炙芬々旨酒熏々燔炙○于芬々表明德惟馨公尸燕飲無有後艱末句唯卒章變之無有後艱是福祿々永々不替也士喪礼筮宅辞亦有是句盖古之成語○叙又祭也祭礼既成又祭以樂公尸福祿來重無有後艱其事神祇祖考於是全備矣故周公詠歌之以美成王守成之成而戒勸之欲使成王無獲罪於神祇祖考守成要全在此豈非良謳善喻之最乎

鳧鷖五章

行葦既醉鳧鷖三篇相比章句左記

行葦八章四句　合三十二句　百三十一字

既醉八章四句　合三十二句　百三十九字

鳧鷖五章六句　合三十句　百三十字

假樂

左傳賦嘉樂二出中庸引首章作嘉樂古假嘉通用如奏假無言亦言嘉樂也尔雅假文嘉也

嘉成王也

嘉美也有頌礼之意左傳鹿鳴君可以嘉寡君也礼運君与夫人文獻以嘉現睨不哭假樂之假于涉序法如漢廣疏誤○立改假樂在詩書周公訓成王之絶筆也大意如一○正大雅至此十七篇但是篇周公特筆故繫諸其末無与上十四篇聯其義却与召公三篇为匹是篇以不解終之公劉以篤於民首之故序变其例曰嘉成王也周公之製不称其名是例也

假樂君子顯ゝ令德

首章嘉天祿之盛其訓在宜民人○假樂言靜喜易樂也顯ゝ

丕顯也

宜民宜人受祿于天民庶人也人士大夫也古書對文多例宜民人猶宜兄宜弟宜其室家

保右命之自天申之言受祿之無疆也天既保右而命之又申而命之也二句命字為重故中庸引是曰故大德者必受命

千祿百福子孫千億二章嘉賢亂之蕃其訓在刑文武○成王于祿而得百福故子孫亦如百斯男之故

穆穆皇皇宜君宜王適者穆穆宜天子庶者皇皇宜諸侯

不愆不忘率由旧章此成王之所以于祿也旧章文武之典刑也成王能率由文武故子孫亦率由成王也○左傳命藏象魏曰旧章不可亡

威儀抑抑德音秩秩三章嘉其能綱紀四方其訓在順者德○叙訓抑抑密也秩秩清也明叙是詩可從密如恭而安也清言有條不紊

無怨無惡重人情而不受其怨

惡也須云有彼無惡
一句懇切如慈父母
率由羣匹 匹疇也酒酷以三
卿為若疇羣匹言
文武曰臣也周召畢榮者也率由再出可玩成王守
成在盡一於文武是周公所大願也繡衣君子能
毋其匹注知
識朋友
受福無疆四方之綱 前章于祿在始
是章受福在終
相愛也百福千億猶可數也無疆也者無疆也以
是為萬國諸侯之綱矣
之綱之紀燕及朋友 率章嘉君臣相親兆民休息於
無为其訓在不解○燕安也明
友亦王所親愛也酒誥曰大史友內史友乎若疇
三父自有等級羣匹其所尊敬也燕及朋友自外
之辞因上句勢燕及皇
天自下之辞也各有當
百辟卿士媚于天子 百辟
諸侯
也卿士明友也綱紀四方故百辟親爲燕及朋友
故卿士親爲○媚親愛也亦出下武卷阿左傳孤
不倍不能
媚於父兄
不解于位民之攸塈 不懈即無逸也前
言所嘉唯在不懈

而有恒故以是終焉疏云叙詁四息也堅乎四古令字○首章先德後祿二章先祿後德三章先德後祿卒章言人媚之民堅之以終首章宜民宜人受祿于天故不言福祿而含保右申令之意循環無窮○左傳引是曰不守其位而能久有鮮矣久一字於詩本義最切周公唯歎不解而能久哉

假樂四章

公劉召康公戒成王也大雅非三公卿士不得作之故周公制作之外皆著其人○是詩乎無逸及七月風規一致成王將涖政周公既歸政戒以民事召公作詩以成之也美公劉之厚於民而獻是詩也序法乎菀柳一例厚於民叙篤字也国語天子聽政使公卿至於列士獻詩○疏云下兩篇亦將涖政時俱獻之也案此不必然乎史克之頌異序文無崇下兩篇之篇

篤公劉匪居匪康首章言足食足兵以遷于豳○居安處也黽勉民事不敢康寧也書云勿敢從康迺場迺疆迺積迺倉小曰場大曰疆正經界也積露積也迺裹餱糧于槖于囊餱乾食也糧米食也無底曰槖有底曰囊、大而槖小○將遷豳故也五迺宇可玩思輯用光輯安集也以劉既富其國乃裹糧而遷者唯思安集民人以光顯其國而已弓矢斯張干戈戚揚戚揚也揚鉞也疏云戚揚皆斧鉞之別名鉞大而斧小案在傳鋮鉞柜覺文引受之爰方啓行軍糧既盛戎器既備於是乎乃啓行而遷豳也○以刘之事不詳毛云自邰遷豳案周語不窋失官自竄於戎翟之間是似既去邰然左傳自夏以后稷魏駘芮岐畢吾西土也是似周家不失邰其詳不傳呂氏云國都邑遷向之疆場積倉囿在其封内案弓矢干戈武備啓行邑在乱世非封内行色豳縱在封外故封未必非其有

耳大古之事不可武斷但是童之辞為封外行色為穗若是封內何必詠歌餱餭干戈乎

篤公劉于胥斯原二章言見民之安以相士之宜○胥相也**既庶既繁既順迺宣**順和順也從行庶繁之人皆和順而編次舍其地也蘊蓋非無人之境以刘以其士民就而鄺大之故士民至蘊就其旧邑而編止息之也**而無永嘆**善其士地而不復思旧也於是以刘乃觀新邑營之地**陟則在巘復降在原**叔文巘本又作甗跡云甗甗也山形似之上大下小案尒雅驟蹄跡善墜甗然則在巘言攀絶險也**何以舟之**傳云舟帶也或云周字誤或云要字訛篆文形似瑤次於玉礼曰以玉爵獻卿**維玉及瑤**以瑤爵獻大夫**鞞琫容刀**鞞刀鞘也琫鞘上飾也亦出左傳珌又作埤鞘下飾也依毛傳是文本或作埤琫欲瞻彼洛矣傳宜並考容刀疏云容飾之刀○以劉好貨服物鮮美是寫其風神

詩中趣也呂氏云以如是佩服而親如是劳苦其所以尊於民欲案此只在観者所取耳

篤公劉逝彼百泉瞻彼溥原三章言相土之宜以營都邑○百泉或云泉名或云百川溥大也**迺陟南岡乃覯于京**京于京師指非絶高之京也蓋公劉宅豳始有是称欲將先是既称国都曰京曰京師欲国語紂踣於京注殷京師也案商邑翼々韓詩作京師翼々蓋至周寺称王都欲**京師之野于時處々于時廬旅**處猶盤庚奠厥攸居乃正厥位旅止旅之旅言廬舍其衆人**于時言々于時語々**直言曰言論難曰語可據斷者可直言者乃言之可會議者可曲喻者乃語之

篤公劉于京斯依四章言都邑成而劳饗士大夫○依猶依乎其蒲之依言新館成而以京為居也**蹌々濟々俾筵俾几**大夫濟々士蹌々公劉使士大夫就筵几

也既登乃依賓已登筵依几也是句上屬乃造其曹執豕于牢酌之用匏曹言羣司所羣處也公刈親莚其曹以余敬酒也晉語大任少溲于豕牢食之飲之君之宗之賓乃食是豕飲是酒君而尊親之也宗尊也未燕未宗之宗○俾筵俾几者公劉也既登乃依者賓也以三句公刈也又次二句賓也

篤公劉既溥既長既景迺岡五章言治田賦軍大抵山西○溥長言土地墾辟廣且長也景囧言參日景於囧而考之也此相其陽陰寒煖之事相其陰陽觀其流泉景囧以察其寒煖所宜又觀其流川淮派所利也其軍三單度其隰原徹田為糧三單未詳然鄭箋亦通三軍皆單而無羨卒故曰三單度隰原猶畇畇原隰曾孫田之徹毛云唯剝治不脫徹法崧高亦同可從○此言定兵賦制稅法度其夕陽

豳居允荒 朱注又度山西之田以廣之而豳人之居於是益大矣

篤公劉于豳斯館 六章言營諸侯之館遂總敘以終之○諸侯之從者十八國故大營客館以優待朝聘之人

涉渭為亂取厲取鍛 為亂言直橫渡也鍛又作碫磨鐵曰厲打鐵曰鍛皆石也遠取渭於之外以造斧斤伐材木以給客館營造焉○賦筆就田造館其事比稱涉渭二句言其殊崇大諸侯之館是天下歸周之大始也故召公特盡其辭矣

止基迺理爰衆爰有 以下總敘京師之營也上基言衆人止言之基也止偏曰止曰時迺慰迺止之止理治也衆有言既庶且富也

夾其皇澗遡其過澗 澗于斯于之于同流川自山來者也豳人之止基中皇澗而夾之又鄉過澗上流也

止旅迺密芮鞫之即 止旅所止之衆也止基之止廬旅之旅密言椆而寧也芮汭同水內也鞫水外也言即字

逼二川内外而都邑大成焉

公劉六章

洞酌召康公戒成王也左傳风有采蘩采蘋雅有行葦洞酌昭忠信也宋儒外祭祀而説是詩可謂昧古矣言皇天親有德饗有道也詩在大雅小言詹〻序乃大言炎〻：如是可以発明也称皇天者乎祭祀之大者而曷聲可謂神祇祖考皆包焉王徳明王道正則皇天親而嘗其祭是洞酌之義也此乎周礼有徳有道異疏之在身為徳施行為道也

洞酌彼行潦遠酌者敬也行潦路旁小溪雨水流注者也左傳潢汙行潦之水可薦於鬼神據是詩也挹彼注茲先酌其清者擔來而投之大器乃挹彼大器而注茲小器也儀礼二手執枇匕枋以挹湆注于疏匕言挹湆于疏而注之匕也可以餴饎餴烝米一熟而以水

沃之乃再烝也饎酒食也吉蠲為饎之饎可字可玩有大不可者故曰可盛德之事也

豈弟君子民之父母古所謂道德者在茲是以行潦可以饎饎也故事天者先濟其民

泂酌彼行潦挹彼注茲遠酌水者必先畜大器又挹而注小器以用之故曰挹彼注茲可以濯罍首章奇而後章獨饎饎最重濯罍次之濯溉又次之此辭之敘也

豈弟君子民之攸歸御之如父母是以懷之如歸

泂酌彼行潦挹彼注茲可以濯溉濯溉其事汎也不必罍

豈弟君子民之攸塈既歸之而息之也子曰既來之則安之此其敘也○詩之辭何其沖澹矣大音希聲其是篇之謂歟行潦之水不以其薄是篇之不弊費稱也夫

泂酌三章

卷阿召康公戒成王也竹書成王三十三年游於卷阿召康公從呈不足據召公獻其詩必非成王初年言求賢用吉士也七章以下皆有是意非達詩之體者能不能繫是辭也鄭公拘泥大失序意朱子以序為不切者不解耳○召公三詩既厚於民而道德賓於皇天而求賢吉士以守成治安之大節備矣非序明揭示之後世殆不達矣

有卷者阿飄風自南首章總提卷阿之遊○比也卷曲也故曰飄風迴風也于何人斯大異夫卷阿大陵也南風大和也天降大和萬物發育以比王道文明而熙光遠焉豈弟君子天子也矣洞酌同來游來歌以矢其音矢陳也音聲樂也天子出游而盛張其声樂與迴風應和而洋溢于卷阿之中嗚呼鳳皇之所以來儀與天地平成之祥景也

伴奐爾游矣優游爾休矣二章言太平天子宜及時虞樂○伴奐猶解散也言

散適自寬自此三章相比先祝天子壽福以扶歡樂焉朱注以廣王心而歆動之

豈弟君子

是句上半六章皆有而前四章其位相比後二章亦比

俾爾彌爾性

俾爾祝辭也問宮及華封三祝參丘老人祝齊桓公亦有是辭爾雅彌終也彌三彌月之彌彌爾性所謂考終命也命謂之性古書多例不必說德性

似先公酋矣

先公猶先王但是于百神對故有廣序公先王之意矣酋爾雅終也言使爾考成其命而似續先公以有終矣此非一朝一夕之事宜併與優游以久遠之慮馴致之焉故今日爾旦游矣爾且休矣南風之熏卷阿樂矣哉

爾土宇昄章亦孔之厚矣

三章言萬國咸寧百神皆享○土宇猶土疆也大啓爾宇復周公之宇是也左傳先其守宇晉語保其土房爾雅昄大也蓋字從日有明義鄭游昄字子明出左傳章明也左傳天子經略諸侯正封封略不相犯是謂昄章厚豐厚也民富物殷

豈弟

君子俾爾彌爾性百神爾主矣豈弟君子使爾考終爾命而天地山川社稷之神爾永為之主矣祭法有天下者祭百神上曰土宇昄章故祝以其為百神主也

爾受命長矣茀祿爾康矣四章言先公百神永保王躬○爾雅祓福也郭引是詩作祓祿通已茀說蕃茂非也前兩章相對是章受以結之受命茀祿純嘏皆受先公百神來者受命長言宝祚延久也

豈弟君子俾爾彌爾性純嘏爾常矣大福也爾能似先公主百神故受命既長茀祿康之豈弟君子使爾常是純嘏矣

有馮有翼有孝有德五章美其引翼其德以戒勸之○馮馮翼翼言盛德日進也准南子天　未形馮馮翼翼汪盛滿皃奉先思孝有孝也接下思恭有德也

以長以翼引而長之翼而進之言其日新不已也

豈弟君子四方為則孝且德故天下象之

顒々卬々如圭如璋六章美其切磋其德以申戒勸之兩章一意○顒、大貌猶其大有顒卬、高貞圭璋琢而成器者也釈訓顒々卬、君之德、也言寬大高明協于為帝也○顒卬共馮翼對孝德于圭璋對二以于二令對造詰巧成令聞令望遠而閒之善声賁々近而望之德容堂堂豈弟君子四方為綱綱者裒曰可從而振也言百辟兆民莫不歸心而屬之四方之則四方之綱乃所以起下半四章而入通篇本旨也線絡可玩

鳳凰于飛翽々其羽亦集爰止七章美賢人吉士翼戴天子○興也尒雅雄鳳其雌皇翽、羽儀之盛也爰止猶曰止於斯也藹々王多吉士釈訓藹、濟、止也注盛多之容止在立政吉士与常人並而与憸人及左傳孝敬忠信為吉德吉士行之有本者也維君子使媚于天子君子使言天子能官使之也媚親愛也以鳳凰之飛

而降於徳輝興吉士之藹〻以順比天子爲鳳翼翽〻羣賢輔翊之象也

鳳凰于飛翽〻其羽亦傳于天八章申美鳳徳上達以懷柔兆民〇厥亦於即莛之側亦飛而戾天也傳于天是達於本朝之象

藹〻王多吉人維君子命媚于庶人象言命之職務也媚于庶人言于視四海之民也傳于天故媚于庶人夫賢才登庸庶力四方為兆民父母故以傳于天興媚于庶人其義相抱

鳳凰吹矣于彼高岡九章美天子好徳大賢濟〻焜燁於本朝之上〇上章紹比也此二句比大賢吉士前嗁昌言矢讜于本朝爲

梧桐生矣于彼朝陽朝陽即高岡之東面也天子当陽夫鳳凰非梧桐不棲以比天子好爵縻之車馬玉帛以礼之爲卒章受是意以徠之

菶〻萋〻庭实旅而天地之美備非王所而然乎

雝〻喈〻揖讓

献替天地之和極非鳳德而然乎〇叙訓羣々善
々臣尽力也嗈々喈々民協服也猶曰臣之所以
尽力也民之所以協服也此尔雅之叙也今本羣
々誤作藹々

君子之車既庶且多卒章言天子車馬之富以成功其愈益求賢才因大平天子也

君子之馬既閑且馳車言其多馬言其良亞相挾七章以下歷言輔弼之盛至此而求賢用吉士之意益切至矣此序所示也

矢詩不多維以遂歌今日陳詩樂甚盛多故戒示獻是詩遂歌於王所也或云不多少也誤乜乃於一篇体製為協朱注遂歌猶賡歌非也因矢詩之多而就遂耳又其以上章興是章之説例所爲也〇非卷阿無以觀周室大平之盛故以終正大雅也猶以桑柔終厲王之雅焉

卷阿十章

民勞召穆公刺厲王也厲王寵小子授之以政寇虐不已民勞將亂故作是詩以刺之也○厲王始華典而寬大雅作矣然無直指王躬以刺之刺之者備之始變故欲故亦厲王無小雅至宣王之末周益衰矣故小雅刺之○召穆公即召康公之後也厲王是成王七世孫也

民亦勞止汔可小康上四句言恩惠以慰民勞也下四句言威罰以除勞民者也章一意覆而極之但末二句每章變之宜聯而觀之詰相發而義見矣

惠此中國以綏四方中國京師也四方諸夏也左傳引是二句曰不失賞刑之謂也又孔子引首四句曰施之以寬也引次四句曰糾之以猛也大義大可見

無縱詭隨以謹無良隨詭許而從君也禁詭隨之行以便無良之人知畏而自謹也

式遏寇虐憯不畏明宜遏絕寇虐之事耳何曾不畏天之明威乎○上肆寇虐民勞而天將降威故曰須畏于天舊說以

遏字被下介非也邇篇爾例柔遠能邇以定我王遠四方也邇中國也明咸將至故曰定我王此告小子專權者之辭通篇皆不直指王非之是大雅

民亦勞止汔可小休汔乎張義同爾雅嘯幾哉殆危也譏汔也易云小狐汔濟汔至未

繻辭 井

惠此中國以為民逑尒雅逑合也此言適民之離散者

無縱詭隨以謹惛怓惛怓言昏乱之人也說文怓乱也与毛傳合○詭隨寇虐其行事也無良惛怓罔極醜厉纏繼皆目其人也

式遏寇虐無俾民憂苟良夫解曰害民乃非后惟其讎乎謬名一意

無棄爾勞以為王休小子而大用必是以憸才功利進者故曰無棄汝前勞猶曰無隨乃力也王休天子美事也言为王家作美功

民亦勞止汔可小息首章曰康卒章曰安是對也中三章曰休曰息曰愒皆是一意

惠此京師以綏四國 以字三章如一通篇大旨前三章詰氣猶緩後二章直切可味

無縱詭隨以謹罔極 罔極無道也紀極之極朱注失古義

式遏寇虐無俾作慝 孟子䏘〻胥讒民乃作慝此受無俾民憂介故係之民民憂則作慝故戒之後二章無俾句相受皆係民言之

敬慎威儀以近有德 近猶近道近信之近

左傳引是曰夫子近德矣或云親近賢者非也○敬慎威儀曾子告孟敬子是也君子之大節也如是則詭隨之徒不得食其心而寇虐可遏也○以字文三章如一

民亦勞止汔可小愒 愒息也猶憩

惠此中國俾民憂泄 泄言寫去也民憂不泄正道將及

無縱詭隨以謹醜厲 厲惡也左傳所謂醜類惡物是也

式遏寇虐無俾正敗 正道敗言民敎其上也無逸所謂變亂先王之

正刑也也上寇虐其下民憂

戎雖小子而式弘大

作慝大患將至故警醒之戎汝也常武戎与父相韻補戎音汝案通音用字欲唯大雅有之小子厲王寵臣方執政柄者也板抑亦目是人式弘大言其所式乃弘大也卿士用事廣及天下左傳康叔所以服弘大也

民亦勞止汔可小安惠此中國國無有殘

国四国也無使四国有殘敗也是荊楚去王号之威

無縱詭隨以謹繾綣

左傳繾綣從君無通外內注不離散也朱注小人固結其君者也○詭隨以諂諛其上言之寇虐以殘害其民言之

式遏寇虐無俾正反

反甚於敗上章正敗言王国殺也此言蔿国殺也

王欲王女是以大諫

女小子而大用此天子欲使女夙知而成国器也故我尽其言而不汙

民勞五章

板凡伯刺厲王也厉王戾虐遠耆德近小子忠諫不行周法度壞凡伯憂王室將
覆而作是詩也戒小子者託言也誥〻切於　王躬
〇前四章叙所以忠告後四章忠告之條目
上帝板〻下民卒癉首章總言作詩之大意〇上帝言天而王也衆訓故〻辟也傳
云板〻反也二句衰世大勢出話不然爲猶不遠上句言政令不當也後什
愼用出話左傳征伐以討其不然下句言猶言爲政不經大猷也靡聖管〻不實
於亶靡猶茂也管〻無所依也周誥厉始華典言創新法也茂文武旧典安行而無所依不以忠
誠之言爲亶也忠諫不用一篇綱領〇孝經非聖人者亡法盤庚誕告用亶君奭在亶乘茲大命
猶之未遠是以大諫凡伯以老成觀小子憂其舊於目前而無遠慮故重言之
天之方難無然憲〻二章受靡聖管〻而演之〇難言天降難於王室也衆訓憲〻

洩〻制法則也蓋房王創新法居多故曰憲又憲懸法示人爲憲小宰職憲禁于王宮注憲謂表懸之若今新有法令也案古義可從屢制法令頒〻叙憲之故曰無憲〻〇傳云猶欣〻也蓋通軒〻叙之狄

天之方蹶無然泄〻蹶言天震蕩王室也猶天之抗我泄〻弛緩也王之忘作新法群臣不敢直言諫爭皆沓〻竇襲作●小聰明以華舊典故刺之〇孟子論徒善徒法引是二句曰言則非先王之道者猶沓〻也此覺其叙訓符合蓋詩之本義也是義乎次四句接其为襪字

辭之輯矣民之洽矣辭言政令也輯和也洽合也左傳引作協**辭之懌矣民之莫矣**懌悅也莫定也王者出話和悅而出則民協而定也今新法作其令戾虐而不和故民不協附怨厲而不悅故民不安定凡伯因喻厲聖管〻之非也

我雖異事及爾同寮三章受不実於置而演之〇異事六卿分職也同寮但为六官

也尔雅小子与民芻同

我即用謀聽我囂、囂、猶謷、也不実於亶我言維服勿以為笑服、言受而服行之也書曰旨哉說乃言惟服為笑猶曰為笑具書誥吾過曾而名其二譯為笑焉○伊尹挙觴造桀曰君王不聽臣言大命至矣桀柏然而抃嘻然而笑曰子又妖言矣先民有言詢于芻蕘況在同寮義得不相詢謀子

天之方虐無然謔、四章言大命將傾是以大誤○虐言虐王室也書曰天非虐惟民自速辜謔、謔又謔也忠告為笑戲言嚇人嘻、然未嘗實諸身也老夫灌、小子蹻、老夫凡伯自称也灌、猶歎、所謂亶也言以忠誠告之爾雅蹻、憍也猶驕、王之造其馬矯、匪我言耄爾用憂謔謔戲言也忠告不聽戲笑以為耄也秦伯距蹇叔之諫曰中壽爾墓之木拱矣是用憂附一戲言也多將熇、不可救藥

多言悪積也熇〻熾盛也悪既積則其勢將如烈
火未如之何已今猶可以救藥故灌〻大陳何不
宜其可救也救之○芮良久辭有兩幸政小子文
大典詩合厉王实用小子授之政柄也
天之方懠無爲夸毗廿章更端責其謟諛而不憂民
○懠言威怒王室也敘訓夸毗
体柔也言脅肩謟笑字義必有同音
通用天威可畏是豈为夸毗之時邪
威儀卒迷善
人載尸尸言不言也用小子弁冕端委以臨諸侯
而奴顏婢脚面諛天子是可容態尔既柔
嗔不違故善人無
敢一言忤旨者
民之方殿屎則莫我敢葵叙訓殿屑
呻也說文引作念叩我我即師也受民字故
喪亂
草曰我葵揆也無揆度而救民之愁苦也
蔑資曾莫惠我師民蔑資亡其資財也喪亂荐至而
民失其産黙更無一惠政以振
救之也○家語引是曰此傷奔侈不節以為亂者
也蔑資毛傳得之国步蔑資亦一義

天之牖民如壎如篪六章喻君道馭民之易○此言天而王也民之應君如壎篪之相和也如璋如圭民之与君心合如二璋之成圭如取如攜取物而手携之言必從也抑曰匪手携之言示之事蓋古教導之譬喻欲携無曰益牖民孔易

無自立辟民之多辟也不能自立法則故上不可不牖之上而牖民是易、耳今民方殿屎而莫葵蔑資而莫惠是以民皆放辟邪恣將不可制此豈可坐視乎上不立辟民何時定

价人維藩大師維垣七章喻王室之有治具以及失德之畏○尔雅价善也大也价同郭引詩作介大師三公也舉重言之大邦維屏大宗維翰大邦成国也大宗王宗乇公可從猶周室稱周宗荀子桀紂天下之宗室也余曰考大邦異姓大宗同姓並言大諸侯也未優○今价人載尸大師為笑諸侯震動王室將覆故有是喻懷德維寧宗子

維城宗子適子也夫用价人任公卿懷諸侯以固王室以德臨照之則宗子將為王固金城○

左傳民保於德城、保於德無俾城壞無獨斯畏城壞則藩垣屏翰皆壞孤立而屏

大畏至矣可不戒乎厲王失德宗子且將離大亂

之勢成故言唯德可以取治安以喻之

敬天之怒無敢戲豫○卒章喻安行不免天誅以終之戲豫馳驅應上憲、泄、讙、奓眦自恣也

敬天之渝無敢馳驅渝變也天命無常王室將卑左傳渝卒更成也馳驅

昊天曰明及爾出王王往也天監明、泄出往則天從之昊天

曰旦及爾游衍衍寬○也出王以在外言之游衍○衆以在內言之尔小子自代天工天

監所歸出入不可逃戲豫自恣何以免天之怒乎

天命其渝矣是詩以天難天蹶天虐天將天怒天

渝為主蓋所以抑厲王威虐而格其非心也○厲

王變雅之始也大臣作詩以刺天子者始於斯故

其体哉則區〻大矣其言不敢直指王却有温於
小雅者周室未大衰故大也在変之始故温也

板八章

生民 行葦 既酔 鳧鷖 假楽 公劉 泂酌 巻阿 民労 板

毛詩考巻二十三

毛詩考卷二十四

蕩之什第三

蕩召穆公傷周室大壞也首序称傷者衛莊姜傷已之外唯是一出蓋忠諫不行詩特述文王之言以哀時命猶幽王之有召旻苕之華也故受民勞以板以終前什穆公是詩却矣抑桑合編之是什須知三篇之刺厲王柔有不矣凡同者○詩虽託言文王以厲王比殷紂汔为迫切可見是閔周之詩故曰傷大雅也故曰大壞

厲王無道天下蕩々無綱紀文章故作是詩也注文入行耳厲王之雅有首序而無厲辭

蕩々上帝下民之辟首章言天命禍福之感以提一篇大綱○蕩々大也猶竟之無得而名焉上帝借言王者也辟君也○疾訓版々盪々僻也僻當作辟盪々言辟王也版々言邪辟

也尔雅多是寂法**疾威上帝其命多辟**命政命也辟邪也君蕩蕩之反書曰無偏無黨王道蕩蕩先𪅆提明王午惡王以起下句**天生烝民其命匪諶**命天命言国家存亡之命也匪諶言人心非可得而信守也諶忱同天難忱斯不易維王書曰天不可信夫王者亦為天一民且王者虐民則衆其命故曰天生烝民**靡不有初鮮克有**

終有初言開国之初休命存至此其君蕩蕩能為下民之辟故也其終疾威而多辟是以休命不至以陰斯喪也君奭曰厭基永孚于休其終出于不祥是周公所訓召祖而穆公之言似述遺訓

文王曰咨咨女殷商二章咨紂之辜暴人以力行無度○以下文王諫紂之言蓋周家有其遺文而穆公闇色作誦也朱注設為文王之言迟非**曾是彊禦曾是掊**

克強梁而禦人者掊擊而好勝者全人𨦟強梁者不得其死好勝者必遇其敵二者相比正同○

聚歛亦掊克也然如漢酷吏者亦掊克耳

曾是在位曾是在服服猶職也此牧誓所謂多罪逋逃以為大夫卿士

天降滔德女興是力滔慆通書曰凡我造邦無即慆淫興猶興迷亂于政小民方興相為敵讎之興力猶力行無度之力彊禦掊克暴虐于而姓天怨氏怨慆法弘多而泄殷王方興力行之也○一時氣然成风故曰天降

文王曰咨〻女殷商三章咨嗟暴人之禍民皆怨怒○咨女殷商似自雖女荊禁未

而秉義類彊禦多懟女宜秉義類彊禦則多懟也秉〻哲秉德之秉言執而行之也義類言而事當義者也懟者疾怨也紂王強禦大用強禦掊克之人方興力行不義之事使民疾怨於上故戒之○而考秉言任用之也義類言義士義民也猶醜類惡物之類不義從式亦言不義之人今采秉乎有用義乎否

流言以對寇攘式內以下四句皆言強禦多懟

之獨禍也既疾怨之則惡言以應之寇賊自內起也
惡言也厲王虐国人謗王是也式猶以也寇攘自
外來者故
曰式內
侯作侯祝靡届靡究
作本又作詛同左
傳進胙者莫不謗
令尹是詛祝也書曰厥口詛祝細別之則左傳祝
有益也詛又有損宋国區、有詛有祝是也
文王曰咨〻女殷商
四章咨其悦暴
人而自長其惡
女炰烋于中國
斂怨以為德
炰烋強梁跋扈之意也字又作咆咻
所謂敢行暴虐也作威殺戮毒痡四
海故曰于中国斂聚也
怨也多罪逋逃是也
不明爾德時無背無側
所
謂
崇信茲回放黜師保也背側皆暴
人所為皆暴故世亦不知順德也
爾德不明以無
陪無卿
德不明之則逸不明也都因逞炰烋之気
斂怨以為才德耳左傳物有陪貳天生季
子以貳魯侯○箕子作大師比干作少師微子微
仲膠鬲存焉些咈其耇長而有位之人昵比罪人

謂暴無傷則臣有善者亦無由之何也已厲王之
朝將敗無良方熾興行寇虐召穆身為卿士凡伯
芮伯從政終不能廓復王業匡救大亂所以有是
章也
文王曰咨咨女殷商七章咨其辠累人以淫酗于酒天不湎爾以酒
不義從式午天降滔德廣而互言之天非湎廿廿唯辠人之不義是從是用而爾不義習
午性成遂至是沈湎荒壞也徵于曰天毒降災荒
殷邦方興沈湎于酒古詁相背○湎說文沈於酒
也棄濡面於水
曾意鄭朱恐臆既愆爾止靡明靡晦止容止也明晦晝夜也左
傳陰陽風雨晦明此言放泆失威儀無晝夜唯酒
是湎也酒誥數紂之罪曰誕惟厥縱淫泆于非彝
用燕喪威儀非
彝即不義也式號式呼俾晝作夜所謂長夜飲也鄭伯有為
地室夜飲酒朝至未至亦類也皆處羣自酒之狀
○背側猶倍鄉明晦猶晝夜兩章成對

文王曰咨〻女殷商六章咨其率暴人以擾乱天下如蜩如螗如沸如羹朱注防乱意也得之漢五行志引是亦同此將言小大近喪而先列張之不与前章関○古象蜉謂之蜩螗〻是夏小正所謂唐蜩也小大近喪人尚乎由行小大王之諸侯也書曰殷罔不小大好艸竊姦究夫人情時勢如蜩螗如沸羹小大諸侯沉方喪亡之刑於紂及暴人尚且由今之道而安行自若不悛也内奰于中國覃及鬼方内外乍小大對奰怒也本作三目三大蓋會意也奰于中国是紂作威毒四海也及鬼方酷似厲王暴虐荊楚自去王号二句言不顧小大近喪而内外怨其威虐不已也

文王曰咨〻女殷商七章咨其棄旧人而法以覆天明匪上帝不時殷不用舊非天不備其時也殷棄旧而自絶于天也酒誥天非虐惟民自速辜呂刑非天

不中惟人任舊○舊〻法也旧人也包下老成人典刑

雖無老成人尚有典刑

紂之時何曾無老成人乎所謂耆長舊有位之人縱不足称老成先王典法宛然存矣所宜大監而奉行之也蓋厲始革典〻刑於時事汔切

曾是莫聽大命以傾

老成不用典刑不聽是以殷之駿命乃傾覆矣大誓屛棄典刑囚奴正士上帝弗順祝降時喪于比正似○大余遂照首章以收前數章○大誓首称冒色牧誓首称紂罪而是篇不及比蓋厲王以虐威之色荒不于紂同至於幽王大雅小雅並刺淫惑姻己褒姒流臭詩書召禍之言之度不可不求

文王曰咨〻女殷商

卒章言国之滅亡君自取之故今如一

人亦有言顛沛之揭枝葉未有害本實先撥

比也以大木之倒比天下之覆爲顛沛木倒也揭蹶也言木忽揭蹶而顛沛也非言將倒木之倒枝未枯葉未萎而其本根信有所

掊絶故也王室之顛諸侯兆民形勢未全熸唯君悪虐自底滅之身

殷鑒不遠在夏后之世夏后言桀也猶曰周鑑不遠在殷商之世雖託文王成湯圭角沉露

蕩八章

抑蕩託文王而刺厲王抑託厲王而刺幽王故比**衛武公刺厲王**武公相幽王久刺其朝然託為召凡刺厲王之言故于蕩比而編之凡幽王無大雅瞻卬召旻別自有義故武公非繫厲王不得作大雅焉○朱熹數是句五失是熹之五不違身**亦以自警也**不曰刺厲王也亦以自警須精思之畢竟是非主刺厲王者擬厲王大雅以為已警是武公微意也武公周身之防故不繫時王以繫前世不繫他人以為自警實箋序亦曰刺時而繫幽王大意同矣

抑抑威儀維德之隅首章言君子不可不敬威儀○威儀是中德之発也故中脩德

者外必敬威儀身自嚴而使人畏象之箋

人亦有

云如宮室之制內有繩直則外有廉隅

言靡哲不愚言威儀簡忽則哲人亦愚人無別也

勸人脩威儀之辭也三代之時王侯

大夫並有其威儀敬而脩之是謂有德厲嗟華典

而禮率易君子制心之規矩廢而無乎入德陵夷

至于幽王武公以警古有觀感于先王明刑故是詩

以威儀說起左傳北宮文子說威儀可以知古義

矣民勞曰敬慎威儀板曰威儀卒迷蕩曰既愆爾

止而賓筵專詠威儀皆一意也朱子不曉而訕序不

惡眾人不敬威儀望之而不

矣**庶人之愚亦職維疾**見所畏此其胖之疾固當

然耳以起下句職備曰本戾

然子曰古者民有三疾**哲人之愚亦維斯戾**疾

也悝其不善思之辭哲人而不脩威儀使人于愚

人一視之不亦乖乎然則內德雖脩外貌其可不

敬乎子曰知及之仁能守之不莊以涖之則民不

敬莊即威儀也○是篇上三章義最重下九章演

而廣之故三章八句而九章十句以界別之風詩之有段有節者不可不潛玩焉

無競維人四方其訓之二章言君子舉賢正德勤政猶必有待於威儀○無競乎惟有善人四方以為訓也競言国勞興起也維人言朝廷尊善人也**有覺德行四國順之**覺直也大也明也頌云無競維人四方其訓之不顯維德百辟其刑之贊文武也是武公所本由明是王廷卿士之詩也邪說有云詩不閑時王安矣**訏謨定命**大謀於衆而論定故命也**遠猶辰告**所謀必監於永久而猶告必以其時不怠也晉語思長世之德歷遠年之數是遠猶也**敬慎威儀維民之則**既官其人正其德大勤政事乃莅以從之是民之儀表也北宮文子曰君有君之威儀其臣畏而愛之則而象之首章以威儀起是章以威儀結○是章競与方覺与國謨与猶与民自然成韻節奏之密也

其在于今興迷亂于政三章言今之君子失政德威儀遂訓告之顛覆厥
德荒湛于酒今之君臣方興迷亂于謨猷失其德行唯酒是荒威儀不類也是四句支
應上章四事人皆若比則無人不傑言女雖湛樂從女呼小子也吁小子而厲王呼
厲王而幽王比本意所存也湛樂從言湛樂是從也左傳鄭勝乱從弗念厥紹紹言後嗣
子孫也晉語寡君之紹續昆弟罔敷求先王克共明刑敷廣也共恭敬守之
也明刑即前章四事是也今女雖從湛樂而自偷快豈不念其子孫覆亡乎其無廣求於先王所績
克率由其明法之心欲○康誥敷求于殷先哲王用保乂民是武之所本共明刑即康誥敬典是也
肆皇天弗尚四章更端言王室將覆以自警〻八○尚上也佑也亦雅亮介尚右也左傳天
而民厭周德矣一蔑如彼泉流無淪胥以亡天既不尚大禍將至有玉石俱

焚之畏矣泉流淪胥則溺故取譬

夙興夜寐洒埽廷內維民之章

知畏而畏之以戒廷臣亦以自戒○三

修尔車馬

句內勤政事也次四句外嚴武備也

弓矢戎兵用戒戎作用逷蠻方

戎作言兵事之起也無覺德行四國

將叛不可不虞○逷蠻方明是王廷之語也非衛

武公言於一国者序義確矣

質爾人民謹爾侯度用戒不虞

五章言君子敬戒最當慎言○質安定也

言安靖而使離散爲侯度諸侯之礼法也六卿無

非有土君侯所謂小子亦国君或懸内侯也故侯

度就其身言之非就其職言之人民子孫亦係卿

士言之武公曰国家大亂不虞荐至廿卿士各自

安己士民謹己国命国用以為非常之戒矣○書

曰儆戒無虞罔失法度存經制節謹度出諸侯

章

慎爾出話敬爾威儀無不柔嘉

出話出令也厲王戾虐幽王亦

暴虐故是詩以溫柔恭嘉為主亦一篇大揚權也

白圭之玷尚可磨也興也又體圭有度既玷豈可磨乎故曰尚可磨**斯言之玷不可為也**圭之玷非可磨此言之不可磨有甚焉者故取興以為至戒○為治也左傳疾不可為也

無易由言六章承上申慎言之義**無曰苟矣莫捫朕舌**曰彼下六字與次章同意句也苟矣姑因也是言之也非有人待我言者有何障碍而不言矣**言不可逝矣**不可逝言不可使逝也論語君子可逝也晉語吾言既往矣夫君子之出話榮辱治亂所係不可使容易出往矣世無曰苟矣吾苟吾也耳

無言不讎無德不報言善言也言善言嘉德必有美報也善言者嘉德之興也非判此二事猶言之話言順德之行○是章上四句言言不可不順下六句言順言則有福辭似不相接武以之詩實蹇亦有是格

惠于朋友

庶民小子惠和順也言得其歡心此德言之報也朋友同僚卿大夫也小子猶論語少者懷之子孫繩〻萬民靡不承餘慶及子孫繩〻相繼萬民莫不承順子孫

視爾友君子輯柔爾顏不遐有愆七章言君子順德宜主誠〇友君子出而接人也輯和也柔嘉爾顏容自以為不遠於有愆也然爾閒居為不善則君子視爾如見其肺肝是虛飾耳非順德也相在爾室尚不愧于屋漏屋漏室西北隅也箋云禮祭於奧既畢改饌於北西隅案神坐而在此隱故曰房後不愧于屋漏之神矣下句以神受之屋漏非止之義

無曰不顯莫予云覯顯隱者顯者之顯無曰室非顯處人無戒見為神之格思不可度思矧可射思射言怠慢不敬也鬼神之至非人心所得而測宜戒慎乎其所不見況誅怠有邪慝可乎〇金人銘勿謂不聞神將伺人

辟爾為德俾臧俾嘉八章承上申慎德之義○辟法之也使人法女為德而臧且嘉也淑慎爾止不愆于儀止容止也民主必為德以為民之模範而德乃在教爾威儀是德之隅也北宮文子所謂畏而愛之則而象之是威儀之所以俾臧俾嘉也不僭不賊鮮不為則僭不信也慎言之反賊殘害也柔嘉之反無是三者可以為民之則也曰則曰辟上下相覗爾有是則故民辟之也投我以桃報之以李比也美果往而美果來以比上有則必下辟之而兩美全成焉彼童而角實虹小子上下章分段特以是二句為線流妙○童而角言宜而有角也以況在吾奇怪之人虹潰亂也蟊賊內訌之訌同小子始出即厲王所辟民勞及板之小子是也投桃報李常也而不能為民則却倒怪物而愆爾儀也比長國家務財用皆出自小人之類童羖無有有也童而角無而有有也寫意自見

荏染柔木言緡之絲九章更端言君子從諫小人拒諫以起下章○興也柔木椅桐梓漆也是琴瑟之材唯柔故絲可緡柔即基也溫溫恭人維德之基以柔木之諾於絲興恭人之主於從爲善厲唯戾虐亢暴故不納人言其維哲人告之話言順德之行話言即德言也故曰順德哲人溫溫其恭故能聽德也其維愚人覆謂我僭愚人與德之基其心暴戾故也民各有心一句溫藉甚唯言鈞是人而其心各異耳朝無哲人是章主愚人而喻之哲人之美也於乎小子未知臧否十章言訓告之切至以下每章責小子以終○芮良夫解爾執政小子多出厲王時實有其人可知武公陳擬召凡之詩故呼小子責之其實所以警醒時王也匪手攜之言示之事不徒携而導之又舉事以示之也所謂而閑不叩一見

匪面命之言提其耳提挈其耳極言苦口懇喻之状耳或云提音抵言附耳以教之也未善〇板云老夫灌々小子蹻々是章數衍是意也借曰未知亦既抱子汝假令曰年幼未經事亦既为人之父矣書曰予沖人不及知民之靡盈誰夙知而莫成靡盈言不自滿假也是溫々柔善之度虛以受教則誰有早知而晚成者乎小子唯蹻々自喜故雖抱子子蒙々未知其何成之有〇祈年孔夙方社不莫字例正同

昊天孔昭我生靡樂十一章言其不聽訓告〇天監明々大命將至我心悒々不樂視爾夢々我心慘々天威在前爾小子貿々不悟我心懆々憂傷誨爾諄々聽我藐々左傳諄々焉如八九十者藐々猶茫々匪用為教覆用為虐虐如夏桀以伊尹忠諫為妖言是也甚於为備言涉王室將覆是小子所以为虐也

或云耄是謂〻之謂是不然**借曰未知亦聿既耄**耄亦是老也既抱子故甚言之辟也藩岳二毛耳朱注所謂年九十有五時也桑扈史記武公以平王十三年卒則王廷既無小雅武公悪時為大雅抑懿乎不足辯然巧言誣人使人疑序故寫兩及之

於乎小子告尔旧止十二章庶其不忽是訓告以天咸終之○舊〻法也二章所陳先王之明刑是也是詩首三章為總提故至卒章反顧而情之蕩曰殷不用舊雖無老成人尚有典刑武公或因是**聽用我謀庶無大悔**擬召凡之作故有是言猶曰我言維服其賓劃切時王也是謂論諫**天方艱難曰喪厥國**擬天之方難同言天方降艱難將以亡王國也朱子云諸侯自謂無疑噫國既卒斬蹙國百里皆言王國也多例**取譬不遠昊天不忒**譬言比事類喻人也論語能近取譬是句及告旧將曰以厲王旧事近譬

之今日云爾亦詩人之微辭也昊天
不惑言其福善禍淫之道無違也**回遹其德俾**
民大棘之遹僻也棘急也上失其德則民必棘矣民
之棘矣天之威有亦不惑也厲王戾虐終
有識之福今幽王循其覆轍則其無識乎此乎蕩
以殷鑒不遠爲結互意甚似

抑十二章首二章總提四章起五六順言七八
順德九章起末三章責小子

首章總提
二章三章提 四章
五章 六章 順言
七章 八章 順德
九章
十章 十一章 十二章
責小子以終

桑柔芮伯刺厲王也左傳謂之周芮良夫之詩正
符○是詩蓋作於榮夷公爲
卿士之後王流于彘之前也或云作於共和之後
棄其時是良弼之改也豈有是昏亂乎不通矣○
厲王委任貪人民困大怨芮伯身爲卿士忠諫
行見國人之將虐王室託言國僚以風切天子也

菀彼桑柔其下侯旬捋采其劉首章哀王沢之微盡
○旬均也徧也言其

苑蔭多捋采猶擭取也言一朝捋伐其枝葉劉言枝葉爆爍而布也以比王沢廣大俄而覆竭爲厲始華典周道一旦而壞朱注系一朝而尽無萬落之漸大得比意**瘼此下民**三句比也一句賦也与凱風之首章同格言上沢俄尽而下民大瘁也**不殄心憂倉兄塡兮**殄絶也与不殄禋祀字法同朱注倉兄与愴怳同悲閔之意案廣韻愴怳失意自塡久也周詒厲王説栄夷公芮良夫諫不聽既為卿士諸侯不亨王流于彘愴怳之久可知**倬彼昊天寧不我矜**倬大也明也○前章〻八句哀時命也後八章〻六句責朝臣也大雅有桑柔猶小雅有正月殆予同格同憂是二句似民今方殆視天夢〻以下語意相類者多矣○

四牡騤〻旟旐有翩二章哀萬国之乱二句言軍旅四起○**乱生不夷靡國不泯**不夷不弭也大併小自此始矣**民靡有黎具禍以燼**尔雅

黎衆也萬億成羣故曰黎民燼是樵燭既然之餘也今民死亡離散皆罹禍而僅存耳又喪子書喪夫故譬餘燼○以瞻彼中林維薪維烝**於乎有哀國步斯頻**国運既迫也

國步蔑資天不我將三章哀民之流亡○蔑資失良貨也將養也將又將毋之將句受前章肯頻字而言之言国運頻蹙暴蔑資財有天不養我民之勢也**靡所止疑云徂何往**疑定也民既不安其居弟出之亦無所往**君子實維秉心無競**君子晴斥天子也維倘綱紀言君子實為四方之綱也小雅四方是維周礼以維邦国無競ゝ也執競之競言題勉改治也**誰生厲階至今為梗**梗病也此是厲至惡誰為之際者總因君子不自強而荒怠逸身也今为病言乱之久也哭君悅墳兮乱生不衷相照

憂心慇ゝ念我土宇四章受上申哀民禍○十字潰乱而民尽瘁故芮伯憂之也念

土宇意被通章**我生不辰逢天僤怒**衰已以及民也僤怒猶忿怒也僤癉同周諸陽癉積盈土氣震發是癉熱之癉余見癉于瘨聯而偕僤怒之義**自西徂東靡所定處**閔流離之民也**多我覯痻孔棘我圉**我民之遇困病也多端矣而邊垂四面受寇其苦毒最甚寔堪哀痛通章念土宇之害也○圉爾雅垂也左傳以固我圉**為謀為毖亂況斯削**上章刺在位不用訓告○毖慎也劼毖誥毖之毖上之人雖為謀為毖乎徒善徒法耳是以國亂而日見侵削也○削字受圉字**告爾憂恤誨爾序爵**憂恤仁政也序爵舉賢才而官之也二者先王之遺訓而政之規矩準繩也**誰能執熱逝不以濯**逝辭也手執熱物必濯以冷〻憂恤序爵之於亂猶濯之救熱忽然也耳为改而不法先王瑣瑣謀毖果何用乎○孟子今也欲無敵於天下而不以仁是猶執熱而不

以濯也因引是憂恤為仁政明矣左傳引是曰礼之於政如熱之有濯也礼者言子産擇能而使之合二書而熱濯之義爍然**其何能淑載胥及溺**在位不聽論告是執熱而不濯耳何以能善矣胥及沒〻隨溺而已其所為謀皆驟疑小聽明何損於乱乎

如彼遡風亦孔之僾六章刺在位不知憂恤○遡鄉也僾言嗚唈而能息也閔今之時勢人情**民有肅心荓云不逮**肅敬也荓使也云辭也民無有畏上之心上之人使民不及於自反也○礼記雖有肅敬之心皆倦怠矣**好是稼穡力民代食**力民勤民也代食代民而食也上之人貪是穀入使民寡耕耨耘乃荒民所食而自食也聚斂奪民食**稼穡維寶代食維好**覆言刺其貪嗇也上之人不恤民而寶稼穡好代食而已稼穡曾孫之稼曾孫之穡○民之阻飢如遡凡雖有肅心莫能及之所以然者在位貪

淺淡民自利力出於民食一於已民何以堪乎篇
末民之罔極罔遙未戾啓胎於斯周誥等吁專
利而不知大難夫使人不逮何大雅之不為乎○
貪人在位非序爵力民代食非憂恤而章相屬○
天降喪亂滅我立王七章哀哀乱既極大年將頓○將滅我王也天方艱難日喪厥
国一例朱子標是句為共和後之詩棄共和時君
穆為政左傳亦曰諸侯釋位以間王政苟向豈有
是作乎且厲王在彘若指實而言安得曰滅乎我
益知为共和前之詩也滅言將滅也非言既滅○
左傳不軌立王言楚王新**降此蟊賊稼穡卒痒**蟊賊
立也是詩不以新立言之
言蝗而屬人**哀恫中國具贅卒荒**贅屬肉也流民依人為生若附
也以終前章
贅縣疣然可哀痛哉王国乎民離
散流亡身如髮瘤而資產蕩盡**靡有旅力以念**
穹蒼飢寒之餘旅力盡痺無復營生之心徒以身
吾於天耳念穹蒼有我與汝偕亡之意 •

悖

維此惠君民人所瞻八章言哀亂所本由以結上而起下○惠君仁君也貪人之反後章不順與良人對不必訓惠為順秉心宣猶考慎其相能正其心而宜明其謀咨於輔弼而無不順也書曰稽于衆舍己從人又弗詢之謀而廣言廣謀而用之也其心不存其聽必熒故曰秉心宣猶厲王不用召穆良夫之言故曰考慎其相○爾雅宣徧也通也相尚書多例

維彼不順自獨俾臧不順之君暗昧厲王也是章為上半八章之結故提亂本維之絲而又皆宜審立言之叙焉自獨俾臧故不宣猶於衆也俾字別是一例此言自以為臧也俾民卒狂以民為狂也俾我悖以我為悖也覆

自有肺腸俾民卒狂自為有才知而以人為盡狂悖何曾考慎其相乎故人亦何所瞻仰哉是厲王戾虐弭謗之勢

瞻彼中林甡甡其鹿九章改端皆言朋友譖已而身[illegible]○興也及依甡甡衆多也

朋友已譖不胥以穀 朋友亦黨惡以譖我不相與親善身窮而不及鹿之樂群也苟伯朋友而卿士大夫也苟良夫解曰惟爾執政朋友小子○始提朋友至十四章再提以終申間四章兩〻相比提用譖人者

人亦有言進退維谷 上無惠君下無良朋

維此聖人瞻言百里 十章受上言愚人用譖○瞻言猶察言也明察人言於百里外審其善否而用之故定譖不差也周語兄弟讒鬩侮人百里

維彼愚人覆狂以喜 聖人之反也不察人言喫甘吐苦狂妄自喜耳

匪言不能胡斯畏忌 我非不能也今有何畏忌而不敢言彼狂以喜故耳胡斯者若自許然猶胡然我思之

維此良人弗求弗迪 十一章與上章耦上言用其言此言用其人迪進也

維彼忍心是顧是復 忍心即譖人也

民之貪亂寧為荼毒 貪乱好乱

也周語引是下曰貪天禍荼毒是君心者所為也今民心方向亂又何用君心有為荼毒之行以加民使民為怨怨亦民之回遹罔極不亦宜矣與篇未相照○寧、不我矜之寧訓乎寧非也

大風有隧有空大谷十二章子下章揭皆言讒人之淵藪○比也大風之隧屋崩人木夜而是風有空大谷也之也謂之風洞以比讒人之大殘物自有遹諫者而出焉○左傳當陳隧者井堙木刊

維此良人作為式穀式穀也小雅言用善道也此子中垢對宜為穀明之穀講晉語畫選男德以象穀明良人行事正直明白而不為隱蔽之紬也○穀則異室穀有明義

維彼不順征以中垢此不順不与對惠君者同上君心一列之人也中垢傳云闇冥也韓詩亦云闇行也中作蚩善譖人所征必以闇冥也貽賂世謂行私昏悅之類是世是以式穀遂不能勝中垢不順輩行嗔於遹諫者方且横行也○石勒曰大丈夫行事當磊、落、如日月

皎然終不致曹孟德司馬仲達欺人孤兒寡婦狐媚以取天下也如日月式穀也狐媚中垢也而曹馬能取天下而石勒不能也是示中垢勝式穀之類凡有中垢為則式穀者必為所斃

大風有隧貪人敗類十三章明举貪人以著乱之所由○興也以風隧破物興貪人殘害善類爲貪人即讒人所適謀也六章所謂力民代食者是榮公也欲貪人方熾故君心不順並進良夫窮而民騷乱

聽言則對誦言如醉貪人唯悦君心不順者故道聽之言則喜應答之誦訓之言則芯芯也如酔若五章所謂憂恤序爵是誦言也

匪用其良覆俾我悖良言誦之善也說命乃不良于言予罔聞于行貪人不仁我誦言則不用我言之良却以我言為悖逆之說也伊尹曰己無日矣祖己曰天既訖我假命故昧者以為悖言耳

嗟爾朋友予豈不知而作十四章責朋友之黨貪人下二章一串以終○而作

言汎所作為也即黨貪人譖己害民之事○九章為起次四章兩〻比而意收結了至此又舉九章朋友遂以終篇下半八章疾貪人責朋友章法有離合可玩

如彼飛蟲時亦弋獲飛鳥雖自恣亦遇弋獲之夫冰山不可怙女今附權揚〻自得弋獲之日不遠

既之陰女反予來赫之往也陰也告芘蔭之也赫本亦作嚇橋莊子鴟仰而視之曰嚇口距人也我恐女見弋獲以舊好故特往救之則女又來赫我不從也然則女黨貪人以虐民者奮矣

民之罔極職涼善背十九章矣上下章一意貫通○罔極無道也肅心不逮民失本性也涼薄也○左傳涼而背言人情哀薄輕出悠罔是而至于暴也善背善詈是善懷之善

為民不利如云不克二句宜在首章稱之中間以俯仰上下成辭之巧也兩朋友黨惡出力為不利便民罔極罔亦遂其善背用力寔可畏也

民之回遹職競用力民疾

罔極而專刑辟之行相競而用力勢不畏上威不俾罔法克代相残也

民之未戾職盜爲冠十六章言所以作詩以終○二句與上章相屬未戾心揑揑未定康誥今惟民不靜未戾厥心言殷民違頑未定也夫未戾者有當定之仕其未戾而不治則不為寇不已也為寇有羣盜蜂起長戰指鬬之幾矣○芮良夫解以予小臣良夫觀天下有土之君厥德不遠罔有代德時為王之患其惟国人及衆之乱果為國人所繫逐此數民之乱切戒之正與周書合

涼曰不可覆背善詈涼諒通為民不利而自利使民生畔離之心此不可之大者也故我忠告之。却背則舊好而詈罵詈我是不可訓已

雖曰匪予既作爾歌尔黨貪人以長其惡我明知之借曰国家之意非予所知我既為爾作足歌以傳播之尔終有自解乎深責朋友即所以风切時王執政也大雅之体乃然蓋當今之急務在速定民心而除其回

遭周極此良夫作詩之本意也○非桑柔無以觀天下壞乱之甚故以終厲王之雅矣

桑柔十六章

九章 十章 十一章 十二章 十三章 十四章 十五章 十六章

雲漢仍叔美宣王也 春秋亦有仍叔仍蓋宋地若氏叔其家号也世襲之○是詩蓋在宣王初年廣韻所徵竹書有厲王末年書大旱者七年立大子靖為王遂大雨是與序近又曰宣王二十九年大旱王祷于郊廟遂雨 宣王承 是非旱詩所干涉也皇甫謐固不足據

厲王之烈 尔雅烈餘也言戻虐餘烈也

內有撥乱之志 公羊傳撥乱世又諸正撥振去之義也○據共和十四年之說宣王之立天下當不亂序唯以宣嗣厲為辭共和無明文左傳特曰宣王有志而後效官

遇烖而懼側

昰之王在彘郭觀郊社当多所闕略

身脩行欲銷去之不言祈禱而曰側身脩辭君子立言也天下喜於王化復行厲王以前王化未大衰故思之○於字絕妙百姓見憂黎民將復被王者憂恤也故作是詩也故仍拔作詩美之也○厲王無小雅宣王二雅並有故宣王大雅序特繫辭以明其所以為大雅焉非是則無以見王政大小之辨矣邪說者長夜昧昧

倬彼雲漢昭回于天首章總提○昭回猶成章也言昭明亘天不必說光隨天回轉也宣王中夜起而望雨天無雲氣見河漢之昭回于天而喟然嘆者如下句此起于極峻核其意于回卒章有嘒星匝同

王曰於乎何辜今之人瞻仰昊天見雲漢而歎息也

天降喪乱饑饉薦臻薦荐通爾雅仍饑為荐注連歲不熟案于竹書汔合喪亂者因厲王之禍甚言之也

靡神不舉靡愛斯牲郊宮方社羣以先正皆舉之也

朱注索鬼神而祭之非也乞ム於二章言之允當

圭璧既卒寧莫我聽礼神之卒及璧已盡何故不我聽哉金幣屏璧ム圭比二物也○首章卒章而大意悉矣中六章反覆以描寫宣王閔雨之切而其切處在呼天呼祖呼庶神曰何曰胡曰寧曰此何先後無甚差別特有悲号不擇音之至情矣○典瑞職圭璧以祀日月星辰此璧上琢出一圭者非是詩所用

旱既大甚蘊隆蟲蟲二章呼上帝后稷趙哉之當其躬○蘊隆炎氣菀積而殷也蘊韓詩作鬱尔雅爞爞熏也○除首卒中六章章有是首句與生民聯誕字同**不殄禋祀**

自郊徂宮殄終也不殄不敢休也**上下奠瘞靡神不宗**上下言天地之庶神也非祭天地奠陳酒食牲玉之屬也瘞祭畢而埋之也靡神不宗所謂索鬼神也朱子不審章法故与前雷同首章總提一篇大意**后稷不克上帝不臨**后稷臨而不克

上帝克而不臨朱注禋以親言帝以尊言

耗斁下土寧丁我躬斁敗也丁當也

郊宮不救大旱耗斁天下是哉何以當我之身乎恐懼脩省之辭也

旱既大甚則不可推三章申吁昊天上帝愬身死民之宗祀且絕○推去也言不可擴去

兢〻業〻如霆如雷兢、恐也業、危也霆地震也雷霆言畏之甚也

周餘黎民靡有孑遺餘、衆餘布之餘言周民本殷盛也或云周餘猶左傳杞夏餘也然宣王時未可称周餘或云厲王大乱後之餘民也此庭天降喪乱可見一考但詩不言旱前之災耳孑半存也

昊天上帝則不我遺我身將泯爲不唯無遺民而已○是詩中間四章皆用是句法而昊天上帝前後成對羣公先生中央相耦

胡不相畏先祖于推大夫君子凡救災者何不相畏乎先祖之祀今將殘滅也邶詩室人交徧摧我矣語

爲碎不摧爲碎將若何其義蓋自摧殘摧折之意轉注未身亡則先祖無以享食崇祧廢壞故曰摧○先言無遺民而次言我不唯民而已終言先祖不唯我而已

旱既大甚則不可沮 四章所羣公先正父母先祖趯王室將滅○沮止也是句于上章取對章法不苟處宜深味之

赫赫炎炎云我無所 赫赫旱氣也炎炎熱氣也

是句文与上章對無所無所芘身也

大命近止靡瞻靡顧 大命近言周室將亡也蕩曰大命以傾書曰大命不摯靡瞻靡顧言百神不肯瞻視回顧也或云我無所瞻仰顧望也亦通

羣公先正則不我助 月令雩祀百辟卿士有益於民者以祈穀實先正古之官長也

父母先祖胡寧忍予 以恩望之故怨慕也○中六章亦分爲兩段至是章曰我無所曰大命近曰胡寧忍予其苦其甚其哀極矣次二章却不蒼〔若〕是切切詳備段哉

旱既大甚滌〻山川五章申呼羣公先正昊天上帝想其虐鬼○山川如滌山無
木川無水也章段更岵山川旱魃岵出旱魃為虐如惔如焚魃旱神也出山
海絰惔焚猶赫〻炎〻我心憚暑憂心如熏憚畏也外如炎內如燻憂心岵
出後三章憂悶甚於前三章然不復哀籲于父母
先祖前三章大氐一意而後三章每章別意可玩
羣公先正則不我聞不唯不助我雖有言不再受之耳昊天上帝
寧俾我遯云我無所憚暑也熏不遯何為故曰何故使我至於遁竄乎○寧窒熏竄則竄
必遯而去是譬雖瑣守宜王既以竄自比矣聊奉守線亦是摶依
旱既大甚黽勉畏去六章申呼昊天上帝想禋祀之無癒○民皆畏災黽勉而遁去
也受上遯乎左傳勉速行乎無重而罪家誅子之
書不善乎勉而歸矣黽勉言民雖疲強矜氣力也

胡寧瘨我以旱憯不知其故何辜于天我罪伊何祈年孔夙方社不莫祈年月令孟冬祈來年於天宗孟春祈穀于上帝此其大者也祈年方社先旱而祭此先王之典○天宗日月星也昊天上帝則不我虞虞度也顧念之意敬恭明神宜無悔怒悔恨也敬百神則當無怨恨曾不知其故旱既大甚散無友紀七章言百官有司無不竭誠而仰天哀之○朱注友疑作有恃之有改之有言百祀多廢也鞫哉庶正疚哉冢宰庶正汎言庶官之長也冢宰特舉其大臣也從土而祈禳力竭無應故王閔而曰鞫哉疚哉二哉被下二句趣馬師氏膳夫左右趣馬蓋校人三官近於王且取於音節雅馴而舉之靡人不周無不能止忠信為周左傳上思利民忠也祝史正辭信也又其言忠信於鬼神冢宰以下

雖不以徒信祈禳無有自謂不能者也止詰助曰說不能而止非也

瞻卬昊天云如何里百官竭誠進人事既盡卬天而瞻之無告無昊其也如是憂悶何邪尔雅悝憂也痗病也量人職義疏引是詩曰里亦當訓畱出嗟人之不知尔雅朱子亦據漢書李尋傳可閔哉

瞻卬昊天有嘒其星卒章言戒勅恐懼弗得弗措之孛以終之○首以雲漢結以嘒星以著宣王中夜不安寝之狀也嘒繫星皃

大夫君子昭假無贏昭假以誠意明感格于天也贏後也解体之意月令天地始肅不可以贏荀子百姓勑則畏贏則散考工記橋幹欲熟於火而無贏○宣王望嘒星而憂其無雨徹乃戒大夫君子曰愈益吉蠲明禋達乃誠於昊天而勿有紓急

大命近止無棄尔成大命将墜國家方危急勿棄乃成功半塗而廃事

何求為我以戾庶正戾定也言求紓庶正百官之鞫疚而百礼復常

官府無事耳大夫君子大臣也廢正其爲
瞻仰昊
也○以何辜今之人起之以戾廢正結之
朱注語終又仰天而訴之得之何時
天曷惠其寧
惠我而国家得安寧乎此寫其憂民
閔雨之切弗得弗措之情矣
或問又毋先祖之說曰毛傳誣文不敢也朱子不
注不俟注故也宣之又非厲邪曰固然厲既为禰
神祈禱所及於是宣亦不知厲之為厲耳

雲漢八章

崧高尹吉甫美宣王也
宣王之詩雲漢齊而崧高
烝民韓奕相匹江漢常武
相
偶
天下復平
在竹書鄹又此韓、侯來朝在四年
南征北伐在五年伐淮夷伐徐戎在
六年錫申伯命樊侯城
齊在七年不中不遠
能建國親諸侯
能字韓奕
江漢亦有
易曰先王建萬国親諸侯
今新建謝邑以封申伯
係嘗申伯為
以鎮定南
方諸侯也

謝為荊徐要衝之地序者示是篇所以為大雅故
繫辭若是耶說者連次二篇為送別詩可閔

崧高維嶽駿極于天首章言申伯之生為中興之祥○崧然而高有惟四岳其峻至天也礼記作嵩作峻東岱南衡西華北恒**維嶽降神生甫及申**甫侯相穆王並
變時四嶽之後也美申伯之功匹於甫侯有大烈
於前朝故並称之或云甫亦宜王時人案詩全不
言及甫則旧説確矣昔四岳分掌諸侯
祭岳神而享于焉故其神福興其子孫**維申及甫**

維周之翰上句上甫前賢故也此句所主在申故上之至婉轉成辭若有所當**四國**

于蕃四方于宣為四国藩屏以宣天子仁恵威奄也先提申伯之功德至末章又提
之○四國与四方猶卒章之萬邦与四国是詩之
体裁然也別自一格鳧鷖之詩異形一色

亹亹申伯王纘之事二章言王褒申伯新建国世掌南諸侯○申伯之先在唐虞掌

方岳諸侯故曰纘事是句百㨿
首章不然首爲所起亦不協
于邑于謝南國是

式
申伯入爲王官伯今出而就邑乃謝也○邑
故曰于邑于謝式南國即命爲南方伯也
王命

召伯定申伯之宅
召穆公虎中興元勳也特命
爲申伯帥師以往定其封域所

以大厚
申伯也
登是南邦世執其功
登卑成也南邦南諸
侯也俾申伯安定南

諸侯世○为之長以執其職也纘事者纘祖武也
世執者於子孫也上下相暱

王命申伯式是南邦
三章列王命三事
以著其篤於申伯
因是謝人以

作尔庸
庸城也與謝人以
營城郭於謝也
王命召伯徹申伯土田

使召伯別帥師
以治其田疆
王命傳御遷其私人
傳御蓋王之
侍御也私人

申伯之家人妻子也王为舅氏遷其妻帑故使所
親近者護送

申伯之功召伯是營四章言申伯新邑告成而天子賀之○申伯在周而因謝人作城
墉之功召伯往經營之也有俶其城寢廟既成俶始也作也城既成而寢廟亦
貌也許曰作庸記曰俶城左傳多是例既成藐〻王錫申伯〻尒雅藐〻美也
是錫所以賀成也左傳穆叔如周聘且賀城禮道不虛必有以獻四牡蹻〻鉤膺
濯〻蹻〻壯貌鉤膺蓋与鏤膺同馬帶有金鉤飾欲疏云鉤婁頷之鉤膺○有樊纓未安言膺
王遣申伯路車乘馬五章言王遣申伯寵乘特至○遣遣使臣遣成役之遣我
圖尒居莫如南土今遣之故特言之南土謝也錫尒介圭以作
尒寶介圭封圭也九寸以下唯是詩辭于韓奕同往近王舅南土是保
近語辭也須以是介圭長保有謝邑爲據是則宣王之母姜氏也春秋時亦紀季姜歸于京師

申伯信邁王餞于郿六章言王餞申伯恩意及行糧○鄭云王蓋省岐周故于郿云疏云自鎬適謝塗不經郿案蓋王告于岐周先廟而遣之召公于周受命其例同故曰餞于郿則申伯之榮大矣○信邁猶誠歸是詩之辭紓緩不迫鄭朱云理不取也申伯還南謝于誠歸南南土也疏受餞乃南轅遂歸于南土謝也王命召伯徹申伯土疆王蚤已有年辨治之也此非今日之年即前定宅徹土田時事也是四句申伯之所以悠然而謝于誠歸也

少曰委飼牛馬
多曰積以饔餼

以峙其粻式遄其行十里有飲食三十里有委五十里有積

申伯番番既入于謝徒御嘽嘽七章言申伯就謝儼然為天子負幹○爾雅番番勇也嘽嘽衆行皃猶戎車嘽嘽王旅嘽嘽嘽嘽駱馬周邦咸喜戎有良翰王国咸慶之曰天子有良翰南方自是無事矣○以下至卒章提申伯之有才德以照首章

不顯申伯王之元舅文武是憲
元尊称也元君元老之元小雅文武吉甫萬邦為憲此亦言申伯有文有武以為人表式也○曰考憲章文武蓋本此今案二王突出

申伯之德柔惠且直
八章言作詩以鳴君臣之盛縱之○惠順也言柔順而直方二章以下首句必称申伯亦篇法

揉此萬邦聞于四國
揉矯揉之義承厲王之後宜有撓乱之仍也禁暴討戴是揉也○曰周邦咸喜曰聞于四國王之下私於舅氏者見矣此作者之敏也

吉甫作誦其詩孔碩
誦工師所誦也詩其辭也是篇磊落而不委曲故曰碩

其風肆好以贈申伯
風決決大風之風言聲調也蓋使工師施之節奏以歌之其風調亦遂好也故以贈申伯亦所以申展天子之寵意也○是以作歌將母来諗若以辞而已則四牡為役夫来想之詩矣悲夫邪説者不知詩大義乎夫吉甫頌述中興之美一以

南伯一以冢宰一以北伯申以召伯之師宣王功業大可見矣且不效既辭假臬而別出一機軸良可敎服矣○人皆云是詩多申復之辭雜一〻分別今舉其重複自有條理以左記

王命召伯定申伯之宅　王命也
申伯之功召伯是營　召伯成王命也
南國是式記事也　于邑于謝起事也
式是南邦王命也　因是謝人王命也
謝于誠歸起程也　登是南邦南諸侯也
既入于謝歸至也　南土是保謝邑也
四牡蹻蹻賀成也　王命召伯徹申伯土田今日事也
路車乘馬贈行也　王命召伯徹申伯土疆昔日事也

崧高八章

烝民尹吉甫美宣王也通篇舉仲山甫十二前篇亦舉申伯十四相似任賢使能周室中興焉宣王以仲山甫為冢宰蓋大得其人故係中興於此焉

天生烝民有物有則首章言天生仲山甫以應人心○民之為道也百物必有其則也

民之秉彝好是懿德民能若有恒性則必好是懿德也懿德是則之所有也夫幽厲作而民好暴唯有秉彝者守故民之秉彝是王化之致也書曰我下民秉為一意也四句先輩天之所以貴良術為民之父母也

天監有周昭假于下昭假或自下或自上是自上而格于下也天昭監之則周之民皆秉彝好德也

保茲天子生仲山甫天視烝民之好德乃保佑是天子以生懿德之人也宣王方明物得其則民秉其彝是以貴良術以保其身以對于民望也○樊仲申伯之生蓋丁厲王邑昬之世不可以辞害意

仲山甫之德柔嘉維則二章言仲山甫有王佐之德而見登庸○豈弟而行有規矩也如不茹不吐愛而不助敢補袞職亦則也

令儀令色小心翼翼動容貌正

顏色惟文王之敬忌宰也 古訓是式威儀是力 能法先王之典威儀嚴重足以匡家

天子是若明使賦 天子順中山甫之德使其匡家宰敷大政于天下 命

王命仲山甫式是百辟 三章言其仕大官而協之○百辟諸侯也 纘戎祖

考王躬是保 家宰掌環衛供奉飲膳財賄宮中使令皆保君身君德者也朱注蓋以家宰兼大保而大保其世官欲亦一考

出納王命王之喉舌 納午出對言既出命以其行之順逆復於王也出字義重故曰喉舌○上四句言天子命之職掌下四句言仲山甫能協於職掌

賦政于外四方爰發 四方諸侯莫不發應書曰惟動丕應徯志

肅肅王命仲山甫將之 四章受上二章申美其才德○后土命家宰降德于衆兆民邦之六典家宰所總故天子嚴命仲山甫奉行之○二句受出納賦政

邦國若否仲

山甫明之其在邦国有寧侯有不寧侯改之藏否民之順逆仲山甫察之正其賞罰土服土章土刑土用使天下之人知黜陟有常而賠然不惑也若則有加地進律否則有削地絀爵身為家宰固不止鄭以孫揮知四国之為耳王庭秝諸侯曰邦国周礼多出恒言也○二句受式西辞既明且哲以保其身明字轉用上句實筵亦有是例尔雅哲智也洪範視曰明明作哲其明非小察雖有知者之慮謂之明且哲盖仲山甫之言滿天下無口過行滿天下無怨惡是以能保其身也夙夜匪解以事一人能保其身以保王躬也伊尹正其身而君正隨武子利其君而不忘其身並良弼也此仲山甫與王者之相也○二句受保王躬人亦有言柔則茹之剛則吐之土章更端言仲山甫之剛直○柔嘉小心嫌其無剛健之才故是章主不畏彊禦言之維仲山甫柔亦不茹剛亦

不吐左傳引是句倒余以左傳为古不侮矜寡不畏彊禦不茹不侮是容不吐不畏是主疏云既言其喻又言其實以充之○小心翼翼不敢侮矜寡亦文王之盛德也

人亦有言德輶如毛民鮮克舉之六章受上申美其德協于中○人皆云德甚輕而人莫能舉之耳此德引以為不偏不黨之中德我儀圖之維仲山甫舉之能亦凝度也我竊求其能舉之者唯仲山甫為協于中而已愛莫助之人之其所親愛而辟焉唯仲山甫其仁而愛人於亦不私於其所愛亦不茹柔之德度也此論請謂不行刑政而王道蕩蕩也

袞職有闕維仲山甫補之天子龍袞故王職曰袞職人臣莫難於諫唯仲山甫能竭臣節而無所畏是亦不吐剛之德度也以上土章曾曾称美其德殆不容於口是亦好懿德之無已之不茹不吐更進前章一步辭之承應盡善矣

仲山甫出祖四牡業々七章言其受命有事於東方○出祖出門而祖祭也業々大也征夫捷々每懷靡及捷々敏於事也每懷和協其職而以為不及之四牡彭々八鸞鏘々彭々美盛也鏘々和鳴也王命仲山甫城彼東方傳云東方齊也古者諸侯之居逼隘則王者遷其邑而定其居案竹書宣王七年王命樊侯仲山甫城齊蓋大興作也南方申伯北方韓侯東方之行皆方觀倍豈唯為一城乎天子在西方四方尽平成是中興之業也吉甫備之南邦東方北国三篇相照射可玩四牡騤々八鸞喈々卒章言王心眷々於仲山甫以從之○騤々馳不息也喈々亟行声也彭々鏘々形容其美盛此形容其進發之疾与式遄其歸進仲山甫徂齊式遄其歸天子不欲其久於外故命遄其歸於是車馬并行也崧高頌言天子寵之意是篇待於

卒章言之似
相裹成章
吉甫作誦穆如清風
午南風之熏
觧慍其意同
仲山甫永懷以慰其心
是行小巡狩也歷諸侯之治
首星作制度宗民所病苦久
要使王無憂心句端是永懷也故清風之穆兮卿
以慰其心耳

烝民八章
首章　二章　三章　四章　五章　六章　七章　八章

韓奕尹吉甫美宣王也
篇名子名
是一例
能錫命諸侯
知
韓
侯之賢錫命為侯伯以鎮北方諸侯與出申伯以
統制南方同是大政也能猶能好人能惡人之能

奕奕梁山維禹甸之
首章言王命之嚴韓侯之賢〇
奕奕大也爾雅梁山晉望也蓋
表其山以祓是詩也是時為韓之鎮韓仁入晉以
禹起之者猶同韓侯之功不在禹下也信南山文
王有声宜
傚乎
有倬其道韓侯受命
倬大也受命為侯
伯也于卒章應盖

韓侯幹不庭方扞禦北蠻使天子無疆場之虞豈有大造於一方者歟故以爲偶功于虞庭儗之所以嘉美其勳德之盛也旧說不達○是詩首章卒章而意備中四章兩〻成稱于雲漢似

王親命之天子自沱若其命之大且以篤也**纘戎祖考無廢朕命**上句仲山甫亦出而申伯曰纘之事召虎曰召公是似凡王命必祈先祖考孔悝鼎銘亦同**夙夜匪解**

虔共爾位虔固也敬也于猶共尓位同**朕命不易**猶驗命不易言難也命爲北方蕃鎮其職綦重**幹不庭方以佐戎辟**幹作之楨幹以糾正之也不庭不來庭也專征不庭諸侯以爲天子干城者北伯之任也朱子大誤

四牡奕〻孔脩且張二章言王錫之蕃○張肥大也**韓侯入覲以其介圭入覲于王**此言皆見於王也踐土之會晉文召侯作侯伯出入三覲侯伯固當

異於凡諸侯○三句重複古雅之体于下淑旂二物排列者緩急有度**王錫韓侯淑旂綏章**二物旂也淑美也言龍旂之美也綏章旂竿上之飾也染羽若旄注之竿首以為表章者**簟茀錯衡**二物車前後也簟茀方文席以為後戸也錯衡、有錯文者也**玄袞赤舄**二物服也玄袞玄衣畫龍也舄有三等赤舄為上**鉤膺鏤鍚**二物馬飾也鉤膺盖鏤膺也鏤膺刻金當盧也在馬額**鞹鞃淺幭**二物車軾飾也車主軾鞹去毛之革也鞹軾中央人所凭也以鞹持之使牢固為浅虎皮也幭所以覆軾也**鞗革金厄**二物軎也鞗革軎首垂者條皮為之金厄以金为環纏搤軎首也傳为蔽於蟲为名盖亦古義○文侯之命曰秬鬯彤弓矢盧弓矢馬四匹其序曰錫秬鬯圭瓚史有詳略韓奕當有是錫與圭瓚秬鬯出於江漢是篇所舉盖重耳所受大輅之服戎路之服欲若夫即位入覲恒例所賜何以數陳为榮乎韓侯出祖出宿于屠三章言王餞之盛○二出字聯前章二入字顯父餞之清酒百壺顯父貴人也使公卿大夫餞之也孟子有顯者左傳有禍之父其殽維何炰鼈鮮魚鮮魚中膾者其蔌維何維筍及蒲蔌菜殽也筍竹萌也以為菹蒲深蒲也始生水中子以為薦其贈維何乘馬路車天子之贈也籩豆有且侯氏燕胥且多貌侯氏出覲禮或云諸侯餞之者或云指韓侯並通燕胥言相與燕而歡娯也

韓侯取妻四章言韓侯于王卿士婿○韓侯之任甚重而外制戒密故王官卿士結為甥舅蓋宣王長策明良所謨深矣此吉甫所以咏歌之苟韓姞之燕豫天子当不復北顧也汾王之甥蹶父之子厲王居彘在汾水之上故称汾王左傳百旗王以蹶蓋采地名故称蹶父

蹶之里可徵韓侯迎止于蹶之里韓侯在京師故親迎諸其家百兩
彭〻八鸞鏘〻百兩用鵲巢字不顯其光用文王親迎之詩蓋京畿必多
諸侯嫁娶唯韓侯新來為侯伯迎夫人於王国況
姬姞之耦大祖后禝之嘉例傳以至于今況前王
之甥而名臣之賢女子京王国希靚盛美也吉甫
盛贊揚之者蓋顯其母韓姞而永有親於王国也
諸娣從之祁〻如雲姪娣從夫人者徐〻如雲之出韓侯顧之爛
其盈門蓋韓侯既乘其車先諸娣之從夫人者祁祁出門其袂之良與矩父相映而炤道也
蹶父孔武靡國不到上章言蹶父奇其女擇韓侯於天下而妻之○蹶父甘其為奔走
臣於宣王欲其父甚〻為之女者必是女士也不可何必擇璘于天下為韓姞相攸
莫如韓樂以韓侯為天下第一人既歆動之又風勵之美辭窈窕水不淺○左傳石癸曰

吉閨姬姞篤其子孫必蕃姞吉人也后稷之元妃也吉甫表出其姓盖著是意也○相攸擇其所也鄭詁若欲辟其難速覩所矣

孔樂韓土川澤訏訏

訏訏嘒大也鄭裘詩訏洵訏且樂

魴鱮甫甫麀鹿噳噳

甫甫大也噳噳衆也水物山物皆毀

有熊有羆有貓有虎

貓似虎淺毛四者皆猛獸也熊羆之士不二心之臣亦猶其物蹶父之喜可知也言之以風切韓侯欲其能韓不庭方服北方之强以對揚天子不易之命也結諸奉獻皮貔羆亦一意

慶既令居韓姞燕譽

慶嘉也譽豫通蹶父嘉是上而既使居之則韓姞安而樂之也

溥彼韓城燕師所完

六章言北鎮之重以終首章之義○溥大也燕盖南燕即姞姓也蹶父於南燕或猶召公於北燕歟故特表称之春秋桓十三年有衞師燕師左傳莊十九年有衞

師燕師伐周杜云南燕也案昭三年春秋有北燕伯欵不草称燕可併考乎竹書成王十二年王師燕師城韓王錫韓侯命是歟○若以召康公為荣則宜說首以大禹終以召公○曰碑国百里邑之

以先祖受命因時百蠻韓之先盖成王弟若庶兄也北方之鎮或其始封君歟

王錫韓侯其追其貊此即首章之命也非再命之錫猶左傳賜我先君履

奄受北國因以其伯大統制北方諸侯猶申伯之於南国

實墉實壑新矦为矦伯故高其城深其隍脩治以新其国也

實畝實藉治其田畝而經界之正其賦稅而籍記之

獻其貔皮赤豹黃羆皮乎被豹羆所獻皆其皮也礼曰虎豹之皮示服猛也韓矦武王之胤其鎮北方亦在武嚴以服猛供職終之韓矦其可不孔武而敬職貢乎

韓奕六章

江漢尹吉甫美宣王也江漢常武征伐也故比能興衰撥亂衰中興之業命召公平淮夷句下脱助字○淮夷淮南之夷也非淮北之夷

江漢浮丶興也武夫滔丶首章言召公伐淮夷之疾○浮丶廣大貌滔丶衆強貌乇傳誤倒以江漢之流興武夫之勢爲江漢是召公軍行所經故取興耳或云江漢合流之爾去淮夷絶遠或云自用而南出於江漢之間召公率兵循江而下也案說者以興爲賦故自若欲常武曰如江丶也漢丶匪安匪遊淮夷來求遊優游也唯求平是淮夷耳既出我車既設我旟上四句言武夫進發之勢此四句及敵而戰也匪安匪舒淮夷來鋪毛讀鋪爲痡

江漢湯丶武夫洸丶二章言召公克淮夷之速○湯丶水之流也洸丶水之洶也取

於水以狀武夫氣勢是詩人之巧也其進發也大敵川滂流不可禦其及敵也波瀾洶涌風鼓蕩之敵之者溺沒耳誰敢逆命**經營四方告成于王**召公受肇敵之命故疾進速克可謂不忝王命矣此詩之照應也經營南方而曰四方盛其辭也淮夷崩其角而四方震動故亦左傳拔搏抗于四裔**四方既平王國庶定**庶定言日望大平也**時靡有爭王心載寧**召公之烈宣王之志以是四句發揮之是言今日非期異日淮夷咸服四方望風而靡於是王國之人日望太平四方單競而亂伐者自彌天子必安其心也王師非好戰**江漢之滸王命召虎**三章言申受王命而遠略○召公既平淮夷王使至江漢之滸以告命也漢蓋因上文帶言之是時召公既循記而下矣淮夷憑負故使來是勝勢遂深入而疆理之**式辟四方徹我疆土**辟闢也闢南方亦四之一也徹治也言正經略也

匪疚匪棘王國來極先王之制疆理一定所謂極
也身為天子之使而巡行立
之極也必曰王國者欲其不痛民不急事于疆于
而下失王者經界之体也四句是王命
理至于南海召伯受王命遂遠畧而正諸侯之封
域也
王命召虎來旬來宣四章更端舉召公出師之時王
之所命○旬徇通徇行而宣王
命也管子入國四旬五行注旬即巡也言四面五
方行○是篇上半三章下半三章一二比而三收
之四五比而六終之四章初命也五章後命也而台
而叙之故五章直受上是作者之斂也詳章段而
後瞭
然
文武受命召公維翰以下五命也宣王以文
武自居以康公望召虎
無曰予小子召公是似汝無曰予小子之命也須
似續汝祖召公之勳矣召
公日辟
国百里
肇敏戎公用錫爾祉速成汝功戎将錫爾
祉比召公也釈言肇

敏也謚法肇敏行成曰直抵是則肇敏而敏捷之
義叔詁獻肇基訪謀也盖于基聨言則謀始之意
欤於是
詩不功

釐爾圭瓚秬鬯一卣告于文人上章言召虎隨入王
也岐周錫命○三句
三命也文人文王也
書稱武王為寧人**錫山土田于周受命自召祖**
命召公平淮夷遂至于南海大功遍成王乃就文
王曰都錫召公命曰女有丕勳我既告于文王
以賚女圭瓚秬鬯女其明德乃祖哉乃錫之山土
田其錫命之禮一用文王命召祖之式寔希世特
恩也召虎能肇敏戎公故王用錫尔
社稷也初命此兩章所以相比也**虎拜稽首天**
子萬年拜稽首以受策乃謝恩而曰天子萬年○
厲之亂召穆公以其子代宣王出周諸國
人圍王宮殺召穆公之子出竹書召公実宣王之
腹心中興之元勲也

虎拜稽首對揚王休作召公考 六章以召虎拜命諷王之言終之○對揚猶曰恭受也奉命不敢隊之辭傳說晉文並有是言王休天子休命也作興也考成也成事也言虎恭受王休命而再興召公成功也王以召公之事命之而虎不敢辭進而受策以拜故詩人表其意也是

天子萬壽 先拜稽首而祝天子也上二句是召虎意中之事

明明天子令聞不已 令聞不已即文王之事

矢其文德洽此四國 召公之志藏也武功既成願其仁政安民也○按竹書召公伐淮夷王伐徐戎在六年錫申伯命樊侯城齊在七年是於詩甚協忽被大雅以為崧高烝民之後有淮夷徐方之師有大不然矣

江漢六章

常武召穆公美宣王也 有常德而用武則可矣常其武事則不可矣篇名蓋

有二義以寓戒欲按竹書五年南征北伐六年伐淮夷伐徐戎大軍荐興良衛戒之亦宜矣又據竹書錫召穆公命在王歸自伐徐之後江漢常武未知孰先作**有常德以立武事**是亦注文入行**因以為戒然**其戒見卒章是序與庭燎同而變文也天子親征其為大雅明白矣故序不叙一語。疏云定本集注皆有然字棄古來序末句脫助字者多可知

赫赫明明首章言王命元師皇父南征安民○是篇盛張天子威怒寓戒意也**王命卿士南仲大祖大師皇父**卿士之以南仲為大祖者大師皇父也筝大祖者重世臣也与上四篇一意**整我六師以脩我戎**聯下二句是王親帥之辭也師軍旅也戎兵器也天子之軍曰六師是行皇父在中軍程伯盖在右軍而佐將者文所出是三軍也故曰三事就緒**既敬既戒惠此南國**敬戒者蘭筭也惠者去殘而吊民也南国

即淮浦徐土也○是篇一章二章偶而三章奇四章五章偶而六章終之是篇法也

王謂尹氏命程伯休父二章言命副將休父而師旅速作○此使尹氏傳命以命休父以下四句也休父為宣王司馬出国語然是命非必始為司馬**左右陳行戒我師旅**盖右軍休父將之左軍不舉其人**率彼淮浦省此徐土**省省方之省循戒作而害民故曰惠曰省**不留不處三事就緒**言三軍之將受命而速進発也不留不遲緩也不處不安居也三軍三將也就緒各即其事也甘誓曰六事之人

赫〻業〻有嚴天子三章言天子親征故国震動○業〻是可畏之意**王舒保作匪紹匪遊徐方繹騷**作乍子俗作之作紹緩也徐〻保衆而発行抑亦不緩不息堂〻以進徐方聞之相聯絡以騷**震驚徐方如雷如霆徐**

方震驚此天子一策也因其繹騷以謀震驚之則
徐方震驚如雷霆之擊也須云薄言震之
莫不震疊晉文以圍曹師遷于墓曹人兇懼因其
兇也而攻之是兵機也時王師未涉徐方所以震
驚之必有術矣繹騷只是百城閉風奔走擾亂也
震驚則已有面縛服罪之機
王奮厥武如震如怒四章言王師之克淮浦○天子
未至徐方閉風大騷而淮夷不
肯降以逆王師於
是天子赫怒進師
進厥虎臣闞如虓虎進発虎臣
而當敵也
闞怒貌虓虎怒也天子軍於
淮濆而使虎臣肆伐淮夷
鋪敦淮濆仍執醜虜
鋪陣也敦也同仍子依且在京之依用字如一
遣虎臣而折馘之天子未嘗進発也故曰仍**截**
彼淮浦王師之所截言一動伐而截然整齊也句
有無飲我泉我泉我池之勢○
旧說召公所伐淮南之夷在揚州宣王所征淮北
之夷在徐州

王旅嘽〻如飛如翰三章言王師之克徐方○嘽〻奮發氣勢也既克淮浦遂大進
而伐徐方也**如江如漢**飛翰喻其疾也江漢喻其衆也**如山之苞如川**
之流苞言山林鬱然也如山不可動也如川不可禦也**緜〻翼〻**大衆如雲不可
絕也軍容嚴肅不可亂也**不測不克**不可知也不可勝也**濯征徐國**濯大也有
蕩滌之勢淮浦曰執醜虜而徐国不言其降服盖
既以謀震驚之今又克淮浦席卷而進遂以勢攻
故不血刃而制勝也王猶允塞不唯戰勝之後徐
方之役其好謀而成者歟
王猶允塞徐方既來六章言王德仁惠南国大定以戒之○王猶言既克而柔服之
方畏也允塞言其詳審而不淺也於是徐方乃悦
服而未懷也戰而克一日之利也柔而懷數世之
利也故王猶允塞而後可以保中興之業豈唯震
怒飛翰而遠人是來乎○洋水曰既克淮夷孔淑

不逆式固尔脩淮夷卒獲似本此**徐方既同天子之功**讀至卒章如急雨俄霽白日馳、正是霜露之後必有陽春着風規之意別自在言外**四方既平徐方來庭**此庭言天子行在所也盤庚曰勿褻在王庭○徐方字一在上句一在下句**徐方不回王曰還歸**回違也既來言其懷服也既同言百城皆從也來庭言其君長來頓首也不回言其誠服無反覆之變也

常武六章

瞻卬凡伯刺幽王大壞也幽王無大雅唯是二篇故曰大壞瞻卬刺婦人咻国蹃王而寺人帶言之召旻刺寺人弄威福此二着厲王所無而周室未曾有之大壞猶厲王之始華與政以大雅刺之序亦三類其嚴如是

瞻卬昊天則不我惠首章言王政之大壞言天而王言王而天○昊天孔塡不寧降此大厲塡久也大厲大惡也邦靡有定士民其瘵瘵病也蟊賊蟊疾靡有夷屆蟊賊言婦寺也蟊疾言忿其荼毒也屆極也猶定罪罟不收靡有夷瘳張罪罟而不肯赦士民皆無辜而羅之

人有土田女反有之二章言大壞之由褒姒○予內譬必滅旧族以立新家此裳華所以憂也買三倍之說雖褒似亦不知是寺人所敎人有民人女覆奪之古者大臣世祿土田民人皆其所世傳也此宜無罪女反收之收拘收也彼宜有罪女覆說之說赦也婦人預ㄋ事長舌為幼哲夫成城哲婦傾城哲夫上而周召下而今之賢相也哲婦豔婦也上二事都是褒姒所為故以是收結朱子移是

二句并次章不唯是章無落着一篇章法錯亂是
篇首章二章及卒章ゝ十句而八句者四章中間
相聯○二句毋言自口莠言自口一例㕥後章人
之云亡皆指夫也𢌿互相照應

懿厥哲婦為梟為鴟
三章言王之惑於褒姒○懿乎
抑同猶抑此皇父梟鴟惡声之
鳥
婦有長舌維厲之階
長舌言其舌長廣多言而
咮及外事也厲所降大厲
之
亂匪降自天生自婦人
叚首章言之在上天則
厲
災厲在王則暴政二者
皆長舌
匪教匪誨時維婦寺
妻舌長舌大夫所宜
教誨禁之也而出王曰
所生
惑而無所告喻唯是婦人寺人是從身○是子曰
身溺于婦侍而謀因豎刀桀侍當作寺
鞫人忮忒譖始竟背
四章言褒姒之惑王○忒言以
差忒之事鞫人也譖本又作僭
為是始當作乱因古文亂而誤与巧言同婦寺究
鞫善人以殘害矯誣之以僭乱之言終孖并無其人

也身北曰背屏棄之義

豈曰不極伊胡爲慝不極罔極也所爲其不道然婦寺豈自以爲無道乎居之不疑爲之日暴鳴呼伊胡爲慝之至於斯乎○四句妙甚惡人所賢之情狀

如賈三倍君子是識長國家而務財用者自小人寺人貪鄙嗇君以利土田人民裒奪以盡之也觀召旻之卒章則又有覆奪亦皆極之克伐自封賈三倍之說也以是族王掊克聚斂何極之有

婦無公事休其蠶織婦人休其蠶織關白公事是寺人之所由以圖私也是以有罪卻處休而無罪卻見屏棄如是汙穢雖厲王之亂未曾有也以大雅刺之之故在此乃知巷伯所謂投畀豺虎者是二篇所作寺人皆極也凡百君子敬而聽之既已有見於大壞欲

天何以刺何神不富上章言王悅哲婦惡哲夫○刺傳云責也或云備曰傷殘降喪

飢饉斬伐四国是也富禍也子曰后稷之祀易富也今天何故刺我乎神何故不福我乎非以王庭汙穢耶王盍監之**舍爾介狄維予胥忌**介狄未詳然其斥婦寺必矣狄音敵或大敵之義歟予詩人自称也上天百神災害之是而王不忌其介狄卻與予哲夫相忌而不親近之也**不弔不祥威儀不類**不弔不弔民也不祥不施恩也祥猶君子之祉之祉言無慈祥之設焉威儀不類言負斧依者而算賈三倍也三不者亦哲夫所以去也**人之云亡邦國殄瘁**王忌哲夫不弔不類是以哲人不畏**天之降罔維其優矣**六章言哲婦仕而哲夫退○罔罪罟也優言其所施普也無處不施○天在上上章專仰上天在是章特斥王室首章卒章之昊天天斥上天而王斥王而上天**人之云亡心之憂矣**哲夫或罹罪罟或見幾而作**天之降罔維其**

幾矣幾危也民無所措手足人之云亡心之悲矣首章以蟊賊之罪罟說起至此章重言罪罟之逐哲夫憂而悲之人之云亡三句相屬所以極言婦寺之禍也

觱沸檻泉維其深矣卒章言周室將覆以直諫之○興也心之憂矣

寧自今矣以泉水之日深興憂心之積日既久至人之云亡心之憂矣是今日之憂也卒章起言其憂心孔填大子晉曰厲宣幽平貪天禍幽王受宣王之衰末國遂不振凡伯之善久矣

不自我先不自我後自戎入宮天子無詑日以致大壞藐藐昊天

無不克鞏藐藐遠大貌鞏固也萬人多勝天天子亦有天定之日是鞏也在王室言之若吾末改咸福在手苟更張之國体將負是鞏也

無忝皇祖式救爾後皇祖將辱子孫將亡故以是切諫之直言不汙厲甚戒將殺王大臣得不廷弟乎

瞻卬七章。

召旻凡伯刺幽王大壞也凡伯是周召之胤也文采風流可謂世之矣作板者必非是人周召創南雅而終大雅者凡伯也旻閔也閔天下無如召公之臣也此示注文入行召旻之名于韓奕正同相比義而燎然〇蓋凡伯作瞻卬之後衰乱曰甚遂作是詩以閔之也苦之辛閔時大氐相似序曰刺幽王大壞大雅故也詩汔無凡意

旻天疾威天篤降喪首章言天災民亂之甚刺〇言而王也再呼天者悲痛之極也

瘨我饑饉民卒流亡瘨病也卒尽也我居圉卒荒居圉言邊陲也二字不可分說于孔棘我圉同日蹙國百里大則四夷交侵小則中国背叛也何草不黄之序卒章言四面受敵也陲盡荒乱也首章先舉大乱不可救之勢

天降罪罟蟊賊内訌 二章言昏椓実為之禍○蟊賊言婦寺也訌虹同尒雅虹潰也蟊賊在内外張罪罟以害賢以残民也

昏椓靡共潰潰回遹 昏椓寺人也書曰劓刑椓黥昏々礼也讀為閽非也共供同与盗匪其止共一意尒雅洄々惛也与潰同回遹言盗邪横之行也

実靖夷我邦 尒雅靖謀也夷夷儀也易曰夷者傷也悪言以疾之

皋皋訿訿曾不知其玷 三章承上言王室日卑○皋皋新訓刺素餐也与魯人之皋同言緩慢也訿々新訓莫供職也皆窳懶怠之意比言寺人素食不供職而未曾知已有罪也潰潰回遹疾其昏乱邪横也皋々訿々疾其偏慢無頼也

兢兢業業孔填不寧

我位孔貶 畏哉危哉国之不寧亦久我王位衰替而諸侯不朝四夷侮慢之

如彼歲旱草不潰茂如彼棲苴 四章承上言王国衰乱○三句之意以下二

句著矣饑飢流亡之喻也歲旱無雨汎草不潰于
茂言飢耗也棲苴水中浮草也毛傳最古可從言
流亡也疏云苴是草之枯槁也意是歟乎否
我相此邦無不潰止此邦言王
国也是詩閔周非言邦国四方也民迺其亦回潰
王畿千里飢耗流亡而皆有潰散之勢也
維昔之富不如時也章更論言皆極之疾貫長亂也時尚如是也昔之富貴者君子也不
如今皆極之古爵祿也
維今之疚不如茲疚貧賤也今之疚者君下也昔者不
如是也夫君子宜富貴極宜疚王
彼疏斯粺胡不
故顛倒貧富易人故言昔而傷今
自替職兄斯引疏糲米也粺精米也兄況同茲益也引長亂也夫彼貴疏而疚者此
宜富而食粺者也皆極池胡不自替以辟賢路而
疚益延今之遺亂乎是章皆哀君子道窮
池之竭矣不云自頻云章言中外壞乱王室將傷四句比也不云云也頻厓也池

水之竭豈不云由匪之疏漏乎

泉之竭矣不云自中泉從中生故其竭必自中

也四句比禍亂之生有所自來

溥斯害矣職兄斯弘不烖我躬今也居圍

卒荒如池自頻竭蟊賊内訌如泉自中竭禍亂之來中外無方偏為殘害日益弘多比不唯災我身而已宗廟將摧矣我身凡伯自呼而王躬也○廿章二不四六章二不云又兩有職兄斯

昔先王受命有召公如卒章哀王室將亡思召公而長歎耳○凡伯周公之亂故言不及周公以召公為亂大似乃祖録甘棠行累

日辟國百里言召南道化之時也

今也日蹙國百里先王之受命昏稱虐滅之

於乎哀哉維今之

人不尚有舊尚尚蘭尚德之尚抑云肆皇天弗尚旧世臣者舊也與召公昭刑餘之人矣然進用凡伯身為周公之亂而維予胥忌則末也之何也故哀而歎之而已瞻卬猶有望焉召旻

則亡周道不復大雅滅於斯矣○紂之亡微子曰咈其耇長舊有位之人傷其用予罪違逃也此王之於昏極其每一也遂滅鎬京○朱注不猶有舊德乎非也宋說曰舉舉思治曰望其改圖都不違通篇卒言之大意者耳

召旻七章

蕩　抑　桑柔　雲漢　崧高　烝民　韓奕　江漢　常武　瞻卬　召旻

毛詩考卷二十五

周頌

清廟之什第一

疏云周頌之次雖有曲而秀客以盛者為先清廟之什陳文武盛德郊宗柴望祀禮之大者臣工之什言助祭祈穀合樂朝見閔予之什繹告未笄類禡小禮焉

清廟祀文王也 書大傳曰周公升歌清廟苟在廟中嘗見文王者愀然如復見文王

周公既成洛邑 周頌之壵蓋在洛邑之後是義被三什

朝諸侯 洛邑諸侯朝會之都也

率以祀文王焉 頌序唯清廟乎駟有廣辭宅則亡有者嚳入

於穆清廟肅雝顯相 是詩言文王登廟貴丁而有丕承於後○二句四句二句成篇 ○清廟實廷云肅然清靜箋云文王有清明之德並通人多從實廷然鄭箋亦于靈臺合○顯相助

羊者相維辟公也是稱士虞礼亦出

濟濟多士秉文之德

凡廟中執事之人皆執文王之德

對越在天

秋三言越揚也對遂也似秋是句對越猶對揚也言不敢忘文德敬守以對揚文王在天之神猶存日也〇周告旧越九原

駿奔走在廟

駿速也多士疾奔走而在廟言勸事且敬也

不顯不承無射於人斯

文德不顯乎不承乎永永無見厭於人也後人承而不絕是文王垂統詒謀之盡善也故係之文德無射即德音不忘也

清廟一章

維天之命大平告文王也

詩言文德致大平而成王焉之

維天之命於穆不已

天之命言周家之休命也于昊天有成命天命匪解同穆而不已言天休命穆穆無有止息也

於乎不顯文王之德之純

文王之德日顯

純而不已是以天之休命亦穆不已上下感應同
明相照此周家之所以保大平也○朱熹郢書燕
說而敢誑序不避甚**假以溢我我其收之駿惠我文王**朱注從左
傳改何以恤之允當三句成王追慕文王之言也
故結以曾孫篤之○文王之德純而不已曷已乎
猶存矣故冀其神之有所感格曰盛德也此何以
惠恤我欲我得慎而收之以大順我文王之德意
也**曾孫篤之**設心此三句成王所以篤周祜固大乎也以是告之所以安文王也○曾
孫在是詩則成王也說具於前

維天之命

維清奏象舞也詩言文王之師律爲國禎祥○象舞文王之樂也季札觀象箾南籥
曰美哉猶有憾言文王未能致大平也此蓋象舞
成而奏諸文王之廟時先哥是詩也

維清緝熙文王之典清者明也緝熙言竭其心思而昭明之也典者征伐之法也曰清曰緝熙美文王之典也肇禋蓋文王征伐始用是典時禋祀于天而奉之也皇矣是類是禡言顯于上帝也迄用有成迄汔同成成功也維周之禎文王始禮而肇是典汔致大平遂為周家之祥也言牧野武成基於此焉汔成者季札所謂猶有憾也書曰大勳未成

維清

烈文成王即政即政言作洛之後諸侯助祭也諸言訓諸侯以儀刑前王世茲祉福○蓋頌作於作洛之後故受前三篇先以成王即政之詩也

烈文辟公錫茲祉福烈文光烈文明也言其有文德武德也辟公助祭諸侯也錫祉福前王錫之也惠我無疆子孫保之我成王自稱而包諸侯也前王無疆之惠

至於子孫 保佑之也
無封靡于尒邦維王其崇之 封大也封 建厥福之
封靡奢侈也檀乃若是其靡也崇〻寵崇褒之崇
也時已艾安故戒奢侈也不靡則崇之合靡則有
罰之意示咸福 之權在此句
念茲戎功繼序其皇之 戎功武功 也佐乘之
動有新受夢土又有孟津諸侯今其子孫來助祭
故使其念祖考之勞勤貽今寵榮也繼序續祖考
之序也皇之蓋稱大 其業也不靡有崇
無競維人四方其訓之 國勞 無競
守惟有賢才也萬國皆訓之四句言前王之德業
也○訓左傳引作順古訓順通用若抑詩訓之乎
順之並故此 訓下以通順
不顯維德百辟其刑之 光明不顯乎 惟有實德也
諸侯皆 刑之
於乎前王不忘 文武用賢明德之規矩違有 不忘使諸侯訓而刑之
也○烈文辟公前王錫祉以茲祉福其惠無疆保
及子孫故祉毋大靡于邦傷財害民今王亦寵祉

以賞棄宜急祖考勳勞以致今日宗世繼其序孫益受崇寵以廟大之夫治邦在得人在順德前王之道鑒其可忘守宜儀刑以臨民矣成王始即政以諸侯祭於先王歌之廟中以訓諸侯亦以舊德戒以勳勞之典也○邦說者都不得解

烈文

天作祀先王先公也　詩言大王文王造周而子孫保之○太王基之文王成之此周之所以配天也後嗣王能保之則先王先公廟食無疆是故歌詠之以祀于公先王也

天作高山大王荒之　岐山天所造也而大王拔兌以大之也晉語川是曰荒大也大天所作可謂觀有天也

彼作矣文王康之　此作即大王所荒也言經營大邑爲盤庚作廢殷丕作之作

彼徂矣岐有夷之行　徂矣阻通本是險阻薜陋矣而

今岐山有岨岨平夷之道儼然成一大都會乎豈鎬與峙而為王都之抵也○朱注岐字絕句大誤韓詩外傳曰岐有夷之行說苑詩人曰岐有夷之行可徵後漢書作彼岨者岐是别傳也然矣改者則岐可句其聲則鄙劣**子孫保之**禴祠烝嘗于公先王子孫能保大王所荒保文王所康則后稷以下先公先王皆可泰然以安處焉凡歌子孫以續所以安慰先神也

天作

昊天有成命郊祀天地也詩言文武克奉天心以周天命○蓋一時祀天地而用之歌將圜丘方丘一詩而兩用之如潛春冬並用歌

昊天有成命二后受之天監代殷莫如周天命既成故曰成命二后文武也夫有二后而天命成然曰命既成而二后受敬天也說出周語

成王不敢康成王言成王有

德業也酒誥成王畏相大雅成王之孚家誥君上德不困不成王或以為成王誦非也是詩頌之盛德也非文武不足當也

夙夜基命宥密為成年故因其基而寬裕以寧固也非寬裕無大受之非寧固無能定之○宥乎唯莊子有則周誥宥寬也是確訓○洛誥之基命定命乎是詩之基命成命所以指辭不同不可牽合

於緝熙單厥心緝熙如磨礪生先言昧爽丕顯日新其德也單周誥作亶曰亶厚也言中心敦篤不敢自暇自逸

肆其靖之肆猶遂也靖言和寧天下也○肆有令終之意故周誥曰肆固也尔雅所謂故今若有始有終之義也

昊天有成命

我將祀文王於明堂也詩言求福於天其文王畏而保之

我將我享將奉將而薦之也

維羊維牛鄭特牲今宗文王於明堂以配上帝其牲

戚畏欲

維天其右之右佑祐通用本又作佑易曰自天祐之○我奉羊牛敬享於帝其庶乎祐之欲求福也

儀式刑文王之典日靖四方式以也折用儀刑字盡其辭也式訓法不雅○典左傳作德

伊嘏文王既右饗之我儀刑文王曰不忘以靖四方故是祭見嘏文王既祐我而享之也文王之祐即天之祐也辭有尊親之別

我其夙夜畏天之威于時保之保之言天之右文王之寶也保是二者即保天下國家之謂也○右之寶之保之語相聯珠而義亦在此

我將

時邁巡狩告祭柴望也詩言武王巡方告祭黜陟偃武脩文○般序宣侯考

時邁其邦時邁猶時巡也東方以春南方以夏

昊天其子之實右序有

周右天祐也令行禁止如有物尊之書曰天維式教我用休是也序者班爵貴賤之度賢否黜陟之則皆秩然得其所也**薄言震之莫不震疊**有不令之人而怖之用威罰則眾皆恐服也武王巡守其震必有滅國者其懷柔必有開國承家者○叠懼也尒雅作慴○二句武威也人事也**懷柔百神及河喬嶽**諸侯有慶者色爲二句文德也神事也不上句互備**允王維后**上半諸勞一任○我以時巡行於邦国天矣子之以祐而序我自周是或以威震之或以德柔之則神民莫不允若屈矣天子允惟天下之后也**明昭有周**

式序在位武王巡方萬邦也一諸侯服享天下大定故曰明照矣有周也序者五服五章之序也言諸侯各式其序懷在位也**載戢干戈載櫜弓矢**殷末兵亂既久矣今此皆斂兵而藏之**我求懿德肆于時夏**懿德賢者也求而使安民也**肆**猶遂

也于時語辭也皇大也言天子之功德於是乎遂大也左傳楚莊王論武七德引是詩曰保大保是允王保之之保大是肆于時皇之皇是義最古余故從之

允王保之

保是皇而不失也○天子時巡考制度明黜陟是以周道明昭丑服得其章莫不昂序也於是偃武事為求懿德君子為民長伯天子之功於是遂大矣允也天子保是大功而永為神人之主矣○允王字結語相照

時邁

執競祀武王也

詩言大平告武王也武王之烈至成康而大成乃須其成功以告神明者也祀武王故虽康王後之詩錄附是什未思文所以然是什也

執競武王無競維烈

執競猶曰弃疆也此成湯秉鉞如火烈烈是也是以国家無競乎功烈盛大也武王一世而安天下之民執競之烈主牧野大事言之通篇大義也

不顯成

康上帝是皇皇暀也臨而保右之也此言成康能昭明武王之烈焉自彼成
康奄有四方斤斤其明自二王而周之圖版大康王道無外明々其察也○
奄有四方在王季太王在成康汔晚各有當已鍾鼓喤々磬筦將々降福
穰々喤々和也將々鏘々同筦本亦作管同穰々衆多也猶豐年穰々此言曾孫奏樂于武王廟而
承福之盛也降福簡々威儀反々簡々大也反々自反也既醉既
飽福祿來反成康之時刑措四十餘年太平之頌莫盛乎是焉王者之廟內普天率土
之象也休祥如是即成康之明德而武王之成功
也若使武子武孫不有是丕承則牧野戎衣之志
豈不歉然乎後王極言是太平次奏於武王廟之武
王之心何安樂加焉而後王之所以事武王不監
於成康而誰監乎其所儆戒亦遠矣○朱熹詘序
曰此祀武王成康之詩噫祭三王是何代礼乎

執競執競噫嘻後人所加或本有是詩而或雷
同或辞有予及二篇者故去曰補之我
思文后稷配天也詩言后稷有配天之盛德○国
諸引以為周文公之頌
思文后稷克配彼天立民於極是文也楢堯之文思
文王之文周誥論晉周曰能文
則得天地后稷所以配天吉義可**立我烝民莫匪**
参嘉量銘時文思索允臻其極
極皇極民極之極也民食不足何以錫極故
爾極立極於民者以唐虞之道化本諸后稷也所
后稷誡掄我民〻競勸悦服莫不協于爾極爲所
謂羣黎百姓徧為爾德者文而配天在茲○讀立
為粒以而非者古
書所引都不然**貽我来牟帝命率育無**来未詳
説文来
麰麥也孟子趙注麰麥大麥也棄来小麥年大麥
是後人説也或云麥字从来脱夕耳劉向作釐麰
曰始自天降韓詩作嘉麰○無當作撫絶句蓋貽
我民以来牟是帝命后稷率我民而育撫之也

此疆爾界陳常于時夏

天下田界后稷所學故曰爾界常言畎澮及培殖之常法也陳是常於天下甚弘大而無所不至也蓋來年之供民食最巨蓋后稷降是嘉種大為生民啓厚生之利唐虞時雍之本在茲乃使烝民無得其極者此后稷之文所以庥天而無斁德也來年之事以　本邦之古視之大有可慮者自吉備　公此唐　朝廷令民穜麥有司甚力然民不從者　數世至外青麥食馬久而後民皆其利大資民食因知后稷深知來年之利以身先民遂以積天地之化育者矣生民萬世之父母也周之子孫竃神而靈異之亦宜矣麰麰之麰牟禧遹作蓋乎嘉穀一意也並係之祥瑞天工開物云四海之内燕晉秦豫齊魯諸道烝民粒食小麥居半而黍稷稻粱僅居其半

思文

臣工之什第二

臣工諸侯助祭遣於廟也詩訖臣工以戒諸侯且重民食○遣於廟言遣
自廟也詩所以為頌也殷士裸將于京邦国之
臣工固從其君以助祭也

嗟ミ臣工敬尔在公臣工諸侯之臣有職司於王室蓋年滿也左傳王曰單伯未有
職司於王室言非年禍也酒誥殷
之迪諸臣惟工在公供君事也王釐尔成来咨
釐成賜之决断也○嗟臣工宜敬尔君
来茹事而不忘為若有疑事或不可私决于国者
必来而咨度于王庭王将裁决而授尔宸断也赫
ミ王命諸侯豈不凛然栗乎覲礼三享事畢右肉
袒聽事天嗟ミ保介維莫之春保介蓋三日直保民
子辞之乃出而韓相之也年我
農人以下助民務之事也是停出月令呂覧未詳
韓外傳楚荘王制節守職反後戴其覇不示宜乎

詩曰嗟〻保介莊王之謂也乘此只保介**亦又何**
其身之謂也毛公不注其無深義可知
求如何新畬二歲曰新三歲曰畬新墾最耆方時方莫春三月汝歸而又何求將如新
畬何民事不可緩也
不助而戒督之以急也**於皇來牟將受厥明**來年后穫之嘉
種故導而靈之曰皇明猶曰休祥也時近
麥秋則麥之漸〻者既有大穫之勞故云**明昭上**
帝迄用康年明昭屛如福善福滋之有常是也迄用維清一例康年康食之康高須自
天降康豐年穰〻○今也上帝方明福禍不成沺
能敬君事勤民務今年亦將受康穰之福矣此豫
祝秋成**命我眾人庤乃錢鎛**眾人天子之民也故曰我錢鎛諸侯之器
之辭
也故曰乃庤峙同鎛鎒也良耜詩可徵管子一農
之事必有一錢一耨一銚然後成農宗耨以芸見
銚以耕也故傳曰錢銚也蓋耜屬○周語說藉田
礼曰余農大夫咸戒農用遂人職以時器勸甿

奄觀銍艾銍穫禾短鎌也艾刈同○泄須告喻衆
民以力田具農器以資民上下恪敬於
農至秋成而大觀民之豐收也

臣工

噫嘻春夏祈穀于上帝也詩言從成王之法於人
事無所不盡以藉靈於
上帝也載芟同意○月令孟春祈穀于上帝仲夏
大雩帝以祈穀實

噫嘻成王既昭假爾噫嘻嘆辭也昭假言其德格于
天也書曰有若伊尹格于昊天
言其德昭格也爾助字矣予其懲而毖之而同○成
王德格于上帝則其所肆之法乃上帝之心也遵
奉成王乃嘉穀之所以**率時農夫播厥百穀**是成
王之
受厥明也故先稱昭假
事也信南山序不能脩成王之業疆理天下以奉
禹功故君子思古焉是詩所以稱成王可以見焉

蓋成王經界田畝建立農
政故後王稱是以祈穀也**駿發爾私終三十里**尔受
上農夫也私民田也祈穀之礼所以為蒼生故以
私言之終言盡之也方三十里言萬夫之地也四
旁有
川
服
亦服爾耕十千維耦亦猶曰既終而又発也其實川川一時並発也
畯耕即発也十千萬夫也言萬夫皆耦而耕焉〇
今我亦大墝農夫之田以尽三十里又使萬夫耦耦
耕川川相望無所不尽其力上帝庶乎其降康也
成王之時也歟
噫嘻噫嘻乎豊年耦而間以振鷺有瞽乎雝耦而間以潜緝録之次以有説矣
振鷺二王之後來助祭也詩美其儀容以成勧之
振鷺于飛于彼西雝興也以振鷺之潔白與二客之威儀為殷尚白故主殷言之詩
辭不拘〇振鷺飛自雝澤也或云辟雝在西
郊故曰西雝棄寓東人**西**帰之意疏不達
我客

戾止亦有斯容斯容猶曰其容也二王之後礼物不乎列国同故殊美其容可以寵異之也在彼無悪在此無歎在彼在此欲其長服事王家矣国咸休也無悪無歎不見悪不見厭也庶幾夙夜以永終誉庶幾乎被上下自也夙夜言誰辭也永終老二王之後為劫也夫以其不見悪不見厭勧其永終誉殆也家人文子之諸以其為先代之後故捨以慰趣之意礼加列国蓋一等大見国家是厚之美矣老禹湯之心特無怡懌乎

振鷺

豊年秋冬報也詩言天降康年祖妣得以豊粢舊〇大田有秋報生民有冬報以良耜秋報社稷孝之蓋是報于上帝也上帝曰祈乎上帝故有文耳或云社稷有祈有報上帝有祈無報寔是亦武斷也

豐年多黍多稌稌稻也亦有高廩萬億及秭傳之數萬至萬曰億數臆至億曰秭案是所謂大數者欲叶言未兼之數乎三百億曰朱注黍宜高燥而寒稌宜下濕而暑黍稌皆熟則百穀無不熟案是亦一理也然曰多黍稌是古雅之辭為酒為醴烝

洽

畀祖妣以百禮載芟亦有是三句得上帝之賜以尽冬百礼於祖妣是孝子之所最感戴也故歌以報之降福孔皆皆左傳引作偕同言祖妣降福之孔徧也

豐年

有瞽始作樂而合乎大祖也詩言樂成而神人和合〇大祖后稷也洞古本及朱注無大字脫也叙文本或作大祖而孔疏明以大祖叙之脫誤既久足利本作大祖案是序乎雖禘大祖比以示二篇相攝不作大祖則大義泯矣〇或云合禘也案禘大祖無則字

有瞽有瞽在周之庭瞽凡三百人每人一視瞭亦三百人設業設虡崇
牙樹羽視瞭設之中庭言懸業大板以飾栒者虡其植者也崇牙業上飾也樹羽置之彩羽
於崇牙上也蓋龍簨虡負制也殷加之崇牙至周又畫繒為翣戴以璧垂五采羽於其下應田
縣鼓應小鞞也以助鼓節田傳云大鼓也箋云当作朄小鼓也在大鼓旁應鞞之屬業朄出周
礼為大鼓先引者傳無敢今從鄭箋懸鼓周制也夏足鼓四足也殷楹鼓貫中上出至周懸之簨虡
也鞉磬柷圉鞉小鼓有柄兩耳自擊柷以木為之狀也漆桶中有椎左右擊所以起樂
也圉狀如伏虎背有鉏鋙以木擽之所以止樂也既備乃奏簫管備舉樂器
皆備乃合奏也簫編小竹管為之參差象鳳翼管如笛並兩管而吹之喤喤厥聲肅
雝和鳴先祖是聽肅敬也言其声正也先祖感格和之至也我容戾止

永觀厥成我客戾則百辟百官不言而其盛可知
成者樂之成也因之大成也言二王之
後亦觀於周樂而永仰天下之大成焉○大雅齊
觀厥成書**曰**無逸仰成若倫說觀樂則永宇不安

有瞽

潛季冬薦魚春獻鮪也季冬薦魚季春薦鮪出月
令二月榮鮪出月小正春
獻王鮪出周礼又周語大寒降土蟄発於是乎取
名魚而薦之廟言季冬子孟春也
猗與漆沮猗乎勤辭亦出商頌二水自幽歷岐周以
至豐鎬然特表二水者盖從先世故事歟
乞傳
可念**潛有多魚**
爾雅椮謂之涔涔潛同郭註今積
柴於水中魚得寒隱其裏因以薄
圍取之者李巡孫炎並謂
之養魚則或是如魚獄者致**有鱣有鮪鰷鱨鰋鯉**
季冬薦多魚無鮪亦并言鮪也春獻鮪與無多魚
仍言它**五**魚從來詩之辭若是朱子說頌總揃於

辭善以是詩辭惑

潛

以享以祀以介景福此祭祀之常語

雝禘大祖也善人助祭文武如在成王無其受福故言盡一之意以安先祖也○禘大祭也重於祫此禘于后稷廟之詩蓋后稷以有廟無廟之主見於帝嚳之義也礼不王不禘故盛咏歌文武貽賢才相天子之福也用之徹爼後之為歌詩之本歌未可知焉

有来雝雝至止肅肅雍濟濟賢相言之揖讓而入其和也既立而肅然其敬也至止言既至而立於位也止非助乎猶公尸来止重重

相維辟公天子穆穆顯相

助祭事故天子唯蒂已而已

於薦廣牡相予肆祀廣大也四牡侑廣之廣拟大宗伯大祝典瑞職肆祀大祭也義疏肆享大禘祫也祭此乎是詩合鄭注肆解牲体以祭因以為

名薦熟時也然否

假哉皇考綏予孝子

假大也假哉天命之假予孝子成王也辟公是文武之旧臣相予執事使我穆〻享福実祖考之遺休也故稱武王而曰大哉使我也是毎然奉祭焉也

宣哲維人文武維后

明哲之人相天子而文武永為周家之后

燕及皇天克昌厥後

廟中済〻宣明賢哲寔蕃有徒以相予孝子是以文武永君臨周邦威祭也存誠能安皇天之心而使我後嗣若是昌大也

綏我眉壽介以繁祉

介大也助也昌後以天色言眉壽以年言繁祉以萬福言

既右烈考亦右文母

右佑同烈考武王也書曰光烈考武王凡烈字數稱武王文母大姒也文之配而德亦配焉蓋烈考以包先祖文母以包先妣不敢言遠祖蓋尊親之別也再稱武王蓋周之禘実申武王且表成王孝思矣○二右亦顯相之力也成王中主周公三致意不啻是篇况舉賢才実経

世晏動也然則成王事先亦非它也故禘而歌之
○雍頌不言及邑善盖未即世也

雝

載見諸侯始見乎武王廟也詩言天子貴禁之福諸侯悅服○諸侯始
見成王於禰廟也故見下有助乎子有客並觀之
其所以示義明了矣
載見辟王曰求厥章載始也辟王新天子也章言礼文威儀也○蓋崇之日諸侯始
入武王廟而見嗣王也求章是天子出
路門應門而自雉門小東折至廟之時龍旂陽〻
和鈴央〻陽揚同或云明也和在軾前鈴在旂上尔雅有鈴曰旂郭注懸鈴於竿頭央〻
言上下相應和也○樂記龍旂九旒天子之旌也商頌亀旂十乗大糦是承与此同鞗革有
鶬休有烈光鶬箋云金飾貌或云八鸞鶬〻之鶬金厄声也休有靈異也有烈光天威

赫然也先望龍旂次聞和鈴以見鞗革而烈光不敢直指顏色容皃也其辭有叙○諸侯始見新天子未知其為何也君瞻仰以來其儀容則天子建龍旂鳴和鈴休然盛德之光直與有以為文武祚胤者諸侯歡喜祥鳳瑞冊

率見昭考以孝以享以介眉壽昭考武王

也文王曰穆考○既而天子率諸侯以見皇考以孝祀也

永言保之思皇多祜思皇亦靈異之也亦思皇多士於皇武王一意懐諸侯以事先王故保是福也

烈文辟公綏以多福俾緝熙于純嘏天子綏辟公以多福使其丞丶於大猷也多福天子所錫也純嘏昭考所降也緝熙丞丶日進之意也

載見

有客微子来見祖廟也詩言微子令德天子崇之文祖福之○祖廟文王也

頌盖周公所定与南雅同故主成王言之非祖文王宗武王之謂盖天子有事於文祖而微子來助祭及其歸歌諸廟送之也○三什唯微子表其名實有是事而作是詩也非宋公見祖廟之例

有客有客亦白其馬也亦諸辞也詩中多例或云亦仍也是偏辞耳○四句言微子之儀獨殊絕於群后助祭者令德稱其服亦可知焉

有萋有且敦琢其旅言車服徒御之美也萋苴美盛貌猗萋兮斐兮籩豆有四○宋先代之後天子文物存焉其儀大異於萬国故首言之所以亀異之也何以言賢者從行

有客宿宿有客信信四句言其留之也宿而將歸又留之宿信而將歸又留之信再宿四宿之甚可[illegible]

言授之縶以縶其馬所以宿又宿信又信也天子留之殷勤

薄言追之左右綏之綏勞慰之也既　矣天子使人追而及之或左或右以勞慰之也寔之無已

既有滛威

降福孔夷注大也有洋溢之意威威儀威望也隣福王祖廟言之夷言易〻無礙也自白馬敦孫授絷追紛亦是注咸也而微子不宜克慎其德是以天子為錫為光以申文祖之福也

有容

武奏大武也詩頌武王以武烈成文王之功〇奏大武之舞時歌之也〇左傳武王克啇作武其卒章曰耆定尓功疏云卒章言綏章之句乗国語以那篇末為輯之乱則疏亦可念朱注春秋傳以此為大武之首章室曰大曰首可怪又曰傳以此詩為武王所作篇内有謚其說誤矣臺朱子不能尋繹古文敢以左傳為誤鹵莽亦甚左氏何曾以是詩為武王自作乎

於皇武王無競維烈於皇蕢盛德也一戎衣定天下有其唯武王乎于皇矣上帝蕢意同固無競乎功烈若是盛也言牧野大事乎執競同

允文文王克開厥後

武王卒文之功者也故革命係文王周家之業也蓋武王之志乃繼先文以完之故武王亦遏劉定功克嗣其緒矣

嗣武受之

武迹也猶曰繩武受之猶我龍受之

勝殷遏劉者定爾功

遏劉止殺也言誅一人而止天下戈爲者厎同致也楚莊王引是曰猶有晉在焉得定功武王無殷故武功定矣〇何楷以武酌賚般時邁桓為六成之樂章是拠左傳臆造者耳至傳會也勇最甚

武

閔予小子之什第三

閔予小子嗣王朝於廟也

詩言成王哀慕求助祖考〇不曰成王而曰嗣王明其始除喪也連下二篇皆喪畢周公奉成王朝於廟之詩也小毖管蔡亂後作故末附

閔予小子遭家不造閔〻予小子成王自歎也造成也不造哀家將殄之辭大誥曰弗弔天降割于我家亦言武王崩也嬛〻在疚嬛煢同孤特無所依之皃在疚言自常哀痛而不自持也於乎皇考永世克孝大孝終身慕故曰永世念茲皇祖陟降庭止成王追念之也因念武王之慕文王遂及文祖也不曰念皇考互文陟降庭言如見其升降於廟庭也祖考如在靈師古傳之維予小子夙夜敬止念祖孝而唯自敬而已於乎皇王繼序思不忘皇王兼称文武也不忘不可忘也亦贊盛德之語詩中多例文武之德盛矣哉歎繼其序追思之實不可忘也庶其有保佑予於〇小雅做大君子懷允不忘言不可忘也

閔予小子

訪落嗣王謀於廟也詩言求助羣臣而藉靈武王○爾雅訪謀也

訪予落止率時昭考爾雅落始也此言政治之始也率上添將字看於乎悠

哉朕未有艾悠思之長也艾治也楚詞武丁之神明也猶自謂未艾故三年默而思道

將予就之繼猶判渙不曰予將有乎上句處也就就緒之就也猶猷同判分也

渙散也繼上添從字看維予小子未堪家多難王室新立國家多難故曰

多難○詢謀我政首將遵是昭考所為因究緒曰

嗚呼悠哉我未能治事也今將就之唯恐嗣大猷

而致紛亂矣予小子尚未足以仕國家多難也及覆言求助之意紹庭上下陟降

厥家紹庭當作昭假武成昭我周王孟子引作紹庭廷同假叚同廷叚篆文相似二句蓋言武

王之德也將言休矣皇考故先提其休休矣皇考以保明其身以字極繫

保明言自保守而有可發明也夫皇考昭假天地昭臨周家其德休明若是顧藉皇考遺德我亦以保明其身而已 四句是藉靈於武王之意也

訪落

敬之群臣進戒嗣王也 詩言王者當畏天命不自足以學于古訓○亦進戒於廟之詩也嗣出前二篇故省之小序不言廟亦同○朱子改進戒為受戒迷之大不達古義

敬之敬之天維顯思命不易哉 羣臣進戒曰敬哉敬哉天監孔顯福禍不忒驗命不易哉 **無曰高高在上陟降厥士日監在茲** 士事也王者萬幾凡出入內外之事 **維予小子不聰敬止** 聽敬言閔敬辭而直聽學之也以下嗣王答辭也亦借其口以進戒者 **日就月將學有緝熙于光明**

就就緒之就將行也我日斯邁而月斯征蓋本此緝熙丞丞日進也予雖不總於敬予自今勉學日就丞不去月征不已庶有丞丞於高明之域矣

佛時仔肩示我顯德行佛弼

通仔肩未詳蓋言已所負荷也顯德行言明明之德行也書所謂顯休命諸法同蓋言此宜弼我重任示以德行也是蓋辭不總自居強學不已求助羣臣之意此嗣王大戒也依此進戒者詩之勁用在茲○尔雅肩克也任也旧說不說及仔序狀詰詩有據動作也詩傳音同方言傳強也似是則仍有或疑勉舊作之義猶曰弼我力行欤

敬之

小毖嗣王求助也詩言臨征日之不閑過而求直言正行○小毖順之於小也桃亢二句所以取名也○以上四篇朱注疑後世遊以為嗣王朝廟之樂案是不違序旅嗣王之意耳

詩曰昭考曰不造曰予難明是成王之事況曰集于蓼豈可通於後王乎

予其懲而毖後患而字經句成王惑流言故有是臉

莫予荓蜂自求辛螫叙文蜂本作夆尔雅甹夆掣曳也易曰見輿曳其牛掣此言不正諱其過相牽引以成惑也山海經并封前後有首屏蓬左右有首棄此獸一身兩頭故得是名音義皆同宋說大誤○集于蓼之禍予既懲矣願慎後患也勿掣曳我而陷入于害惡是也自速荼毒也君德失則而官皆受其凶害

肇允彼桃蟲拚飛維鳥比也桃蟲鷦出尔雅鳥莫小於鷦鷯我閔之其丑有班似舊古語曰鷦鷯生鵰蓋以其有舊翼焉也是說近理其始至小鳥而矣称桃蟲是易制然及其效舊奮飛則爲小是鳥也遂不易獲以比小惑可除莽蜂不已則遂成大惑焉○陸疏鷦鷯之雛化而爲鵰鷲縱有其理於詩不切

未堪家多難予又集于蓼二句追叙往事

也我未能任多難而又没入于辛苦之地若之所
不自悔艾予集于蓼前日大惑也故大悔而求助
于羣臣開言路以救其意也、

小毖

載芟春籍田而祈社稷也 詩言尽人事以受神助
以祈秋獲嗣往歲○無
地不墾言無人不力田以受祭之福古来不論言之辭
以祈今秋如舊於地神穀神其儀明、朱子岳祇
之云二篇未見祈穀之畀兴彙纂猶不敢朱注而
從古説余固不肯辯

載芟載柞其°沢〻 芟除草也柞除木也沢〻猶釈
釈也○詩有三段首段十句言 耕
新墾田 畒也 千耦其耘徂隰徂畛 耘者除所芟柞之
株也隰未墾者也畛
既墾者也 侯主侯伯侯亞侯旅 農皆輩家而出也家長
少長子及仲叔及子弟

侯彊侯以彊者其人強壯治一夫之田仍有餘力而來助者也以若閑民也傭賃執事周礼以強予任民以予相通以猶傭用於人者也有嗿其饁思媚其婦有依嗿傳云衆貌說文聲也朱注衆飲食聲也棄其士思媚思而愛之也依相親近也士夫也饁婦与耕夫相慰勞之狀此詩可入畫有略其耜俶載南畝略利也尔雅作䂮二長十四句言田成而種而耘而獲而榮也播厥百穀實函斯活賛助字也函活言其萌芽含生氣也驛ゝ其達有厭其傑驛ゝ每畝相接續貌尔雅从糸達庭然出地也厭受氣特篤也傑然先長者也是人事之尽故也厭ゝ其苗緜ゝ其麃緜ゝ端月相接貌麃除苗間草也左傳是穮是蔉載穫濟ゝ有實其積萬億及秭濟ゝ衆盛貌穀實之積其秉萬億緜ゝ濟ゝ皆狀農夫力田也爲酒

爲醴烝畀祖妣以洽百禮百禮祭礼而備也出於賓之初筵非別饗燕所
也○四句豐年報祭亦出但此無降福孔皆句可玩有飶其香邦家之光末段
言受祭之福古來不易也飶苾同受上酒醴美其芬芳也嘉栗旨酒非邦家之榮而何有椒
其馨胡考之寧椒性極香故借之猶有鶯其羽胡傳云壽也冠逸胡福注胡遐也遠
也考傳云成也左傳有胡考字考壽相通胡老言
老成之人也酒醴之馨老人飲之以和寧也胡考
之休出絲衣亦祭時也了引饗燕養老而可矣匪且有且且蓋苟且也礼记且胡為其不可
以反宿莚子于飾且者掛是則且有且言苟又苟
欲匪且有且蓋極言福祚之來非苟而然也儀礼
薹有以也酯有子也其□泛似匪今斯今振古如茲爾雅振古也蓋邃古之儀
非今日而有今日振古以來神助如茲○受祚稽
之神祐以豐祭祖妣以焜燁邦家以壽寧父老此

非苟而然非始於今振古而來如茲今秋之穫庶亦如幾如式哉年良耜篇末並看祈穀自見矣

載芟

良耜秋報社稷也 詩言秋穫之盛以報之○載芟猶噫嘻言盡力人事以祈之良耜猶豐年主大有秋以報之彼上篇用之上帝故其辭簡朴于繭栗陶匏以比其異已

畟畟良耜俶載南畝 畟乍晧音義蓋相通○首段十句而四句耕種三句饁三句耘

播厥百穀實函斯活 此用載芟第四句二段首四句

或來瞻女載筐及筥其饟伊黍 婦子來饁也義云豐年雖賤者猶食黍或云伊黍無珍味也棄失詩意

其笠伊糾其鎛斯趙以薅荼蓼 糾糾：葛屨之糾鎛鋤類趙刺也出荀子屐負乃載笠而以鎛刺地也斯乎可玩薅拔去也疏云荼陸穢蓼水草田有原有隰故並

荼水陸穢草○尒雅蒤委葉部引見作以茠蓐薅荼蓼朽止黍稷茂止二止
字子末段式數○二段七句言大有狀穫之挃々積之栗々挃々穫邑也秋
訓栗々衆也其崇如墉其比如櫛如城墉之高如櫛齒之比以開百
室百家在御則一族也在家則一費也而家輩作相助故同時開戶納穀也百室盈止
婦子寧止婦子所來饁廿者也亦上篇胡考之寧變一言老者一言少者○末段言大穫
而穀祭殺時犉牡有捄其角社稷大牢牛七尺曰犉言牲之碩也捄角亦言
角之美也此天子穀祭以似以續々古之人殺犉牡以似續先古穀祭之礼
也其辭重複者詩人之巧也如乞鄭可謂時於詩
之辭矣

良耜

絲衣繹賓尸也
詩言感餞之文飲酒之和〇繹祭
賓尸鳧鷖所詠是也唯彼以表守
成之美此以用老繹日雅頌之異也朱熹詆序此
彙纂左袒序頗徵是詩為繹則古義明光人心不
可敗者
自見
高子曰靈星之尸也
注文入行蓋後人慣
君乃穀貽是杜撰

絲衣其紑載弁俅俅
上半五句言祭前也繹祭輕故
士視事弁爵弁也疏云爵弁之
服玄衣纁裳皆絲為之傳云紑絜鮮貌俅俅恭順
皃釋尔雅俅俅服也蓋言載弁而其絲衣俅然也
載戴也古
書間通作
自堂徂基
繹廟門外西室此門堂也基
門外西夾之室基也攄特牲
礼蓋升門堂視壺濯籩豆而降
自羊徂牛
先小後
大牲在
徂基告濯具也主人在堂下
門外院視牲
鼐鼎及鼒
鼐大而鼒小發其覆冪而
告鼎之潔也三者之次乎
又告充肥
特牲礼
兕觥其觩旨酒思柔
下半言祭末也疏云
正祭無兕觥繹至旅
正合

醻而用之緐是或然矣柔溫柔也飲
酒溫克之儀訓爲非也桑扈取於此不吳不敖胡
傳云吳譁也是以古義李或作娛言之史誤
考之休記作虞亦衍声耳休祥也胡老以是得祭
之福也于胡考之寧自〇祭前士視事者疏之正
祭小宗伯視滌濯告于王繹祭使士蓋亦宗伯之事
屬士也案是必然矣然下半是以尸燕飲之事鄭
云失之〇高子蓋因前二篇說以靈星

絲衣

酌告成大武也詩言文王有武功武王嗣之周樂
所以有大武〇蓋告於文王廟也
曰王曰我可以見焉而後歌武奏諸武王廟也武
王曰予克受非予武故倖武王之心則牧野是文
王之武成也故大武成先告於文王也〇酌植賚
般皆武王之畫也以是四篇終周頌蓋以有說矣
以思文終清廟之什以武終臣工之什其例旣同
未詳編臺所存若左傳三六之數蓋別合武王之

須而數之者不可以後世所用系本叙也**言能酌先祖之道以養天下也**注文入行○而或作汋盖与鑠同音故名季員盖大封之義般盖盤桓般旋之義与巡守之巡同

於鑠王師遵養時晦尔雅鑠美也王文王也尔雅遵循也言因循任自然為養晦言長殷國闇昧也書曰天乃命文王殪戎殷左傳引是曰耆昧也古義可覩

時純熙矣是用大介純大也熙晦之反彼日滋晦故日滋明左傳紂作淫虐文王惠和殷是以隕周是以興是也介助也所謂多助之至天下順之是大介也

我龍受之我武王也龍受猶書所謂靈承也寵靈寵神之寵言武王龔承文王之緒也

蹻蹻王之造載用有嗣蹻蹻武貌王文王也造成也有大造于西之造謨成功於文居是武王本意也有嗣与清廟不義同文王無統為可嗣故武王得继嗣之也故曰盛哉文王之成功乃有遵奉以嗣之也牧野繫之文王

故武酌二篇並
主文王言之**實維爾公允師**爾文王也公功也
王公維濯之公文
王之功矣可謂允王者之師得其道矣孟子君子
有不戰〻必勝矣一章正予足頌符可玩

酌

桓講武類禡也詩言武王以厭士從郊
定家○類禡並師祭也**桓武志也**
注文入行叙文本或以此句為注案予般序叙文
併考擴錯明矣它可類推焉○左傳以賚為其三
桓為其六義其予受克商作頌句武王之頌數篇
而賚其第三篇桓其第六篇也至於詩叙本合文
武諸盛德分為三什故不同欲朱注為大武之三
章六章誣左傳甚矣武是周頌中篇名非大武

綏萬邦屢豐年征伐告於
天心故也**天命匪解**天之休命於穆
不已也是句上
屢荒提武王**桓〻武王保有厥士**士師衆也此講
之武成也武之詩故主肅

貴能羅
之士
于以四方克定厥家以四方言用厥士於
四方也以車彭之之
以易曰以其國君亡左傳不有以國其能久乎
古詰急迫可例而觀之四方亦宜以仁漢例之**於**
昭于天皇以間之皇大也書曰皇自敬德尔雅間
代也書曰天降時喪有邦間之
武王撫綏萬邦豐穰仍臻天命之福用日新夫武
王保其師旅能講習之而用諸四方之事遂定周
家嗚呼其德昭格于天華前代之命以代之然。大
則我周之士可不滿習武事乎唯尔有神監之
桓左傳武王克商作頌曰引時又作武其卒章
曰耆定尔功其三曰舖萬其六曰桓
賚大封於廟也詩言奉諸侯敷文之德以安其民
○是武王封功臣世家同姓於文
王廟之
詩也
賚予也言所以錫予善人也注文
入行
文王既勤止我應受之勤言經營王業也書曰王
季其勤王家誠武王也
敷

時繹思敷文王之勤而滋申繹之言受而擴大之也思辭也書曰度言同則繹論語說而不繹**我徂維求定**我徂而征伐商者是求民之安定故也大雅監觀四方求民之莫○左傳引是二句以為武德安民之事乃知徂是征伐定是安民**時周之命**繹文王所勤而用師求定此周之所以受天命也○是句承上接下**於繹思**命諸侯使繹天命所由也○武王曰文王既勤王業我應而受之數而繹之遂徂而用師於商是求民之定故也此周之所以受命也世諸侯告就其國數文之德以安定其民其繹我周室之所以受命哉

賚

般巡守而祀四嶽河海也詩言山川望秩以定周命○巡守時邁亦出重言之者切焉是亦般即巡義也猶賚曰大封以示篇名之義所迺摘詩中字名之故不敍賚般別立

其名故叙之頌○注云般樂也叙文崔集注本用此注為序文疏云定本般樂二字為鄭注案孔疏本亦同崔本挩是則兩無攷以下叙篇名者係後人竄入益可徵今則都不取也

於皇時周皇矣上帝之皇尊而竃神之也陟其高山嶞山喬嶽高山汎言名山也秩而長曰墮墮山亦名山之次也喬嶽四嶽也○何楷云公羊傳山川有能潤於百里者天子秩而祭之此望祀之所以及於嶞山也允猶翕河猶當作奠大亦字旁訛而為猶叙禹貢奠高山大川言定其秩祭也允奠不唯河上三山皆包焉箋云何敷為九河祭者合為一朱注何善泛溢今翕而不為暴案鄭箋為長敷天之下裒時之對裒聚也言合而秩也裒時受上山嶽[illegible]翕河而言徧録天下山川而無遺也山川大小差秩各有當故曰對而祭之書曰昏棄厥肆祀弗荅對荅兼荅于秩之義而全矣時周之命天下山川無不受祭此周王所

以受天命主而神也武王革命天下山川之庶神
尽以周家祭典變更之屬天命者不得不然故同
時周之命數而日於皇以是也○朱注聚諸侯於
方嶽突出甚是詩只有祀四嶽河海而別無巡守
之事故序巡守下有而字時邁序曰巡守告祭柴
望也此其詩及巡守之礼故無而字文法謹嚴

般

清廟之什

三什編得之次其可閲觀看左記

清廟　維天之命　列文　昊天有成命　時邁　思文
維清　天作　我將　執競

蓋一篇一稱首文王也頌定於成王時故先録
成王即政稱以其編祭必先王其次郊祀明堂
相比其次武王大季相比而后稷配天所以終
是什也

臣工之什

臣工

噫嘻 振鷺 豐年 有瞽 潛 雝 載見 有客 武

蓋臣工比祈穀其辭盛故首之噫嘻與豐年比有瞽與雝並用之大祖故比振鷺杞宋兩用潛比冬春兩用故比而錄在前後二耦間是亦編法欲其次廟見相比而武所以終是什也

閔予小子之什

閔予

訪落 敬之 小毖 載芟 良耜 絲衣 酌 賚 桓 般

蓋朝於廟謀於廟相比進戒求助相比四首一類也而祈穀相比而繹祭輕未附而酌桓並武王之師故比而賚大封諸侯般大秩庶神故比四首皆武王之詩所以終周頌歟

毛詩考卷二十五

毛詩考卷二十六

魯頌
魯侯有廟頌者蓋周公故也然詩固不宇
周頌同且既受王命則非僭也○疏云巫
僭名为頌而体實國風非告神之歌故有章句
棄有瑩章備商頌既同頌不告神為用之亦何
風之有○朱熹之著之於篇所以見其僭也大
考古書無片言可徵風亦說於魯誣古甚

駉頌僖公也四篇皆用頌
字序法亦異
僖公能遵伯禽之法牧于
坰野蓋亦倣禽之法周禮可徵春秋十二公
唯僖为良君定公四先君僖公卯德前列
儉以
足用寬以愛民坰之牧亦
寬儉之一
務農重穀牧于坰野不尊
穀士也左傳孟孫為
成之病不圉馬焉
魯人尊之疏云既衆之
後慕而尊之
於是
季孫行父請命于周季文子
正卿也
而史克作是頌也也
字

挑足利古本補〇克大史也國史作詩序有明文
二臣禄若尊君也言之以示作頌之予有何曾有
備礼之說乎〇疏云其義通於下三篇亦是行父
所請史克所作也

駉

駉〻牡馬在坰之野首章言良馬也朝祀所乗〇駉
〻馬腹幹肥張也牡馬車所用
也天子十二閑亦皆牧馬坰遠野也邑外曰郊而
牧而野而林而坰〇是詩盛數名馬品類以推本
僖公之德三而篇中余薄言駉者皆且挙而數之
意精出可謂名頌矣所謂遍數之者
也非差有驈有皇有驪有黃驪馬白跨曰驈黃而
數之雜而曰皇純黑曰驪
黃而雜以車彭〻彭〻美盛而傳云有力有容也
赤曰黃是以古義字从彡以有義美
思無疆思馬斯臧安民無已示思其馬善也馬有
事則車無事則農

駉〻牡馬在坰之野二章言戎馬也四
章之敘毛傳可從
薄言駉者有

騅有駓有騂有騏蒼白雜毛曰騅黃白雜毛曰駓赤而微黃曰騂青而微黑曰騏

以車伾〻伾〻有力也字又作駓楚辭土伯九約逐人駓〻注走捷疾也[illegible]又謂之駓猛獸也

思無期思馬斯才驥不称其力而称其德古者才德同義則才即德也言和同而從御者尚戎馬最重故兼力于德言之古戎車必乘其產晉惠公乘異產而敗績

駉〻牡馬在坰之野三章言田馬也薄言駉者有騨有駱有

駵有雒青驪驎曰騨言班駁如魚鱗白馬黑鬣曰駱赤身黑鬣曰駵傳云黑身白鬣曰雒尔雅有駱無雒或云雒即駱也在是章不通以車繹〻傳云繹〻善走也疏云田馬齊足尚疾

思無斁思馬斯作說封震於馬為作足言壯於下也子田佩身足笨台

駉〻牡馬在坰之野四章言驚馬也給宮中之役薄言駉者有駰

有騢有驔有魚陰白雜毛曰駰彤白雜毛曰騢二目白曰魚尓雅無驔傳云豪骭曰驔擛疏其本作豪骭白欣云長毛在厀下而白以車祛〻祛ヽ強健也陈云驚馬駘宮中之言責役其肥壯思無邪思馬斯徂無邪言無他急也徂言取道里也是詩賦于才此作于徂此無疆無斯期此無斁無邪期此是謬之選也

駉

有駜頌僖公君臣之有道也侍宴明〻既醉而歸其穀可以貽孫子

有駜有駜彼乘黃駜肥強貌此言士大夫賀是馬而至也与車鄰之首章一例○是亦異格句法有整有變參差成章夙夜在公采蘩用之祭祀会於燕飲取之在公明〻侍宴於君所恭敬而不從礼也先美其人之德而次二章言君臣燕飲之和振〻

鷺々于下興也自振鷺来下喻集也鼓咽々醉言舞咽々鼓声也以鷺之羣飛下興鼓樂醉舞焉于胥樂兮比燕中之樂也每章覆之大見歡欣

有駜有駜駜彼乘牡一章三十二字所撰廛廿字夙夜在公在公飲酒曰明々四飲酒曰載燕近詠三要不子三乘雷同振々鷺々于飛以興帰鼓咽々醉言帰臣醉而出並受其福于胥樂兮比燕後之樂也

有駜有駜駜彼乘駽青驪曰駽夙夜在公在公載燕燕飲酒一也但造詁自有深浅自今以始歲其有君臣殷勤饗勸之辞言每歲有是燕而勿替引之也故遂受以下二句君子有穀詒孫子穀善道也詒孫子言为邦家順式于胥樂兮此永世之樂也〇頌君臣有道而特言燕飲酒者是許也舉一端而已

有駜

泮水頌僖公能修泮宮也修及學政故曰能脩無能字有無刪耳

思樂泮水薄采其芹首章言僖公之臨泮宮○思辭也自於樂辭雖未實至泮水蓋東西門以南通水北無也采芹將至故學中士大夫射於采芹以時也猶采芼以俟方叔涖礼鄭注入学舍菜用芹藻栗此非少為舍菜采之以学宮有是礼故賦之也魯侯戾止言觀其旂旆魯侯所過所以異國居也猶大雅文曰因王商頌陽陽高王為衛侯之妻是別疏說曰逗矣

其旂茷茷鸞聲噦噦此自采菽來茷茷猶陽々噦々猶嘒々猶無

小無大從公于邁匪怒伊教者小子也永錫難老者大人也首章言而二三僞古人措辭方如是精緻者不容卅々○茷々亦揚將至也噦々繫盛飲至也于邁遂入文学宮也

思樂泮水薄采其藻二章言其教国子於泮宮魯侯戾止其馬蹻
蹻蹻々强盛也其馬蹻々其音昭々音孟子所謂車馬之音也說德音不
禗載色載笑匪怒伊教魯侯所以有済々多士也芭作邑也左傳室於怒邑
於邑懿者以正不無邑也蓋則邑乎亦有笑容其
邑者非怒也為教之也色說和顏無例
思樂泮水薄采其茆三章言其養国老於泮宮魯侯戾止在泮飲
酒行養老之礼也既飲旨酒永錫難老酒以介眉壽言公錫之難老也順
彼長道屈此群醜舞干羽有苗格之意言淮夷屈服循遠道而來格也卒章之事
先提而一之章段所分宜刻意領之降発次章
以是二句斷送之大見史臣之筆力
穆穆魯侯敬明其德四章更端而頌僖公之德學之道在明々德連次二章德○大

与三出相照
敬慎威儀維民之則二句出大雅抑是敬而明敬而慎也**允**
文允武昭假烈祖能脩泮宮亦文也淮夷卒獲亦武也昭假猶格于上帝也烈祖
盖兼指周公魯公也**靡有不孝自求伊祜**奉先思孝言孝於烈祖也周公伐戎
狄魯公征徐淮其武亦孝也公克修其身以刑於
士大夫以孝於祖克是以克保其祜也
明々魯侯克明其德上章言在泮而受淮夷之俘既曰明々又曰克明所昭愈遠○
是章殆將明々德於四方者也**既作泮宮淮夷攸服**作猶新作有是詩之辭也
作泮宮所以明德也提三章之意歸武功於文德也一篇主意也**矯々虎臣在泮**
獻馘矯々武貌馘所格左耳也在泮獻三句應前在泮飲酒○**淑問如皋陶在**
泮獻囚淑問言善訊訟者之情也淑有周密之義出楚語囚生曰也王制天子將出征受成

於学又釈奠于学以訊馘告訊生口所囚也○匡
衡傳淑問揚于彊外是以聞〻義於詩不功
濟〻多士克廣德心六章申言詣臣之体君德又一
徽之○德心猶曰德意也受上
德字未洋宮肓不成是多士克廣厶桓〻于征狄
之德意於遠方可謂君子之師矣
彼東南秋遠也猶狄矣西土之人東南付淮夷也
于征及狄矣彼東南之地也秋于廣盟說
攘而遏之於
是詩不功
烝〻皇〻不吳不揚烝〻猶揚休也
烝進也升也作
也皇〻高明也此形容君子風采與上不告于訩
矯〻桓〻照吳譁也揚意氣飛騰也
在洋獻功訩訟也不告于訩言不以訩告也獻功
具事汎矣馘囚亦包焉埊〻以下皆在
洋之事也○是章上半進出章上半下半塈出章
下半是亦章法不可不察
角弓其觩束矢其搜七章十更端原其而頌文武之功
○觩觸貌此言出師之狀傳曰

弛兵不可改也來矣或曰百矣戎車孔博徒御無
或曰士十矣捉ゝ衆也聚也
斁傳言其盛壯也無斁競勸也
就緒也以上出師形容既克淮夷孔淑不逆
淑善之及夷性善而逆我師既
克之則皆革其面而不復逆也式固爾猶淮夷卒
獲善自王猶允塞徐方既來來因其順服乃懷之
以長策比淮夷所以卒獲不及也天軍實盛戎
士驍故克敵既克而卒服以文德故敵遂為我有
也固即允塞之意言慎德無踈漏也
翩彼飛鴞集于泮林卒章從言泮宮之
文化淮夷之允懷食我桑黮懷
我好音興也以四句與四句示異格言鴞改其惡
喻而歸我美音也○旧說鴞嗜椹又黄鸝
亦食桑椹
而音美憬彼淮夷來獻其琛憬傳云遠行皃說
文覺悟也尔雅琛
寶也以來鴞之改鳴興淮夷之去惡歸德為泮離
之甚矣化惡聲則淮夷感格非文德之美而然哉

僖公修泮宫以教国子養国老淮夷之役以訊馘告故史克述其事以頌之

元龜象齒

大賂南金 元龜尺二寸龜不盈尺不得為宝南言荊揚也其貢金三品此言其盡土實而允服也箋云大賂者賂君及卿大夫也是說可急左傳齊崔杼賂晉侯自六正五吏三十師及處守者皆有賂句踐賂吳亦至於列士示心服也○僖十三年從齊侯會于鹹為淮夷病杞故也十六年從齊侯會于淮為淮夷病鄫故也僖之克淮夷嘗在是二會歟昭廿七年左傳季氏甚得其民淮夷年之善淮夷從魯僖公之烈歟當齊桓時則武功亦易為力矣

泮水

首章 二章 三章 四章 五章 六章 七章八章

閟宮頌僖公能復周公之宇也

宇言土宇封域也 一句舉詩之體

閟宮有侐實〻枚〻 首章敘姜嫄后稷之靈德○傳云宓妣姜嫄之廟在周常閉而

無事也清靜也矣、廣大也枚、寬密也赫、姜嫄其德不回上帝是
依依憑其身也周語丹朱憑身以儀之生穆王焉無災無害彌月不遲無災
害言分蛻時是生后稷降之百福主天賜民穀言之黍稷重穋
植穉菽麥先種後熟曰重後種先熟曰穋先種曰植後種曰穉稑非穀名奄有下
國俾民稼穡后稷掌天下稼穡故得言之有稷有黍有稻有秬
黍稷重出猶奄有下土奄有下土纘禹之緒辭重出亦是詩之体格也
后稷之孫實維大王二章敘大王文武成王周召及伯禽居岐之陽實
始翦商翦斷也大王甚王迹故曰始翦自後之辭也至于文武纘大王
之緒致天之届于牧之野届極也中極之義君子如届俾民心闋天之届

言天道之所不得不必然也

無貳無虞上帝臨女 因大雅則師旅奮厲之言也隱是文看之則設收之役無貳者無虞有上帝護武王亦可矣

敦商之旅克咸厥功 敦衆皃稱敦彼行葦言其會如林也克勝也克殷之克咸皆也言師衆皆立其功也是詩造句倜儻

王曰叔父 王成王也叔父周公也

建爾元子俾侯于魯 元子伯禽也

大啓爾宇為周室輔 宇土疆也

乃命魯公俾侯于東 三章言國体之盛以美僖公之祭祀

錫之山川土田附庸 不能五十里者為附庸

周公之孫莊公之子 僖公也

龍旂承祀六轡耳〻 耳〻盛也小雅彼爾維何維常之華

春秋匪解享祀不忒 匪解無時闕也不忒無失禮也

皇〻后帝皇祖后稷 孟春祈穀

于上帝以所后稷

享以騂犧是饗是宜降福既多

我饗而宜之故降福也既字子亦字徒

周公皇祖亦其福女

周公廟曰大廟是魯之皇祖也故曰周公皇祖夫郊祀后稷所以康周公也故曰亦其福女后稷周之皇祖也

秋而載嘗夏而楅衡

四章言祭祀禱頌之盛〇楅衡設橫不於角以楅迫之也載訓始非也

白牡騂剛犧尊將將

公羊傳周公用白牡魯公用騂犅周公有王禮不敢子文武曰魯公則無嫌故用騂牡或云從郊特牲明堂位用先代之禮亦特禮也

毛炰

豚也爓去其毛而炰之

胾羹

胾切肉也羹大羹鉶羹也

籩豆大房

大房半體之俎也足下有跗如堂房

萬舞洋洋孝孫有慶

祭統外祭則郊社是也內祭則大嘗禘是也前章外祭是章內祭

俾爾熾而昌俾爾壽而臧

祝辭也自卷阿

未說嘏辭非也

保彼東方魯邦是常常々有之也曰崗是常純嘏亦嘗矣字法同

不虧不崩不震不騰于岡陵映帶用文

三壽作明如岡如陵三壽上中下壽也作明言三壽之人成章也承福之人衆多亦以孫之慶也蓋寫又兄其所以老壽也尚耆德而用之朝多白首次章黃髮台皆即三壽也○左傳三老凍餒

公車千乘朱英綠縢二矛重弓上章言征伐林須之盛○朱英矛飾也縢繩也以約弓二矛夷矛酋矛也重弓備折壞也車左持弓車右持矛

公徒三萬二軍三軍皆可略林三萬批春秋則二軍為優千乘見卒乘七萬五千人是舉國之賦也二軍則二萬五千人也是出征伐有增之多也

貝胄朱綅烝徒增增貝胄以貝飾之也朱綅以朱綫綴甲也烝衆也

戎狄是膺荊舒是懲則莫我敢承比僖公為周室輔而

能續周公魯公之事者也故孟子再引以為周公
之事昧者却為錯簡妄矣賈當也錯羣錯也僖四
年從晉伐楚疏云僖十年晉侯許男伐北戎蓋
魯使人助之師賤不書或別有伐時經傳脫漏也
伐淮夷之類**俾尔昌而熾俾尔壽而富**武威及遠方不言魯邦是常故
加富于大以祝之**黃髮台背壽胥与試**祝公之壽而永年黃髮台背之人偕
用事也尔雅識用也小雅百僚是識鄭諸妖試有備**俾尔昌而大俾尔耆而**
艾曲礼五十曰艾六十曰耆**萬有千歲眉壽無有害**
泰山巖巖魯邦所詹六章言威德之被東南界至徐之仰也○詹韓詩作瞻同疏云
泰山在齊魯之界二國皆以為望**奄有龜蒙遂荒大東**龜蒙二山名荒奄也
大東極東也**至于海邦淮夷來同**海邦近海之國也同徐方既同之同
莫

不率從魯侯之功率從從魯侯也是篇造語非常保有鳧繹遂荒徐宅鳧繹二山名宅居也言徐国至于海邦淮夷蠻貊及彼南夷傳云淮夷蠻貊而夷行也南夷荊楚也可徐或云蠻貊東方諸種是亦一恙又云上已言荊舒此南夷是南蛮也是說抱通篇語易重出再盖音人見海邦淮夷重出妄分一章為二章致後人曉々莫不率從莫敢不諾魯侯是若若順也至于海邦莫不率從二句重出而並非下二句○旧說以從淮夷蠻貊等事不載經傳故為未恊之期望大不了史克論元僖四出見左傳其言張夸過實從來其性度倜儻故也況是章侈言是臣子之至情誇寸為尺者天錫公純嘏眉壽保魯七章更端言公之令德以保天祿○后稷上帝之子也而文武為上帝所喜悅也乃服皇皇后帝侍伐以復成王之旧此其所以受是天錫也居常與

許復周公之字管子及其侯伐常替有詁作堂許本周公朝有之志也周公之字即成王所謂作宇者

魯侯燕喜令妻壽母自吉甫燕喜既多受祉未合德之妻壹善也壽考之母成風也

宜大夫庶士邦國是有宜民宜人之宜內有令妻壽母外有大夫庶士

既多受祉黃髮兒齒兒齒齒落更生細者也梲其如是

徂來之松新甫之柏八章言為僖公營新廟以体固人之心○是篇于殷武之楷正同卒章是後世鳴時衰義之事古人以廟貌觀德為美依然美其身後然讀而至卒章自然蕭蕭感嘆人○徂來新甫二山名

是斷是度是尋是尺爾雅木謂之劌注詒樸之名棄猶殷武方斲是虔說量度非也尋尺言以尋尺量之也

松桷有舄路寢孔碩舄大貌路寢是寢廟之寢謂之路寢大之也猶松高韓奕之介圭于殷武寢成孔安甚筆同宜並考

之
新廟奕々奚斯所作新廟即僖公廟也奚斯蓋公子魚之字在左傳出閟
二年至武汔克成也主為是新廟孔曼且碩萬民是若曼脩也廣也制有常規
而日甚長且大此詩之辭也然凡廟蓋改修易增
而已唯是廟新造則不無擬凡者不容拘說也
萬民是若言順其望也此一篇屬元四章以下盛
祝之觸者謂是閟國萬民之心也宜精思之○
魯頌四篇至其終篇卒章始著其為廟頌矣宗
說以是篇盛奏郊祭為首為夫子存以見僖大啓
秦漢後之人不通三代人情封建之士大夫不死
王命而死君命是以其君為天故也魯以周公故
有郊天是曠世盛典為之臣子者何曾不誇揚於
天下諸侯乎
閟宮八章々十七句二章々十六句二章
々十句合百二十句也無脫句無錯簡

首章十二之章　三之章　十一之章
四之章　六之章
七之章　八之章
三四主祭祀
五六主征伐

商頌説出國語韓詩史記为宋襄公時作雜説
公不足取若此説史記謂之~~正考父~~作乎
閔馬父引那曰先聖王之傳恭猶不敢專稱詩
出自大商故也若宋人詩何謂先聖王字

那祀成湯也國語昔正考父校商之名頌十二篇
於周大師以那為首鄭云至孔子時
已無七篇矣棄祇若頌
微子至于戴公君凡十其間
則有以傳之鄭得之
禮樂廢壞有正考甫者得商頌十二篇於周之大
師以那為首注文入行看序無是例十二篇矣不
成説以那為首亦不知何謂

猗與那與置我鞉鼓猗歎辭那盛美貌置陳也言陳
鞉鼓之盛美也○受福不那多

也有那其居在也楚語曰都那豎注那美也奏鼓
故此那每訓盛美兮置說置鼓於鞉不禮
簡々和大也烈祖湯也殆如後世
簡々衎我烈祖廣長○礼曰殷人尚声先求諸陽
樂三闋然
後世迎牲湯孫奏假綏我思成湯孫猶因之曾孫
存孫也假嘉因言
奏嘉樂然綏猶庭也我訊称薦祭之人也思成美
言所思乃成也精意以祭思也神亨來格思之成
也湯孫盛奏嘉樂以樂神使君孫若得其思成也
○書曰克綏先王之祿又曰綏尔先公之邑服于
先王
鞉鼓淵々嘒々管声淵々深遠也
嘒々繁盛也既和且平依
周語声應相保曰和細大不踰曰平鄭云
我磬声磬玉磬也凡在堂上疏云鼓管和平來依
磬声明此異於常磬非石磬也垂擊石拊石於赫
向獻擊舞八音以和為君不說玉磬亦似通
湯孫穆々厥声湯孫所奏嘉樂庸鼓有斁萬舞有
言穆々之音也

奕大鏞曰庸斁繹同奕大也言其盛也朱子謂之九獻之後未知其所據我有嘉客亦不夷懌嘉客先代之後來助祭者也麗樂觀舞烈祖以衍客亦夷懌所謂神人以和者也庸鼓萬舞为嘉客夷懌契自古在昔先民有作有作言祀事也祀有國之大事○詩未有此是篇尋昔者亦作者之意邑字三出數字四出百字五出古曰在昔昔曰先民亦一篇体格温恭朝夕執事有恪朝夕來擊所謂夙夜在公也先民以來世昰兮亦誰敢予恭恪於祀事乎顧予烝嘗湯孫之將將猶扶助也烈祖顧而佑之也曰予曰湯孫則助祭者之言也○是篇唯曰衍祖曰恪事結以是句而已汔似清廟

那一章二十二句一章者三篇皆二十二句父方說矣那及烈祖並四句八句八句二句也云集別格

烈祖祀中宗也祀中宗大戊而名曰烈祖猶僖公之頌謂之閟宫

嗟嗟烈祖有秩斯祜常其祜言及子孫也申錫無疆及爾斯所烈祖之祜申錫不已及爾中宗國光大興也此乃頌中宗之能興烈祖之業也既載清酤賚我思成載清酒盖禋獻之時也既載則賚言應感之速焉賚我思成言中宗之神來格而錫我禋祀之成也○第二節起得急第三節起得綏相承亦有和羹既戒既平齊熟之時也和羹鉶羹也肉汁有菜戒言夙戒其人也平言其時和調也鬷假無言時靡有爭鬷中庸作奏相通言奏嘉樂也左傳引是四句曰先王之濟五味和五聲也以平其心成其政也羹五味因和羹五聲因鬷假此其明徵也又夫樂天子之職也物和則嘉成杜注嘉樂成也綏我眉壽黃耇無疆此中宗之秩斯祜也即清酤和羹嘉樂之所致

約軝錯衡八鸞鶬〻以假以享湯孫乘是車以承祀以格神享神也
于龍旂十乘同鶬本又作鏘采芑作瑲我受命溥
○此謂廟門之外而言之辭之後也
將自天降康豐年穰〻中宗之餘慶也大雅亦受
年長矣高宗也言天休
之盛也康〻年康食之康萬來假来享降福無疆
物盛多可以享神明矣
以假則來假以享則來享業之福無已也細別之
則清酤以假和羹以享也○是篇之辭比那汔富
膳羞無疆三出猶顧予烝嘗湯孫之將于周頌之
那之三声相韻曾孫篤之
子孫保之僅似○湯孫紫主也是祢風固非大祀
湯故祢之殷武祀高宗而高宗祢湯孫

烈祖

玄鳥祀高宗也

天命玄鳥降而生商宅殷土芒芒先言玄王之命也春分玄鳥降簡狄
祈于郊禖吞其卵而生契生商言生商人也殷地芒古帝命武湯正域彼四
方四句言武湯之命也古者自今之辭也上言玄王契然以湯為古奇縱甚左傳天子經畧諸侯
正封正域即經畧也方命厥后奄有九有九有猶九圍子圍通作治書九州曰
九圍或云萬有之有武湯承帝命乃敷方建立諸侯而身為九州之君也玄王時止是殷土至武湯
城四方至武丁孫孫域四海此其敘也商之先后受命不殆在武丁
孫子言先王之命被及子孫也先后亦自今之辭也上言武湯又称其後王為先后古放哉
先王皆受天休不危至武丁而益盛故武丁孫子德益蒙餘慶而受命不殆也武丁孫子
武王靡不勝四句言孫子能奉祀也自玄王而武湯而先后而武丁而孫子休命相承

此其敘也○武王湯也武丁孫子皆無不勝武王之事有言能繩祖武也

龍旂十乘，大糦是承

糦酒食也大糦言天子宗祀也此武丁孫子能紹大業而今有子于廟之謂也龍旂十乘崑殷王大業之祀弥周頌竜旂陽〻魯頌之竜旂承祀意亦同

邦畿千里，維民所止，肇域彼四海

言廣運之盛也所止言民人殷富懷土也肇始也四海對四方則四夷也內安邦畿之民外域夷蠻之国圖啟益大也始域猶自彼成康竜有四方是詩盛贊揚武丁孫子所所以祀武丁也猶執競祀武王盛言成康太平焉蓋武丁時知域大闢外及四夷也伐鬼方可推焉孫子則守其堂而不墜耳

四海來假，來假祁〻，景員維河

言允懷之遠也絕是武丁之餘烈而係之孫子美其不墜鴻業所以嘉武丁也蓋景大也員幅隕之隕國之周圍也景員言王都大勢也形勢枕河而四海之內皆汎舟於河而來格祁〻盛也

殷

受命咸宜百祿是何結一篇之義也契也湯也先后也武丁也孫子也其受命咸宜命字前後照應但以佶語主孫子保武丁休命不矢咸宜之祜言之

玄鳥

長發大禘也王者禘其祖之所自出以其祖配之殷既未毀之主皆合食於大祖廟○朱注大禘不及群廟之主此宜為祫祭之詩然是安說也尔雅禘大祭也古序相混

濬哲維商長發其祥首章言商之所以興○二句先提商之先君睿廣淵明哲而永永為國家此其福也洪水以下遡初言之

洪水芒芒禹敷下土方句上深昔字看馬融云敷分也棄山海從帝乃命禹宰布土以定九州而亦有分義下土方謂下土四方也天問曰禹之力獻功降省下土四方

外大國是疆幅隕既長外大國畿外大

國也幅隕言國封域也幅猶布廣之幅隕負傳並訓均言其周西也朱子得傳意疏誤○蓋契為識外諸侯當禹之疆外大國契之封域既大也既乎可玩

有娀方將帝立子生有娀氏契之母家也方今也將大也生商生○方

商商之民也契為商大祖故曰生商○商之時契受大國幅隕既長於是有娀亦國勢盛大故上帝立其子契於大國以為商家始祖也

玄王桓撥二章言玄王相土之有成績于邦○玄王契也出國語蓋因玄鳥生商為水德之祖為王者之祖殊之曰王與周同禮桓、撥、武毅自乎相土烈、同書曰桓、如虎考工記撥爾而發

受小國是達受大國是達達言達其教令於國也蓋禹功成之時歟受大國也

率履不越遂視既發率履言其身所遵行也履易多乎例訓禮非也漢書作禮亦三家說耳發猶四方宣發之發○契為司徒究備其身不敢踰越遂視天下則發已發

進從教也視備學記一年視離經辨志三年視五年視七年視之視也

相土烈烈海外有截

亡又言商家威烈遠既服海外也○鄭云相土入為王官伯出長諸侯王肅云相土在夏為司馬掌征伐棄是或為某國諸商人祖契郊賓而宗湯蓋賓是相土曾孫而詩不言及嘗相土大亮國祥存欲且其威烈示于契乃湯此德故相欲寘則或於郊祀頌之欲左傳閼伯居商丘相土因之杜注相土昔代閼伯之後居商丘棄商之所以為商或因相土欲史記封契於商之說不足信也箋多竟昔契於商棄之末年蓋其土地棄未知何擬疏引偽書語大不了、

帝命不違至于湯齊

三章言成湯之大膺天命○不違不忒也言于天下人心符合焉商言命之同叢于厥躬也書曰經有同惟叢于厥躬福亦如是

湯降不遲聖敬日躋

湯居膺天命不敢自尊降於賢者不遲知之以敬之故其聖德蒸蒸日升也國語引二

句曰降有礼之暇也是古義于皇天歲月不已唯上帝之則是敬

昭假遲遲上帝是祗遲遲舒而不已也德之楷

帝命式于九圍九圍九州也蠻然言以為九元后之

受小球大球為下國綴旒何天之休四章言成湯之文德○球朱注小国大国所贄之玉也肇蓋身為諸侯之長受其圭璧也綴旒表章也蓋因旌旗人所瞻仰大戴礼治裊長幸可以為儀綴於國注綴表也綴兆示訃表序義堂出自綴旒欲旒綴之竿以為表此禮湯為諸一旅師長也其孔傳湯為其方伯棄以七十里一統天下国當有文王有二之漸也

不競

不絿不剛不柔新訓述鞠疏述急迫也玉篇述求同說文絿急也傳義正同此言暢之文德和平不競不絿不剛而不柔也朱子

敷政

欲每句互文乃云絿緩也此類惑後人殊甚

優優而祿是遒而祿之聚言國勢日盛大也

受小共大共五章言成湯之武德○共大戴禮引作拱爾雅拱執也鄭箋得字義夫以珇冒
圭天子之事也此方伯合諸侯亦當受其圭璧也
為下國駿厖朱注董氏日齊詩作
駿駹謂馬也梁益云存序龍代已之今華其說善
雜見於傳注有耳筆字書無駹字爾雅面顙皆白
惟駹是於寂誌厖大也說為若馬最明大戴作恂
犖苟于作駿犖並雜嘵○蒞若人所望也故譬其
盛德高明人仰而懷之馬武尊也故譬其威靈奮
揚人畏而服之為偃旒為駹厖不似於天子之辟
代其桀紂彌章宜細繹之
何天之龍竜光之竜猶曰竜靈竜威也何大体余辟也被袞衣
煒無方光也何天威靈辟
敷奏其勇不震不動不
也被戎衣赫然可畏也
戁不竦敷布也伊訓唯我商王布昭聖武奏進也言發揮之也十一征是也四不者勇者不
懼之事也戁蓋畏懼也竦自聳也
百祿是總勇武不違天又以總攝百祿也

武王載旆有虔秉鉞云章言成湯之武功克修帝命
為天子○武王湯也有又也楙爾
雅虔固也誅
殺天討迮矣**如火烈〻則莫我敢曷**曷止也楙梅
但蘐之梅蘐
子漢書引作遏故人皆云曷遏通無
爾雅並舉遏字曷曰止也本是二字**苞有三櫱莫**
遂莫達比也苞本也一本生三櫱不遂草木遂長之
遂也達也達岔萌之達也以比桀有三黨尚不
佻逞其暴虐也三
櫱韋顧昆吾也**九有有截**九州之中截然一定
王業以成矣烈〻有
截此湯之所以台撥於
相土以疏云王於天也**韋顧既伐昆吾夏桀**昆吾
善為
王官伯以欲不無別出師滅之于桀同日而亡左傳
以乙卯為昆吾稔之日是可推也據鄭語韋顧之
姓末可遍論韋之為承韋亦未有明徵箋既不足
據疏亦有杜撰朱子取箋何居
昔在中葉有震且業七章言伊尹佐命之功以終○
朱注承上文而曰昔在則前乎

此矣豈言湯之前世中衰時羣夷王受大國相
土截海外而湯則歷七十里其見前十可知書曰
肇我邦于有夏小大戰戰蓋似有大罰於其王震
懼也震蕩震之震或為國震動也亦通業危也
允也天子降予卿士予名也猶曰於皇也天子湯也予卿士良猶也言伊尹天子
天之子也故天降之良猶也是文字映帶實維阿衡實左右商王阿衡伊尹
号也蓋大禘配享故及焉湯誓序曰伊尹佐湯升
自陑古之遺言也鳴條之師條之阿衡終之

長發七章一章八句首章也故長四章章七句二章至五章引贊其德故整一章九句三章所以結前四章故最長一章六句卒章餘波也故最短

四章七句者每章三十字也精矣

殷武祀高宗也詩唯頌其伐荊楚之功是营新廟始營之詩也其詩究云鳥亡論也

而歸在下有蓋那烈祖玄鳥皆一章二十二句之詩其体製相比而殷武有叠章故子長歌聯之

撻彼殷武奮伐荊楚首章頌高宗鬼方之伐卯○撻疾意也殷武殷王武丁也**罙入其阻裒荊之旅**罙深也冒也裒聚也蓋謬其鮮鯢以集離散之民也易曰高宗伐鬼方古之美談也**有截其所湯孫之緒**截斉一也湯孫高宗也緒功業也

維女荊楚居國南鄉二章条荊以其怙遠不庭以逆宪王之罪○自此至五章皆責荊楚以湯之威德也此高宗所以為殷宗烈祖祀中宗玄鳥祀高宗皆首稱成湯蓋商家儀刑成湯而不敢忒者可窺斑焉**昔有成湯**猶曰昔者有成湯之時也**自彼氐羌**蓋當時極遠之地故特提之氐羌夷狄在西方**莫敢不來享莫敢不來王**享是也蓋使其臣貢方物也世見曰來王其父死子繼及嗣王即位而來朝也**曰商是常**商是

穡

我所常服事也魯卿是常其自此興化○成湯時
代光猶然况也近居南國而怙遠是震先王也
天命多辟設都于禹之績三章命荊以成湯建侯尋
服○陽春天命以建諸侯
故曰天命也多辟
歲事來辟勿予禍適天命歲事時事
世來辟來
諸侯荊亦一辟
庭也予午也適謫適禍適設天命稼穡匪解天下
能承
以天四時言之是宜侯有慶之事也
服故諸侯之須看皆沐浴上恩盡心民事以保其
家邦也言稼穡看著君道在養民以驚荊楚○朱
子云是章口一句窒是亦一句者也然前章多一句
是章少一句本來作有何是亦不可知
天命降監下民有嚴四章命荊以成湯不赦有罪○
嚴肅敬良陽受天命而天監在
下禍善禍淫其應如響不僭不濫不敢怠遑賞不
僭刑
故下民肅然皆畏服也
不監也上帝降監而下民凜然皆畏其命是以湯
能順其賞罰而不敢怠也是章言四時而予前章成

對○今也下民或敢侮予言命于下國封建厥福
武庚也也是章下民亦即多辟
封大也湯之嘗四發協于天心故受天命于下國而
大建其福以開商室萬世基也左傳引不僭以下
四方曰戊湯所以獲天福也鄭箋子古合朱注誤
我

商邑翼翼四方之極此章命荊以成湯威靈猶存我身以懷之○商邑京師也極守
也書所謂土中也
国四面會同於此
萬赫赫厥聲濯濯厥靈聲令聞也聲教
也濯濯光大也言湯之聲教
無所不浮威靈無所不及也
壽考且寧以保我後
成湯天地所福故壽已又康寧也保言其神保
生護在我身也我後生高宗自稱也成湯無役我
不在茲乎神靈所護天下何得王命而全其
首領邪○書曰在我後之人康王自稱也
率章言營新廟以享祀武丁也

陟彼景山松柏丸丸
閟宮善本此○朱注景山在傳

云丸〻易直也棄極山又
作丸山極極之極亦可急
是斷是遷方斲是虔
斷之
景山而遷取之也方辭也訓正非也劉言
所以所之也尒雅椹謂之擾〻所本質也
松桷有
梴旅楹有閑
梴長貌旅陳列之義言東西楹也閑
靜貌在乇詩栞者閑〻臨衛閑〻並
乍間同字書
虽有辭不明
寢成孔安
寢是廟中之寢也乍闪宮
之路寢同新廟既成甚安
然矣於赫湯孫靈乎其安于斯哉
夫有夫婦而後方人世変万化蓋棺而百事畢矣
詩皆於閟雖而終以殷武之卒章亦是編録之意
存焉欲大堪発人心之感矣

作者及版本

龜井昭陽（一七七三—一八三六），字元鳳，通稱昱太郎，别號空石，月窟等。出生於筑前國（現福岡縣）的唐人街。幼小家教謹嚴，十九歲入德山藩儒僧役藍泉門學詩作文，後成福岡藩儒。後學徂徠、朱子學，自成一家，爲博識學者。著述甚豐，除了《毛詩考》以外，還有《論語語由述志》《學庸考》《莊子瑣説》《蒙史》《讀弁道》《家學小言》等。

《毛詩考》爲四孔線裝和式寫本，書寫年代不明。書高二十四厘米，共五册，二十六卷。橘黄色封面，封面題簽「毛詩考」。無序跋文。第一册收卷一至卷七，從《國風·周南》到《鄭風·溱洧》止。第二册收卷八至卷十四，從《齊風·雞鳴》開始，到《豳風·狼跋》爲止。第三册收卷十五至卷二十，從《小雅·鹿鳴》開始，到《甫田之什·賓之初筵》爲止。第四册收卷二十一至卷二十三，從《魚藻之什·魚藻》開始，到《生民之什·板章》爲止。第五册收卷二十四至二十六，從《蕩之什·蕩》開始，到《商頌·殷武》爲止。全書少有蟲蛀，正文爲大字體，釋考文爲小字體，字跡均清晰明麗，便於閲讀。